図解とポイント解説で
すっきりわかる

【最新】国際税務ABC

辻・本郷税理士法人［編著］

清文社

は　し　が　き

　経済のグローバル化の進展に伴い、企業のクロスボーダーな経済活動が活発化する中で、円滑な経済活動を支える経済インフラとして、また、国際的な租税回避行為の防止策として、国際税務の重要性は全世界的に高まっています。わが国においても、従来は一部の企業に限られていた国際取引が、業種・規模を問わず広く行われるようになり、国際税務というカテゴリーは非常に身近なものとなり、企業の経理・財務担当者、または、会計事務所スタッフの方々にとっては避けて通れないものとなってきています。

　しかし、必要性は重々承知していながら、「国際税務」というものに対するアレルギーや拒否反応をお持ちの方も多いと思います。

　そこで、本書は国際税務に親しむための入門書として、その全体像をご理解いただくために、国際税務の基礎的な事柄から、時々、新聞紙上を賑わす「移転価格税制」、「タックス・ヘイブン税制」といった特殊な論点まで広く網羅し、さらに、各項目における重要な事項については「ポイント」としてまとめ、理解しづらいものについては図解することにより、ビジュアルに分かりやすくする工夫をしました。また、平成21年度税制改正では、「外国子会社配当益金不算入制度」の導入を中心に大きな改正がありましたので、この税制改正にも対応して解説するとともに、この改正が他の制度に与えるインパクトについてまで記載しています。

　　　　　　　　　　　＊　　　　　　　　　　　＊

　なお、執筆にあたっては分かりやすさを重視しましたので、詳細事項について割愛している場合があります。詳細事項まで確認される必要がある場合には、脚注に記載している条文番号に基づき、根拠条文を確認して下さい。

本書が若干なりとも読者の方々の国際税務へのアレルギーを取り除き、国際税務へ慣れ親しむための第一歩としてお役に立てれば幸甚です。

平成21年9月

辻・本郷税理士法人
執筆者一同

図解とポイント解説ですっきりわかる
【最新】国際税務 ABC

CONTENTS

はしがき

第Ⅰ章 国際税務の基礎知識

Ⅰ-1 国際税務とは ……………………………………… 3
1．国際税務とは　3
2．国際税務の範囲に含まれる取引　3

Ⅰ-2 国際税務制度の概要 ……………………………… 6
1．各国の課税権と二重課税　6
2．租税条約　6

Ⅰ-3 国際課税の基礎概念 ……………………………… 8
1．国際課税の基礎概念　8
2．居住地国と源泉地国課税　8

Ⅰ-4 居住者・非居住者 ………………………………… 10
1．居住者と非居住者　10
2．住所と居所　11
3．永住者と非永住者　11
4．具体例　12
5．内国法人と外国法人　12

Ⅰ-5 課税所得の範囲 …………………………………… 13
1．課税所得の範囲　13
2．具体例　14

I-6　恒久的施設なければ課税なし……………………16
1．恒久的施設とは　16
2．恒久的施設なければ課税なし　17
3．子会社と支店　17

I-7　独立企業原則……………………………………19
1．独立企業原則　19
2．具体例　19
3．独立企業原則の例外—単純購入非課税の原則　21

第II章　租税条約

II-1　租税条約の概要…………………………………25
1．租税条約の正式名称　25
2．租税条約の適用対象者　26
3．租税条約の対象税目　26
4．租税条約の目的　26

II-2　適用優先関係……………………………………29
1．租税条約の優先適用が原則　29

II-3　プリザベーション・クローズ（Preservation clause）………30
1．租税条約の優先適用が原則　30
2．国内法を適用したほうが有利になる場合　30

II-4　セービング・クローズ（Saving clause）……………32
1．居住者の要件　32
2．日米租税条約　32

II-5　日本における租税条約の概要…………………34
1．概　要　34
2．日本の姿勢の転機　34

3．日米租税条約以後の経緯・現状(平成21年4月現在)　35

Ⅱ-6　モデル条約 ………………………………………………………… 36
1．モデル条約の意義　36
2．OECD モデル条約　36
3．国連モデル条約　36

Ⅱ-7　双方居住者（二重居住者）………………………………………… 38
1．双方居住者に該当する場合　38

Ⅱ-8　恒久的施設 ………………………………………………………… 41
1．OECD モデル条約　41
2．日本の租税条約　43

Ⅱ-9　不動産所得 ………………………………………………………… 44
1．OECD モデル条約　44
2．日本の租税条約　45

Ⅱ-10　事業所得 …………………………………………………………… 46
1．OECD モデル条約　46
2．日本の租税条約　48

Ⅱ-11　特殊関連企業条項 ………………………………………………… 49
1．OECD モデル条約　49
2．日本の租税条約　50

Ⅱ-12　配　当 ……………………………………………………………… 51
1．OECD モデル条約　51
2．日本の租税条約　53

Ⅱ-13　利　子 ……………………………………………………………… 54
1．OECD モデル条約　54
2．日本の租税条約　56

Ⅱ-14　使用料 ……………………………………………………………… 58
1．OECD モデル条約　58

    2．日本の租税条約　60

Ⅱ-15　譲渡収益 ……………………………………………………… 61
    1．OECD モデル条約　61
    2．日本の租税条約　62
    3．株式の譲渡　62

Ⅱ-16　給与所得 ……………………………………………………… 65
    1．OECD モデル条約　65
    2．日本の租税条約　67

Ⅱ-17　役員報酬 ……………………………………………………… 68
    1．OECD モデル条約　68
    2．日本の租税条約　69

Ⅱ-18　芸能人等報酬 ………………………………………………… 70
    1．OECD モデル条約　70
    2．日本の租税条約　70

Ⅱ-19　退職年金 ……………………………………………………… 71
    1．OECD モデル条約　71
    2．日本の租税条約　71

Ⅱ-20　政府職員 ……………………………………………………… 73
    1．OECD モデル条約　73
    2．日本の租税条約　73

Ⅱ-21　学　生 ………………………………………………………… 74
    1．OECD モデル条約　74
    2．日本の租税条約　74

Ⅱ-22　その他所得条項 ……………………………………………… 75
    1．OECD モデル条約　75
    2．日本の租税条約　75

Ⅱ-23　租税条約の適用 ……………………………………………… 77

1．国内法の適用　77

　　2．租税条約の適用　78

　　3．租税条約に関する届出書　79

第Ⅲ章　国内源泉所得

Ⅲ-1　国内源泉所得とは …………………………………… 83

　　1．事業及び資産の所得　83

　　2．民法上の組合契約等に基づく利益の分配金　83

　　3．土地等または建物等の譲渡所得　84

　　4．人的役務の提供事業の対価　84

　　5．不動産の賃貸料等　84

　　6．利子等　84

　　7．配当等　85

　　8．貸付金の利子　85

　　9．使用料等　85

　　10．給与・人的役務の報酬等　86

　　11．事業の広告宣伝のための賞金　86

　　12．生命保険契約等に基づく年金等　86

　　13．定期積金の給付補塡金等　87

　　14．匿名組合契約等に基づく利益の分配金　87

Ⅲ-2　事業及び資産の所得 …………………………………… 88

　　1．国内において行う次に掲げる事業から生ずる所得　88

　　2．国内にある次に掲げる資産の運用、保有により生ずる所得　89

　　3．国内にある次に掲げる資産の譲渡により生ずる所得　89

　　4．その他、次に掲げる所得　91

- Ⅲ-3　民法上の組合契約等に基づく利益の分配金、
  　　　土地等または建物等の譲渡所得 …………………… 92
    1．民法上の組合契約等に基づく利益の分配金　92
    2．土地等または建物等の譲渡所得　93
- Ⅲ-4　人的役務提供事業の対価 ………………………………… 94
- Ⅲ-5　不動産の賃貸料等 ………………………………………… 96
- Ⅲ-6　利子等、配当等 …………………………………………… 98
    1．利子等　98
    2．配当等　99
- Ⅲ-7　貸付金の利子 ……………………………………………… 100
- Ⅲ-8　使用料等 …………………………………………………… 102
    1．工業所有権その他の技術に関する権利、特別の技術による生産方式、もしくはこれらに準ずるものの使用料、またはその譲渡の対価　102
    2．著作権（出版権及び著作隣接権その他これに準ずるものを含みます）の使用料、またはその譲渡の対価　103
    3．機械、装置等の使用料　103
- Ⅲ-9　給与、人的役務の報酬等 ………………………………… 104
    1．俸給、給料、賃金、歳費、賞与、またはこれらの性質を有する給与その他人的役務の提供に対する報酬　104
    2．公的年金等　105
    3．退職手当等　105

第Ⅳ章　非居住者外国法人に対する課税

- Ⅳ-1　非居住者に対する課税 ……………………………………… 109
    1．概　要　109
    2．所得控除　109

3．税額控除 112
4．納税管理人の届出 112
5．青色申告 112

Ⅳ-2　外国法人に対する課税 ……………………………… 113
1．概　要 113
2．各事業年度の所得計算上の留意点 115
3．税　率 117
4．税額控除 117
5．納税管理人の届出 118
6．国内業務を廃止した場合の事業税の特例 118
7．青色申告 118

Ⅳ-3　非居住者の定義 ………………………………………… 119
1．非居住者とは 119
2．国内及び国外にわたって居住地が異動する場合 120

Ⅳ-4　外国法人の定義、事業年度、納税地 ……………… 122
1．定　義 122
2．事業年度 123
3．納税地 124

Ⅳ-5　恒久的施設とは ………………………………………… 125
1．1号PE 125
2．2号PE 126
3．3号PE 126

Ⅳ-6　事業及び資産の所得に対する課税 ………………… 128
1．非居住者に対する課税 128
2．外国法人に対する課税 129
3．国内及び国外の双方にわたって事業を行う場合の取扱い 129
4．国内に恒久的施設(PE)を有しない場合の課税の特例 132

Ⅳ-7 民法上の組合契約等に基づく利益の分配に対する課税 …………… 134

1．非居住者に対する課税　134
2．外国法人に対する課税　135
3．恒久的施設(PE)の有無の判定の特例　135
4．事業譲渡類似株式の譲渡の特例　136

Ⅳ-8 土地等または建物等の譲渡所得に対する課税 ………… 137

1．非居住者に対する課税　137
2．外国法人に対する課税　138
3．源泉徴収が不要とされる場合　138

Ⅳ-9 人的役務提供事業の対価に対する課税 ……………… 139

1．非居住者に対する課税　139
2．外国法人に対する課税　140
3．源泉徴収が不要とされる場合　140

Ⅳ-10 不動産の賃貸料等に対する課税 ……………………… 141

1．非居住者に対する課税　141
2．外国法人に対する課税　141
3．源泉徴収が不要とされる場合　142

Ⅳ-11 利子等に対する課税 …………………………………… 143

1．非居住者に対する課税（原則的取扱い）　143
2．非居住者に対する課税の特例（例外的取扱い）　144
3．外国法人に対する課税　144

Ⅳ-12 配当等に対する課税 …………………………………… 145

1．非居住者に対する課税（原則的取扱い）　145
2．非居住者に対する課税の特例（例外的取扱い）　146
3．外国法人に対する課税　147

Ⅳ-13 貸付金の利子に対する課税 …………………………… 148

1．非居住者に対する課税　148
  2．外国法人に対する課税　149
 Ⅳ-14　使用料等に対する課税 …………………………………… 150
  1．非居住者に対する課税　150
  2．外国法人に対する課税　151
 Ⅳ-15　給与・人的役務の報酬等に対する課税 ………………… 152
  1．非居住者に対する課税　152
  2．外国法人に対する課税　153
  3．年末調整　153
 Ⅳ-16　事業の広告宣伝のための賞金に対する課税 …………… 155
  1．非居住者に対する課税　155
  2．外国法人に対する課税　156
 Ⅳ-17　生命保険契約等に基づく年金等に対する課税 ………… 157
  1．非居住者に対する課税　157
  2．外国法人に対する課税　158
 Ⅳ-18　定期積金の給付補塡金等に対する課税 ………………… 159
  1．非居住者に対する課税　159
  2．外国法人に対する課税　160
 Ⅳ-19　匿名組合契約等に基づく
　　　　利益の分配に対する課税 ……………………………… 161
  1．非居住者に対する課税　161
  2．外国法人に対する課税　162

第Ⅴ章　移転価格税制

 Ⅴ-1　移転価格税制とは ……………………………………… 165
  1．移転価格税制の趣旨　165

2．制度の概要　166
Ⅴ-2　適用対象法人 …………………………………………………… 168
　　1．法人の意義　168
Ⅴ-3　国外関連者 ………………………………………………………… 170
　　1．国外関連者の意義　170
　　2．特殊の関係（1）（親子関係）　170
　　3．特殊の関係（2）（兄弟姉妹関係）　171
　　4．特殊の関係（3）（実質的支配関係）　172
　　5．特殊の関係（4）（関係の連鎖1）　173
　　6．特殊の関係（5）（関係の連鎖2）　174
　　7．名義株の取扱い　176
　　8．判定時期　176
　　9．保有割合の計算方法　176
Ⅴ-4　国外関連取引 …………………………………………………… 177
　　1．国外関連取引の意義　177
　　2．みなし国外関連取引　178
　　3．国外関連取引に該当しない取引　179
Ⅴ-5　低額譲渡・高価買入 ………………………………………… 180
　　1．低額譲渡　180
　　2．高価買入　181
Ⅴ-6　独立企業間価格 ………………………………………………… 182
　　1．独立企業間価格の算定方法　182
　　2．同等の方法　182
　　3．準ずる方法　183
　　4．本書で解説する算定方法　183
Ⅴ-7　独立価格比準法
　　　　（CUP＝Comparable Uncontrolled Price method） ……… 184

1．独立価格比準法　184
2．長　所　185
3．短　所　185
4．OECD 移転価格ガイドライン　185

Ⅴ-8　再販売価格基準法（RP＝Resale Price method）……187
1．再販売価格基準法　187
2．長　所　189
3．短　所　189
4．OECD 移転価格ガイドライン　189

Ⅴ-9　原価基準法（CP＝Cost Plus method）……190
1．原価基準法　190
2．長　所　191
3．短　所　192
4．OECD 移転価格ガイドライン　192

Ⅴ-10　利益分割法（PS＝Profit Sprit method）……193
1．利益分割法　193
2．分割の対象となる利益　194
3．分割要因　194
4．比較利益分割法　194
5．残余利益分割法　195
6．長　所　197
7．短　所　197
8．OECD 移転価格ガイドライン　197

Ⅴ-11　取引単位営業利益法
　　　　（TNMM＝Transactional Net Margin Method）……199
1．取引単位営業利益法　199
2．長　所　202

3．短　所　202

　4．OECD 移転価格ガイドライン　202

Ⅴ-12　移転価格調査 ………………………………………………… 203
　1．調査の方針　203

　2．推定課税　204

　3．移転価格による更正期間　205

Ⅴ-13　課税件数・課税金額（参考）…………………………………… 207
　1．推　移　207

Ⅴ-14　調査担当者推移（参考）………………………………………… 209
　1．推　移　209

Ⅴ-15　文書化 ……………………………………………………………… 211
　1．日本における文書化　211

　2．海外等における文書化　212

　3．移転価格ポリシーの構築　212

Ⅴ-16　独立企業間価格との差額の取扱い …………………………… 214
　1．独立企業間価格との差額　214

　2．損金不算入となる金額　215

　3．国外関連者から返還を受けた場合　215

　4．国外関連者に対する寄附金　216

Ⅴ-17　相互協議 ………………………………………………………… 217
　1．相互協議とは　217

　2．移転価格課税による場合の相互協議に係る納税猶予　217

Ⅴ-18　事前確認 ………………………………………………………… 219
　1．事前確認制度とは　219

　2．事前確認の種類　220

　3．事前相談　220

Ⅴ-19　合意事案における独立企業間価格算定方法 ………………… 222

1．独立企業間価格算定方法別内訳　222
V－20　OECD 移転価格ガイドライン ……………………………… 224
1．内　容　224

第Ⅵ章　外国子会社合算税制

Ⅵ－1　外国子会社合算税制の概要 ……………………………… 227
1．外国子会社合算税制（タックス・ヘイブン対策税制）とは　227
2．制度の概要　228
3．適用除外　229

Ⅵ－2　適用対象となる法人及び個人 ……………………………… 230
1．適用対象となる内国法人　230
2．特殊関係非居住者　232
3．適用対象となる個人　232
4．直接及び間接保有の割合計算　232
5．判定時期　233

Ⅵ－3　特定外国子会社等 ……………………………… 234
1．特定外国子会社等　234
2．外国関係会社　235
3．特殊関係非居住者　235
4．租税負担が25％以下の判定　236

Ⅵ－4　適用除外 ……………………………… 238
1．適用除外規定が設けられている理由　238
2．適用除外規定　239
3．事業基準　239
4．実体基準　239
5．管理支配基準　240

  6．非関連者基準・所在地国基準　240

  7．適用除外である旨の証明　242

Ⅵ-5　課税対象金額の計算 …………………………………… 243

  1．課税対象金額の計算プロセス　243

  2．基準所得金額の計算　245

  3．課税対象金額の円換算　247

Ⅵ-6　特定外国子会社等から受ける
　　　　配当等の益金不算入 ……………………………………… 249

  1．特定外国子会社等から受ける配当等の益金不算入が設けられた趣旨　249

  2．特定外国子会社等から受ける配当等の益金不算入　250

  3．特定課税対象金額　251

  4．配当等に係る費用相当額(5％)の益金不算入　252

Ⅵ-7　特定外国子会社等の課税対象金額に係る
　　　　外国税額控除 ……………………………………………… 253

  1．外国税額控除　253

  2．納付したとみなされる外国法人税の額　254

Ⅵ-8　平成21年度税制改正の
　　　　外国子会社合算税制への影響 ………………………… 255

  1．課税済留保金額から配当等があった場合の損金算入の廃止　255

  2．適用対象(留保)金額の対象範囲の変更　256

  3．特定外国子会社等から受ける配当等の益金不算入の創設　256

  4．経過措置　256

Ⅵ-9　確定申告書への添付書類 ……………………………… 258

  1．特定外国子会社等を有する場合の添付書類　258

  2．適用除外を受ける場合の添付書類　259

第Ⅶ章　過少資本税制

Ⅶ-1　過少資本税制の概要 ……………………………………… 263
1．制度が導入された経緯　263
2．内　容　264

Ⅶ-2　国外支配株主等 ……………………………………………… 266
1．国外支配株主等の意義　266

Ⅶ-3　資金供与者等 ………………………………………………… 268
1．資金供与者等の意義　268

Ⅶ-4　適用要件 ……………………………………………………… 269
1．過少資本税制が適用される場合　269
2．負債利子の範囲　269
3．平均負債残高　270
4．国外支配株主等の資本持分　270
5．自己資本の額　270
6．平成18年度税制改正による適用対象取引の改正　271

Ⅶ-5　損金不算入額 ………………………………………………… 272
1．損金不算入額の計算　272

Ⅶ-6　その他の留意点 ……………………………………………… 275
1．特定現先取引等に負債がある場合の特例　275
2．外国法人に対する適用　276
3．原価に算入した負債の利子　276
4．清算所得との関係　276

第Ⅷ章　組織再編に係る国際税務

Ⅷ-1　三角合併とその適格要件の留意点 …………………… 279

    1．三角合併解禁の経緯　279
    2．三角合併とは　280
    3．適格合併の範囲に関する特例　280
Ⅷ-2　日本の課税権確保の措置 ……………………………………… 283
    1．クロスボーダーの三角合併　283
    2．事業譲渡類似株式の譲渡　284
    3．不動産関連法人の株式の譲渡　285
    4．非居住者が恒久的施設を有している場合の取扱い　285
Ⅷ-3　コーポレート・インバージョン対策税制
　　　（Corporate inversion） ……………………………………… 286
    1．コーポレート・インバージョン対策税制が設けられた趣旨　286
    2．コーポレート・インバージョン対策税制　287
    3．用語の意義　288
    4．適用除外　289
    5．外国子会社合算税制の優先適用　289

第Ⅸ章　外国子会社配当金益金不算入制度

Ⅸ-1　制度の概要 ……………………………………………………… 293
    1．概　要　293
    2．適用開始時期　294
Ⅸ-2　適用要件 ………………………………………………………… 295
    1．適用要件　295
Ⅸ-3　特定外国子会社等からの配当等について ………………… 297
    1．「外国子会社からの配当の益金不算入」制度の対象となる
      配当等　297

2．課税済留保金額の損金算入　299

第Ⅹ章　外国税額控除

Ⅹ-1　外国税額控除の概要 …………………………… 303
1．直接税額控除　303
2．間接税額控除　304
3．みなし外国税額控除　304

Ⅹ-2　外国法人税の範囲 …………………………… 306
1．控除対象となる外国法人税　306
2．法人の所得を課税標準とする税　307
3．控除不能外国法人税等　307
4．控除対象となる外国法人税の具体的範囲　308

Ⅹ-3　直接外国税額控除のしくみ …………………………… 310
1．直接税額控除の概要　310
2．直接税額控除の概要図　311
3．外国税額控除の制度のしくみ　311

Ⅹ-4　控除限度額の計算 …………………………… 312
1．控除限度額の概要と趣旨　312
2．控除限度額の計算　313

Ⅹ-5　直接外国税額控除の適用時期 …………………………… 314
1．納付確定時期　314
2．外国税額控除の適用時期の特例　315

Ⅹ-6　外貨換算に関する考え方 …………………………… 317
1．源泉徴収方式の場合の換算方法　317
2．その他の場合の換算方法　318

Ⅹ-7　国外所得金額の概要 …………………………… 319

1．国外所得金額とは　319
2．国外所得金額計算上の留意点　320

X-8　国外所得金額に関する利子の取扱い……………… 322
1．国外所得金額に関する利子の配賦方法　322
2．配賦方法の特例　323

X-9　国外所得金額に関する販売費及び
　　　　一般管理費等の取扱い ……………………………… 324
1．国外所得金額に関する販売費及び一般管理費の
　原則的配賦方法　324
2．簡便的な配賦方法　325
3．共通費用の配賦をしない場合　325
4．配賦方法の特例　326

X-10　国外所得金額に関するその他の留意点 …………… 327
1．引当金の繰入れ等の配賦方法　327
2．評価損益の配賦方法　328
3．損金不算入の寄附金・交際費の配賦方法　328

X-11　外国税額控除の繰越し ………………………………… 329
1．繰越控除限度額　329
2．繰越控除余裕額　330
3．繰越控除限度額と繰越控除余裕額　330
4．繰越控除対象外国法人税額の控除　331

X-12　外国法人税が変更になった場合の取扱い ………… 332
1．減額控除対象外国法人税額　332
2．減額された控除対象外国法人税額の処理　333
3．欠損金の繰戻還付による還付があった場合　334

X-13　限度税率超過税額の取扱い …………………………… 335
1．租税条約による限度税率超過税額の取扱い　335

2．限度税率超過税額の取扱いの趣旨　335

　3．例外的取扱い　336

Ⅹ-14　外国税額控除適用のための申告手続 ……………… 337

　1．確定申告書の記載要件　337

　2．控除限度超過額及び控除余裕額の繰越し　338

　3．添付書類　338

Ⅹ-15　タックス・スペアリング・クレジット
　　　（Tax sparing credit）の概要 ……………………………… 340

　1．タックス・スペアリング・クレジットの趣旨　340

　2．タックス・スペアリング・クレジットの概要　341

Ⅹ-16　タックス・スペアリング・クレジットの
　　　適用時期 …………………………………………………… 343

　1．タックス・スペアリング・クレジットの控除時期　343

Ⅹ-17　住民税法人税割の外国税額控除 …………………… 345

　1．地方税の外国税額控除の概要　345

　2．外国法人税額及び控除対象外国法人税額の範囲　346

　3．控除限度額　346

　4．2以上の都道府県または市町村に事務所等を有する場合の控除限度額　347

　5．繰越外国法人税額　348

Ⅹ-18　事業税の取扱い ………………………………………… 350

　1．事業税の取扱いについて　350

　2．事業税の課税標準の算定　351

Ⅹ-19　個人に適用される外国税額控除 …………………… 353

　1．外国税額控除の概要　353

　2．外国所得税の範囲　354

　3．外国税額控除の適用時期　355

4．控除限度超過額と控除余裕額　355
5．翌年以降に減額がされた場合の取扱い　355

X-20　間接税額控除の概要（参考）……………………………357
1．間接税額控除の廃止と経過措置　357
2．間接税額控除の制度の内容　358
3．外国子会社の要件　358
4．外国子会社の配当等に係る控除対象外国法人税額　358
5．外国孫会社に係る間接税額控除　359

【凡　例】

所得税法	所法
所得税法施行令	所令
所得税法基本通達	所基通
法人税法	法法
法人税法施行令	法令
法人税法施行規則	法規
法人税法基本通達	法基通
租税特別措置法	措法
租税特別措置法施行規則	措規
租税特別措置法（法人税関係通達）	措通
国税通則法	通則法
移転価格事務運営指針	事務運営指針

＊本文中（　）内は、例えば、所得税法第213条第1項第1号は、所法213①一と表示してあります。

第Ⅰ章 国際税務の基礎知識

I-1　国際税務とは

> **ポイント**
> - ヒトやモノの移動に伴って所得等が国境を越える場合に、その所得等に対して2か国以上の課税主体が登場すると、国際税務の問題が生じます。
> - 複数国間の税務問題に対処することが、国際税務の役割です。

1．国際税務とは

　近年、グローバリゼーションという言葉をよく耳にするようになりました。経済のグローバル化も例外ではなく、中小企業の海外進出や国境を越えた取引が行われることもめずらしいことではなくなりました。

　その一方、各国にはそれぞれ課税権があり、また自国の税法はそれぞれの国が独自に定めていますので、国境を越えた取引が行われる場合には、その取引から生じた所得がどちらの国で課税されるのか、はたまた両国で課税され二重課税となってしまうのか等、国際間の税務問題が生じます。

　国際税務という言葉の明確な定義はありませんが、そのような2国間以上の税務問題を扱う分野が「国際税務」であり、自国の税法及び相手国の税法ならびに租税条約等を勘案してこれに対処することになります。

2．国際税務の範囲に含まれる取引

　では、どのような取引が国際税務の範囲に含まれるのか、具体例を用い

て説明しましょう。

1 ケース①：中国企業が中国国内で事業活動を行う場合

この場合、中国企業が中国国内で事業活動を行っているだけですので、中国の国内税務の分野であり、国際税務の守備範囲ではありません。

外国の税務＝国際税務ではなく、あくまで複数の課税主体が登場して初めて国際税務の分野となります。

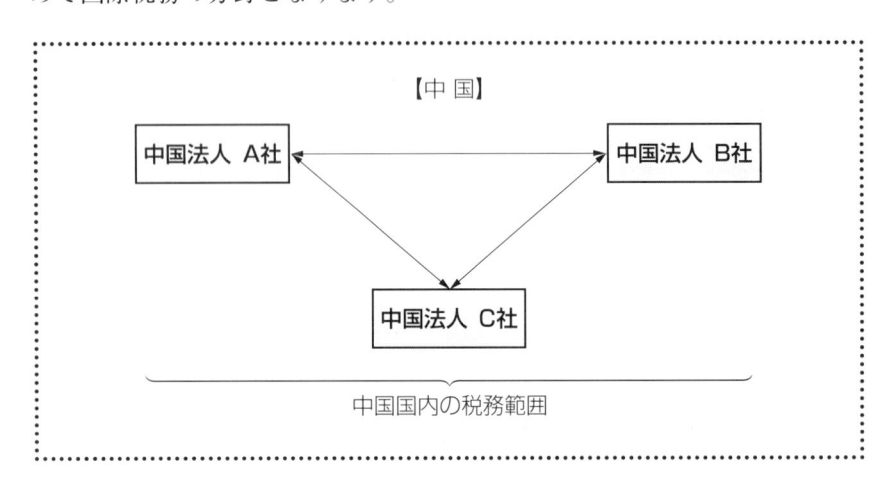

```
                      【中国】
   ┌──────────┐                ┌──────────┐
   │ 中国法人 A社 │◄──────────►│ 中国法人 B社 │
   └──────────┘                └──────────┘
          ▲                         ▲
           ＼                       ／
            ＼                     ／
             ▼                   ▼
              ┌──────────────┐
              │ 中国法人 C社 │
              └──────────────┘
           └────────┬────────┘
              中国国内の税務範囲
```

2 ケース②：日本企業が海外に製品を輸出する場合

日本から海外に製品というモノが移転する国際取引です。しかし、国際取引だからといって、必ずしも国際税務の範囲に含まれるわけではありません。

次ページの例の場合、甲からAへの製品Xの販売により生じた所得に対しては、日本のみが課税主体となりますので、日本の国内法のみで完結します。

一方、甲からその子会社であるSへの製品Yの販売においては、その販売価格・仕入価格に恣意性が介入する余地があり、移転価格税制による課税を受ける可能性があります。そのような場合にはどちらか一方の国のみでは解決できませんので、2国間以上の税務問題、つまり国際税務の範

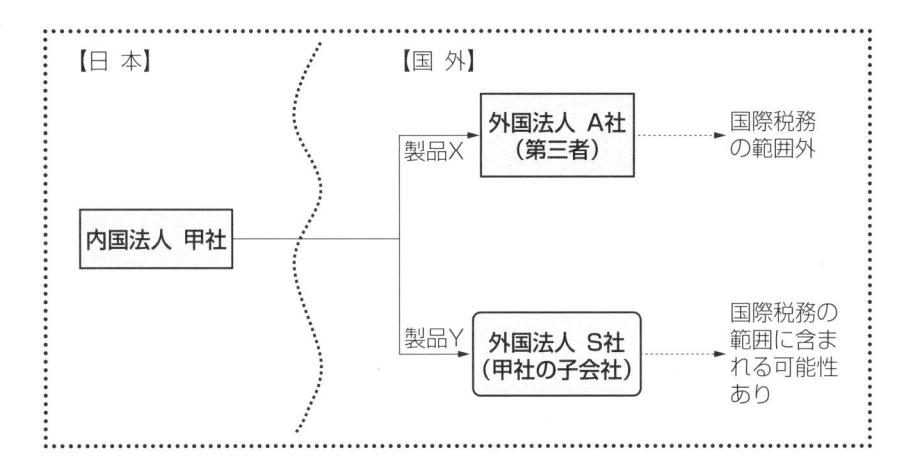

```
【日本】             【国外】
                  ┌─→ 外国法人 A社   → 国際税務
                  │   (第三者)         の範囲外
内国法人 甲社 ──┤  製品X
                  │
                  └─→ 外国法人 S社   → 国際税務の
                     製品Y (甲社の子会社)  範囲に含ま
                                         れる可能性
                                         あり
```

囲となります。

3 ケース③：日本企業が中国国内に支店を設けて事業活動を行う場合

日本の内国法人は全世界で獲得した所得に対して日本で課税されます。このケースにおいて、中国支店で得た所得が中国において課税される場合には、同一の所得に対して日本と中国の両国にて課税されることとなります。

一つの所得に対して課税主体が2か国以上登場しますので、国際税務の範囲に含まれることとなります。

なお、上記のように両国で課税を受けた場合には、支店のある中国で納めた税金を、本店のある日本の税金計算上控除する、いわゆる「外国税額控除」の規定を適用し、二重課税を排除することとしています。

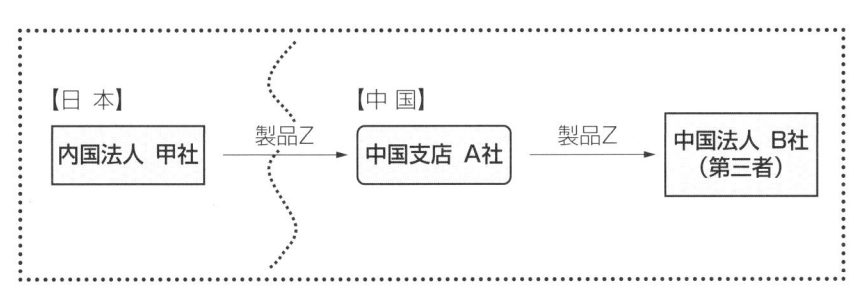

```
【日本】                【中国】
内国法人 甲社 ──製品Z──→ 中国支店 A社 ──製品Z──→ 中国法人 B社
                                                    (第三者)
```

I-2　国際税務制度の概要

ポイント
- 各国の国内法が異なるため、同一の所得に対して各国で重複して課税される、いわゆる二重課税が生ずる可能性があります。
- 二重課税を排除することなどを目的として、租税条約が締結されています。

1．各国の課税権と二重課税

　各国はそれぞれ独自に国内法を定め、自国の課税権に基づき課税を行っています。日本も例外ではなく、所得税法や法人税法に基づいて課税を行っています。それぞれの国内法は他国の影響を受けることはありません。

　しかし、国際税務の分野では2国以上の課税主体が登場し、それぞれの課税主体は独自の国内法を有しているため、同一の所得に対して重複して課税される可能性があります。いわゆる二重課税です。

　そこで、各国の課税権の配分を調整するとともに二重課税を排除するため、多くの国では他国と租税条約を締結しています。

2．租税条約

　租税条約は2国間または多国間で締結する条約です。租税条約は第一次世界大戦後、ヨーロッパを中心に発展してきたといわれています。日本は昭和30年に初めて租税条約（日米租税条約）を締結しました。現在では45

か国との間で締結され、56か国との間で適用されています（平成21年4月現在）。

租税条約には、以下の3つの役割があります。

1 条約締結国における課税権の調整

租税条約を締結することによって、条約締結国間の税制の違いを調整することができます。具体的には、条約締結国間の所得の概念を統一したり、所得の種類に応じて課税権の範囲を決定すること等です。

2 国際的二重課税の排除、国際的な脱税及び租税回避の防止

条約締結国間では、一定の課税ルールを設けることによって、二重課税の排除や国際的な脱税及び租税回避の防止が図られます。

3 条約締結国の課税当局間の協力体制確立

課税権平等を実現するために両国間の協力体制が確立されます。条約に関する異議がある場合には、条約締結国の課税当局間の協議によって解決を図ります。

上記のように、租税条約を締結することによって、締結国内に所在する企業にとっては租税に関するリスクが軽減され、それが投資の拡大、さらには経済発展にも繋がる可能性があります。

I-3　国際課税の基礎概念

> **ポイント**
> - 国際税務においては「納税義務者」、「納税金額」、「納税方法」、「納税国」という4つの基礎概念が重要です。
> - 納税国は一般的に「所得を得た者の居住地国」または「所得の源泉地国」になります。
> - 同一の所得に対して居住地国及び源泉地国の双方で課税されることによる二重課税を排除するため、外国税額控除の制度があります。

1．国際課税の基礎概念

　一般的に、国際税務の問題を考える際には、次の4つの切り口から整理することが重要です。
　① 納税義務者…税金を支払うのは誰なのか
　② 納税金額…支払うべき税金はいくらなのか
　③ 納税方法…どのように納税するのか（申告納税、源泉徴収等）
　④ 納税国…どこに納税するのか（どこで課税されるのか）
　ここで、④は国際課税特有の切り口です。

2．居住地国と源泉地国課税

　納税国は、一般的に「所得を得た者の居住地国」または「所得の源泉地国」になります。

例えば日本の場合、「所得を得た者の居住地国」として、内国法人に対しては全世界所得課税を行います。また、「所得の源泉地国」として、外国法人が獲得した国内源泉所得に対して源泉地国課税を行っています。

　ここで、内国法人については日本国外で所得を得たとしても日本が納税国になりますが、その所得に対しては源泉地国でも課税されることがあります。そうすると、同一所得に対する二重課税となってしまいますので、その場合にはまず源泉地国が納税国となり、その後同じく納税国である日本の税金計算上、源泉地国で納税した金額を控除することになります（これを「外国税額控除」といいます）。

　このような国際課税の考え方は、法人だけではなく個人でも同様であり、国際税務の基本形態といえます。

I-4 居住者・非居住者

> **ポイント**
> - 個人は居住者と非居住者に区分され、さらに居住者は永住者と非永住者に区分されます。
> - 課税所得の範囲が異なるため、居住者区分を正確に判定する必要があります。
> - 居住者・非居住者の定義は、国によって異なることがあるので注意が必要です。

1．居住者と非居住者

「居住者」は、国内に住所を有し、または現在まで引き続いて1年以上居所を有する個人のことをいいます[1]。

「非居住者」とは、居住者以外の個人をいいます[2]。つまり、下記のいずれかに該当する個人のことです[2]。

① 日本国内に住所も居所も有していない
② 日本国内に住所がなく、かつ、日本国内に引き続き居所を有している期間が1年に満たない

---

1 所法2①三
2 所法2①五

2．住所と居所

居住者の定義の中で住所・居所という言葉が使われています。

「住所」とは各人の生活の本拠をいい、生活の本拠であるかどうかは客観的事実によって判定するとされています[3]。この客観的事実には、例えば職業、資産の所在、親族の居住状況、国籍等が含まれます。

一方、「居所」とは各人の生活の本拠という程度には至らないものの、現実に居住している場所とされています。

3．永住者と非永住者

居住者は国籍や滞在期間によって、さらに永住者と非永住者に区分されます。

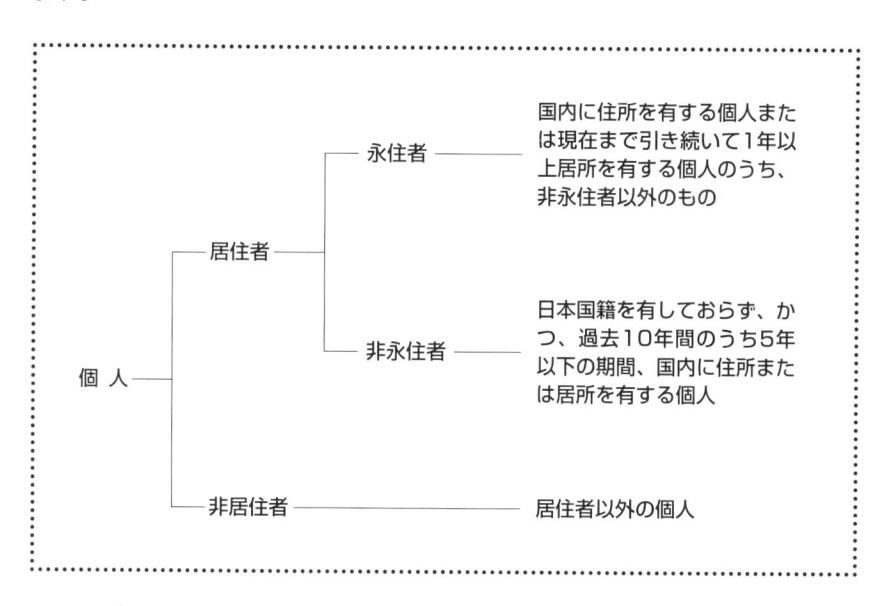

個人	居住者	永住者	国内に住所を有する個人または現在まで引き続いて1年以上居所を有する個人のうち、非永住者以外のもの
		非永住者	日本国籍を有しておらず、かつ、過去10年間のうち5年以下の期間、国内に住所または居所を有する個人
	非居住者		居住者以外の個人

3　所基通2-1

「非永住者」とは、居住者のうち、日本の国籍を有しておらず、かつ、過去10年以内において国内に住所または居所を有していた期間の合計が5年以下である個人をいいます[4]。

一方、「永住者」とは非永住者以外の居住者です。

4．具体例

1 前 提
・A氏は日本の内国法人に勤務している米国国籍の社員である。
・A氏は日本に住所を有している。
・A氏は過去10年間のうち3年間日本に滞在している。

2 A氏の居住者区分

A氏は国内に住所を有しているため、居住者に該当します。

また、日本国籍を有さず、過去10年のうち5年以下の期間日本に滞在していますので、非永住者となります。

5．内国法人と外国法人

個人の居住者・非居住者と同じように、法人には内国法人と外国法人があります。

「内国法人」は国内に本店や主たる事務所を有する法人であり[5]、外国法人は内国法人以外の法人をいいます[6]。

概念的には、内国法人が居住者（永住者）、外国法人が非居住者となります。内国法人と外国法人では課税所得の範囲が異なるため注意が必要です。

4　所法2①四
5　法法2①三
6　法法2①四

I-5　課税所得の範囲

> **ポイント**
> - 居住者区分によって課税所得の範囲が異なります。
> - 永住者はすべての所得が課税所得の範囲に含まれます。
> - 非永住者の課税所得は国内源泉所得及び国外源泉所得のうち、国内で支払われたものまたは国外から送金されたものです。
> - 非居住者の課税所得は国内源泉所得のみです。

1．課税所得の範囲

1 個　人

①　永住者

永住者はすべての所得が課税所得の範囲に含まれます[1]。

②　非永住者

非永住者の課税所得の範囲は、国内源泉所得及び国外源泉所得のうち国内で支払われたものまたは国外から送金されたものです[2]。

③　非居住者

非居住者は、原則として国内源泉所得が課税所得の範囲となります[3]。

1　所法7①一
2　所法7①二
3　所法7①三

	国内 源泉所得	国外 源泉所得	備　　考
永住者	○	○	全世界所得課税です。
非永住者	○	△	国外源泉所得のうち、国内で支払われるものまたは国内へ送金されたものが課税所得の範囲に含まれます。
非居住者	△	×	原則として国内源泉所得は課税所得の範囲に含まれますが、一部非課税となる場合があります。

○…課税　△…一部課税または一部非課税　×…非課税

2 法人

① 内国法人

内国法人はすべての所得が課税所得の範囲に含まれます[4]。

② 外国法人

外国法人は、原則として国内源泉所得が課税所得の範囲となります[5]。

	国内 源泉所得	国外 源泉所得	備　　考
内国法人	○	○	全世界所得課税です。
外国法人	△	×	原則として国内源泉所得は課税所得の範囲に含まれますが、一部非課税となる場合があります。

○…課税　△…一部非課税　×…非課税

2．具体例

1 前提

- A氏は日本の内国法人に勤務している米国国籍の社員である。
- A氏は日本に住所を有している。
- A氏は過去10年間のうち3年間日本に滞在している。
- A氏は米国において賃貸用不動産を所有しており、賃貸収入が毎月日

4　法法5
5　法法9

本に送金されている。

2 A氏の居住者区分

A氏は国内に住所を有しているため、居住者に該当します。

また、日本国籍を有さず、過去10年のうち5年以下の期間日本に滞在していますので、非永住者となります。

3 不動産収入が日本で課税されるか否か

A氏は非永住者のため、国内源泉所得及び国外源泉所得のうち国内で支払われるものまたは国内へ送金されたものが課税所得の範囲となります。

このケースの場合の不動産収入は日本の国外源泉所得に該当しますが、日本へ送金されていますので課税所得の範囲に含まれることになります。

I-6　恒久的施設なければ課税なし

> **ポイント**
> - 恒久的施設とは、支店、工場その他事業を行う一定の場所のことをいいます。
> - 「恒久的施設なければ課税なし」というのは、事業所得における国際課税の原則です。
> - 恒久的施設の有無によって源泉地国での課税関係が異なります。

1．恒久的施設とは

　「恒久的施設」とは、支店、工場その他事業を行う一定の場所のことをいいます[1]。英語では Permanent Establishment と表現されるため、「PE」（ピーイー）と呼ばれることもあります。

　なお、上記の恒久的施設は条文上「所得税法164条1項1号又は法人税法141条1項1号」に規定されていることから、1号PEと呼ばれることが多くあります。

　その他、PEには2号PE（建設事務所等）[2]及び3号PE（代理人等）[3]と呼ばれるものがあり、これらの種類によって課税所得の範囲が異なってきます。

1　所法164①一、法法141①一
2　所法164①二、法法141①二
3　所法164①三、法法141①三

2．恒久的施設なければ課税なし

　「恒久的施設なければ課税なし」というのは、企業や個人が事業を通じて得た所得（いわゆる事業所得）における国際課税の原則です。

　つまり、日本国内に源泉のある事業所得であったとしても、国内に支店等の恒久的施設を有しない非居住者や外国法人が得たものである場合には日本で課税しない、という原則です[4]。

　換言すれば、事業所得の源泉地国に恒久的施設がある場合には、原則として源泉地国課税が行われることになります。

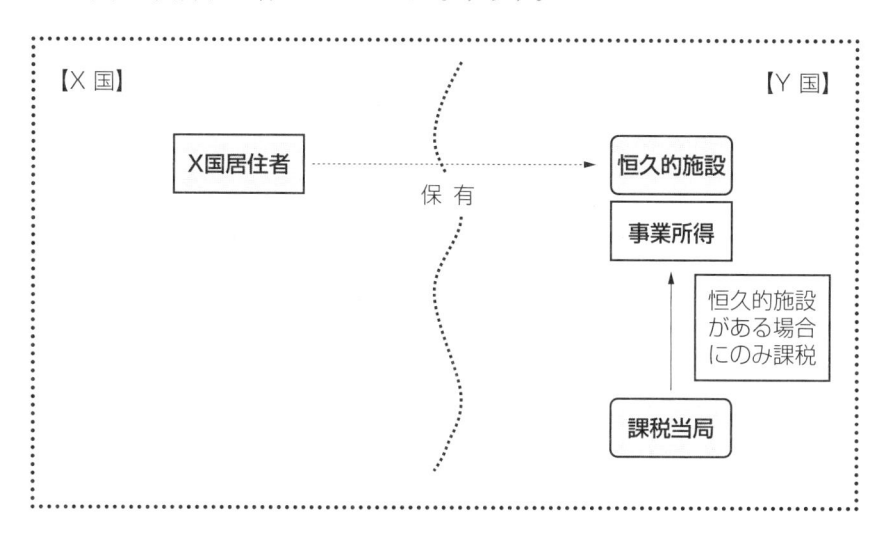

```
【X国】                              【Y国】

┌─────────┐          ┌─────────┐
│ X国居住者 │ ·······→ │ 恒久的施設 │
└─────────┘   保 有   ├─────────┤
                      │  事業所得  │
                      └─────────┘
                            ↑      ┌──────┐
                            │      │恒久的施設│
                            │      │がある場合│
                            │      │にのみ課税│
                            │      └──────┘
                      ┌─────────┐
                      │  課税当局  │
                      └─────────┘
```

3．子会社と支店

　子会社は、子会社という理由だけで（つまり、支配・被支配関係だけで）海外親会社の恒久的施設に該当するということはありません。

4　所法164①一、四、法法141①一、四

一方、支店は原則として恒久的施設に該当します。
　ただし、支店であっても補助的な機能を有する事業活動を行う場合等、恒久的施設に該当しない場合もありますので[5]、実際の判断には注意が必要です。

5　所令289②、法令185②

I-7　独立企業原則

> **ポイント**
> - 独立企業原則とは、事業所得の金額を算定する際の基準となる原則です。
> - 企業グループ内の取引価格が、独立した第三者間の取引価格と比較して妥当かどうかがポイントになります。
> - 独立企業原則の例外として、単純購入非課税の原則があります。

1．独立企業原則

「独立企業原則」の下では、本支店間等の企業内取引を、独立した第三者間の価格または条件で行われるものとみなして所得を計算します。要するに、企業内取引では取引価格や取引条件に恣意性が介入しやすいため、そのような恣意性を排除した状態での取引価格に基づいて所得計算を行うということです。

2．具体例

1 現在の取引状況

① 本支店間取引

次ページの例のように、本店である甲は商品Xを第三者から60円で仕入れ、それを海外支店であるAに70円で販売し、Aはさらにそれを第三者に120円で販売しています。

② 第三者間取引

甲は第三者から仕入れた商品 X（上記①と同じ商品）を、同様の条件で第三者であるＢに100円で販売し、Ｂはさらにその商品を第三者に120円で販売しています。

2 問題点

同様の条件で取引されているにもかかわらず、甲とＢの第三者間で成立している商品 X の取引価格100円と、甲とＡの企業内で成立している取引価格60円とが乖離しており、その結果、本来甲の利益となるべき金額の一部がＡの利益となってしまっています。実際にはＡの利益も甲の利益ではあるものの、本店と支店をそれぞれ独立した企業と考えた場合には、所得が適正に計算されているとはいえません。

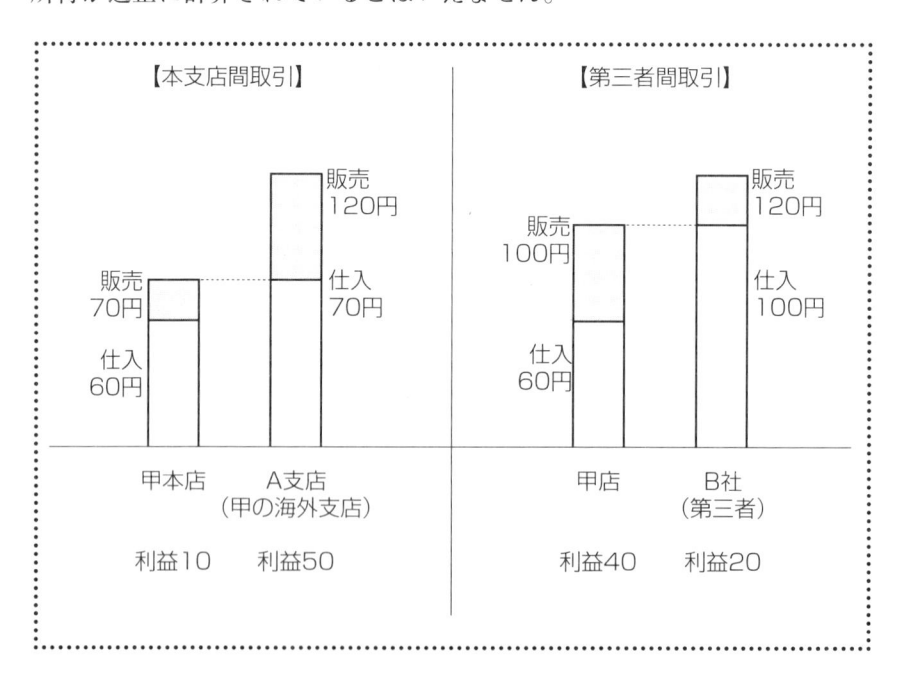

```
【本支店間取引】                    【第三者間取引】

                 販売                       販売
                 120円                      120円
                              販売
    販売          仕入         100円         仕入
    70円          70円                       100円
                              仕入
    仕入                       60円
    60円

   甲本店      Ａ支店          甲店        Ｂ社
              （甲の海外支店）              （第三者）

   利益10      利益50          利益40       利益20
```

3 独立企業原則の適用

独立企業原則に則り、甲からＡへの販売価格を、独立した第三者間の

取引価格である100円に修正する必要があります。

3．独立企業原則の例外—単純購入非課税の原則

　独立企業原則の例外として、恒久的施設が行う単純購入の活動からは所得が生じないとする「単純購入非課税の原則」があります。例えば恒久的施設において棚卸資産を購入し、国内においてその棚卸資産に製造等の価値を付加せずに国外において販売した場合には、その販売により生ずる所得は国内源泉所得に含まれません[1]。

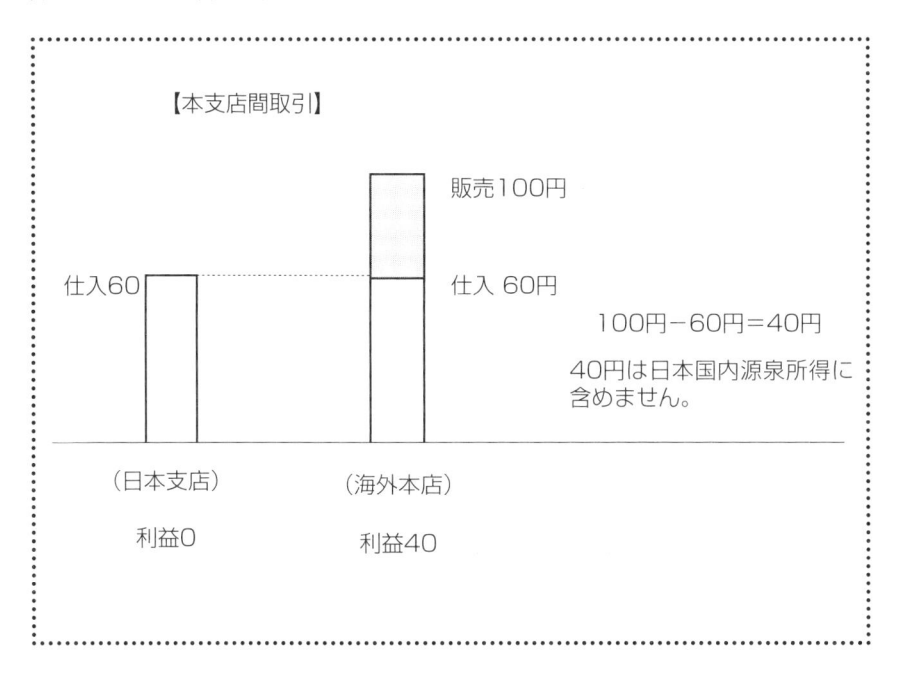

【本支店間取引】

仕入60　　　　販売100円
　　　　　　　仕入 60円

100円－60円＝40円
40円は日本国内源泉所得に含めません。

（日本支店）　（海外本店）
利益0　　　　利益40

1　法令176①

第 II 章

租税条約

II-1 租税条約の概要

※**第Ⅱ章**では租税条約を取り扱いますが、日本が締結している租税条約は基本的に「OECDモデル条約」に基づいているため、OECDモデル条約に規定されている内容の解説を中心としつつ、比較的使用頻度の高い日米租税条約に加え、項目によっては日中租税条約についても触れています（OECDモデル条約の概要については**Ⅱ-6**を参照下さい）。

※租税条約の適用にあたっては、必ず実際の条文等を確認下さい。

> **ポイント**
> - 適用対象者は締約国の居住者です。
> - 対象税目は、原則として所得税、法人税及び住民税です。
> - 国際的な二重課税を排除する等の目的があります。

1. 租税条約の正式名称

租税条約は、正式には「所得に対する租税に関する二重課税の回避及び脱税の防止のための日本国と○○国との間の条約」といいます。

「所得」に対する租税としては、日本の場合には所得税と法人税が該当します。しかし、必ずしもその2つだけが対象になるのではなく、例えば日中租税条約のように、地方税（住民税）が含まれる場合もあります。

租税条約は第一次世界大戦後、ヨーロッパを中心に発展してきたといわれています。日本は昭和30年に初めて租税条約（日米租税条約）を締結しました。**第Ⅰ章**でも触れたように、現在では45か国との間で締結され、56

か国との間で適用されています（平成21年4月現在）。

2．租税条約の適用対象者

　租税条約のメリットを享受できるのは、締約国の居住者に限られます。したがって、締約国ではない第三国の居住者がその締約国間の租税条約によるメリットを享受することはできません。

　なお、租税条約における「居住者」とは日本の国内法のそれとは異なり、法人も含んだ概念となります。

　したがって、居住者・非居住者、内国法人・外国法人といった概念の整理が必要になりますし、最近の経済活動のグローバル化に伴って複雑化している実務に対応するためにも、きちんとした概念の理解が必要になります。これらの概念については、今一度、第Ⅰ章を確認して下さい。

3．租税条約の対象税目

　日本が締結している租税条約では、原則として所得税、法人税及び住民税をその対象としています。

　ただし、相手国によっては地方税を含めない場合もあります。これは、例えば米国のように州が独自に課税を行う場合において、国（連邦政府）としてその課税を制限することができないとされているようなケースがあるためです。

4．租税条約の目的

1 国際的二重課税の排除

　租税条約の一番の目的は、国際的な二重課税を排除することといっても

過言ではありません。

　経済活動がグローバル化していくと取引が国を越えて行われるため、それぞれの国で所得が生ずる可能性があります。それぞれの国には課税権があり、同じ所得に対してそれぞれの国で課税を受けるケースが出てきます。いわゆる「二重課税」です。二重課税の状態が排除されなければ、納税者の国際的な経済活動を停滞させてしまうことになりかねません。

　そこで、そのような国際的な二重課税を排除することが租税条約の大きな目的の一つとなっているわけです。

2 国際的な脱税及び租税回避の防止

　グローバルな脱税・租税回避スキームに対しては、国内法のみで対処することは困難であり、租税条約に基づき各国が協力して対処していく必要があります。

3 各国税務当局間の協力体制の確立

　グローバルな事案に対しては、各国税務当局がいろいろな形で連携していくことが必要になることがあります。

　例えば、**第Ⅴ章**で説明する移転価格税制によって追徴課税を受けた場合において、その後2国間の相互協議により二重課税を排除しようとするとき、両国の協力体制が確立されていなければスムーズな協議が行えず、結果として納税者の国際的な経済活動を妨げてしまう可能性があります。

4 その他

　租税条約の目的は上記1～3に限られたものではなく、例えば締約国間の課税権の配分などもその目的の一つと考えられます。

　具体的には、租税条約ではある所得について、その所得が生じた国（源泉地国）とその所得を受領する者が所在する国（居住地国）のいずれの国において課税することができるのかが定められています。

　両方の国での課税権が認められている場合もありますし（その場合には外国税額控除等により、二重課税を排除することになります）、一方の国にの

み課税権を認め、二重課税を排除している場合もあります。
　このように、課税権の配分を行うことも租税条約の目的の一つと考えられます。

II-2　適用優先関係

> **ポイント**
> ◎原則として、租税条約が国内法より優先的に適用されます。

1．租税条約の優先適用が原則

　日本が締結した条約については、これを誠実に遵守することが必要とされており[1]、一般的には租税条約が憲法以外の国内法（所得税法等）よりも優先して適用されると解されています。

```
原則 ⇒ 憲法 ＞ 租税条約 ＞ 憲法以外の国内法（所得税法等）
```

　具体的には、下記のような場合が該当します。

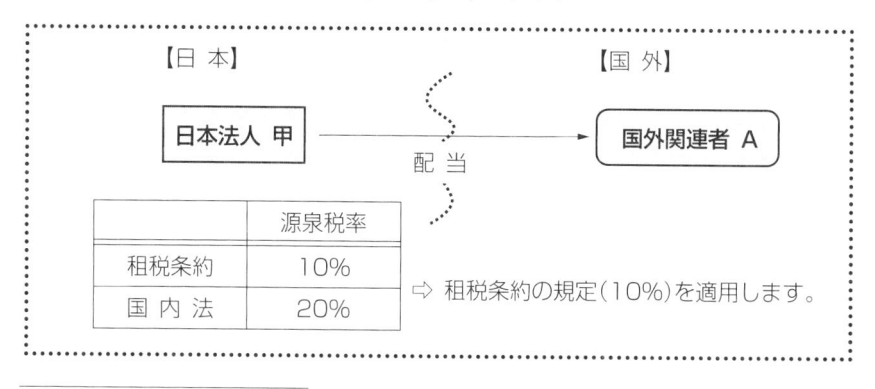

【日本】　　　　　　　　　　　　　　【国外】

日本法人 甲　——配当——→　国外関連者 A

	源泉税率
租税条約	10%
国内法	20%

⇒ 租税条約の規定（10%）を適用します。

1　憲法98②

Ⅱ-3　プリザベーション・クローズ
(Preservation clause)

ポイント
- 国内法のほうが租税条約よりも有利になるときは、国内法を優先適用することができる、というものです。

1．租税条約の優先適用が原則

Ⅱ-2で述べたとおり、一般的には租税条約が憲法以外の国内法よりも優先して適用されると解されています。しかしながら、以下の場合には国内法を優先適用することが認められています。

2．国内法を適用したほうが有利になる場合

国内法で定められている非課税や免税、各種控除の規定が、租税条約の規定を適用した場合よりも有利になる場合には、租税条約ではなく国内法を優先して適用することができます。

これを「プリザベーション・クローズ」といいます。

```
原則 ⇒ 憲法 ＞ 租税条約 ＞ 憲法以外の国内法（所得税法等）
```

```
例外（国内法のほうが租税条約よりも有利な場合）
  ⇒ 憲法 ＞ 憲法以外の国内法（所得税法等） ＞ 租税条約
```

具体的には、下記のような場合が該当します。

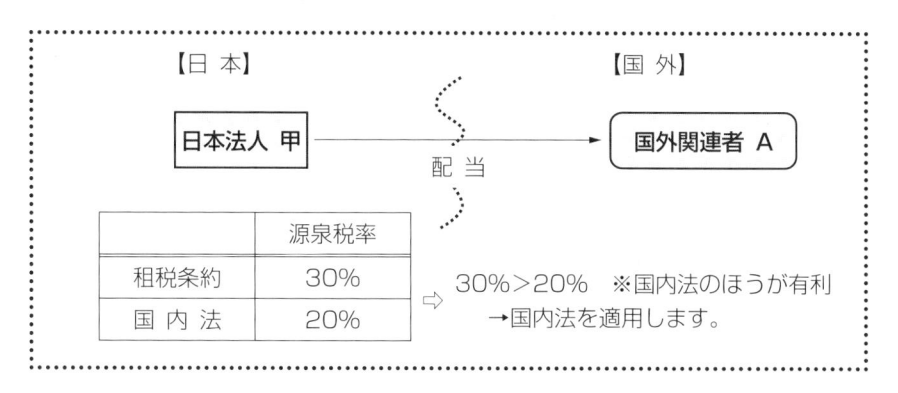

```
【日本】                        【国外】

日本法人 甲  ────配当───→  国外関連者 A

      | 源泉税率 |
      | 租税条約 | 30% |    ⇒ 30％＞20％  ※国内法のほうが有利
      | 国 内 法 | 20% |      →国内法を適用します。
```

　必ずしも日本が締結したすべての租税条約にこの内容が規定されているわけではなく、現段階では米国、カナダ、フランス、中国などに限られていますが、租税条約に規定されているか否かにかかわらず、この考え方は広く認められています。

II-4　セービング・クローズ
(Saving clause)

> **ポイント**
> ○租税条約において別段の定めがない限り、自国の居住者に対する自国での課税については、租税条約の影響を受けないというものです。

1．居住者の要件

　日本の居住者が日本で課税を受ける場合に、租税条約の影響を受けずに国内法によって課税されるというのは、一見当たり前のように思われます。

　しかし、日本においては「市民権」という考え方はありませんが、例えば米国市民権所有者については、その者がたとえ米国に居住していなかったとしても米国は課税権を有しています。

2．日米租税条約

　日米租税条約では、セービング・クローズに関して下記のような記述がされています[1]。
　① 日米租税条約は、一定の場合を除くほか、一方の締約国の居住者とされる者に対するその一方の締約国の課税及び合衆国の市民に対する

1　日米租税条約1④

<u>合衆国の課税に影響を及ぼすものではない。</u>
② 日米租税条約の他の規定にかかわらず、合衆国の市民であった個人または合衆国において長期居住者とされる個人に対しては、その個人が合衆国の法令において租税の回避を主たる目的の一つとして合衆国の市民としての地位を喪失したとされる場合には、その市民としての地位を喪失した時から10年間、合衆国において、合衆国の法令に従って租税を課することができる。

つまり米国は、米国の市民であれば、たとえその者が日本の居住者であったとしても、米国の課税権を行使することができるのです。その結果、米国市民である日本居住者は日米両国で課税をされてしまうリスクを負っていることになります（ただし日本の居住者であれば、外国税額控除の適用を受けることができます）。

＊　　　　＊

なお、現在日本が締結している租税条約の中で、セービング・クローズについての記述があるのは日米租税条約のみです。

Ⅱ-5　日本における租税条約の概要

> **ポイント**
> ● 平成21年4月現在、日本は45の租税条約を締結しており、56か国との間で適用されています。

1．概　要

　日本が締結している租税条約は、平成21年4月現在で45あり、56か国との間で適用されています。
　租税条約の数と適用国の数に相違があるのは、旧ソ連との条約がその後独立した各国との間で適用されている、などの理由によるものです。

2．日本の姿勢の転機

　平成16年に、新しい日米租税条約が発効しました（署名は平成15年です）。
　この新しい日米租税条約は、日本にとって一つの転機となりました。それまで源泉地国として、日本国内源泉所得への源泉課税権を主張する傾向が見られましたが、この条約を機に源泉税率の引き下げや免税措置を設けるなど、海外からの投資を積極的に受け入れようとする姿勢がうかがえるようになりました。
　経済活動のグローバル化に伴い、自国にとって有益な体制を構築しようとする政策的意図が背景にあります。

3．日米租税条約以後の経緯・現状 (平成21年4月現在)

以下は、新日米租税条約以後の日本における租税条約の状況です。最近では、産油国との租税条約締結に向けた動きが目立ちます。

1 署名

平成15年11月	日米租税条約	平成16年発効
平成18年2月	日英租税条約	平成18年発効
平成18年2月	日印租税条約	平成18年発効
平成18年12月	日比租税条約	平成20年発効
平成19年1月	日仏租税条約	平成19年発効
平成20年1月	日パキスタン租税条約	平成20年発効
平成20年1月	日豪租税条約	平成20年発効
平成20年12月	日カザフスタン租税条約	未発効
平成21年1月	日ブルネイ租税協定	未発効

2 基本合意

平成21年1月	日クウェート租税条約	新規

3 正式交渉国

オランダ	改正
アラブ首長国連邦	新規
サウジアラビア	新規
スイス	改正

(出所：財務省プレスリリースより著者作成)

II-6　モデル条約

> **ポイント**
> ◉租税条約の雛形のことです。
> ◉大別して、OECD モデル条約と国連モデル条約の 2 つがあります。
> ◉実際に効力を有するものではありません。

1．モデル条約の意義

　租税条約を各国がそれぞれ規定してしまうと、納税者に混乱を与えてしまうような複雑な制度になりかねません。そこで、雛形となるモデル条約を作成しようという動きが広がり、1928年に最初のモデル条約ができました。その後幾度となく改定が行われて現在に至っています。
　では、それぞれについて簡単に触れておきましょう。

2．OECD モデル条約

　このモデル条約は、OECD（経済協力開発機構）が作成した雛形です。OECD の加盟国には先進国が多いことから、主に先進国同士で租税条約を締結する際の雛形として位置づけられています。

3．国連モデル条約

　国際連合が作成した雛形であり、源泉地国である開発途上国の課税権に

より配慮した内容となっています。OECDモデル条約が主に先進国間のものと位置づけられているのに対し、国連モデルは先進国と開発途上国間のものと位置づけられていますが、現在ではOECDモデル租税条約を利用するケースが多く、国連モデルをベースとするケースはあまり見られません。

【OECDモデル条約条項一覧】

第1章　条約の範囲	第17条　芸能人
第1条　人的範囲	第18条　退職年金
第2条　対象項目	第19条　政府職員
第2章　定　義	第20条　学　生
第3条　一般的定義	第21条　その他所得
第4条　居住者	第4章　財産に対する課税
第5条　恒久的施設	第22条　財　産
第3章　所得に対する課税	第5章　二重課税排除の方法
第6条　不動産所得	第23条(A)　免除方式
第7条　事業所得	第23条(B)　税額控除方式
第8条　海運、内陸水路運輸及び航空運輸	第6章　雑　則
第9条　特殊関連企業	第24条　無差別取扱い
第10条　配　当	第25条　相互協議
第11条　利　子	第26条　情報交換
第12条　使用料	第27条　徴収共助
第13条　譲渡収益	第28条　外交官
第14条　自由職業所得［削除］（2000年削除）	第29条　適用地域の拡張
第15条　給与所得	第7章　最終規程
第16条　役員報酬	第30条　発　効
	第31条　終　了

Ⅱ-7 双方居住者(二重居住者)

> **ポイント**
> - 居住者の定義は国によって異なることがあるため、2か国以上の国において居住者となってしまう場合があります。
> - 双方居住者となり二重に課税を受けてしまうことを避けるため、租税条約でも居住者の定義を設けています。

1. 双方居住者に該当する場合

「双方居住者」に該当する場合には、それぞれの国において居住者として課税を受けることとなり、二重課税が生ずることがあります。

そこで、そのような二重課税を排除するため、双方居住者に該当する場合の振り分け基準が租税条約には設けられています。ここではOECDモデル条約と日米租税条約を例にとって説明しましょう。

1 OECDモデル条約

OECDモデル条約では双方居住者について、以下のような振り分け基準が設けられています[1]。

① 個人

次に掲げる締約国の居住者となります。

(イ) 恒久的住居が存在する締約国(双方の締約国内に恒久的住居が有る場合には、重要な利害関係の中心がある締約国)

---

1 OECDモデル条約4②

(ロ) (イ)で振り分け不可能な場合には、常用の住居が所在する締約国
(ハ) (ロ)で振り分け不可能な場合には、国民である締約国
(ニ) (ハ)で振り分け不可能な場合には、権限ある当局による合意によって解決

② 法 人

その法人の事業を実質的に管理する場所が所在する締約国の居住者となります。

2 日米租税条約

日米租税条約では双方居住者について、以下のような振り分け基準が設けられています[2]。

① 個 人

OECDモデル条約に同じ。

② 法 人

権限ある当局による合意により決定された締約国の居住者となります。その合意がない場合には、条約の特典を要求する上ではいずれの締約国の居住者にもなりません。

3 事例紹介

居住者・非居住者について争われた事例として、当時話題となった翻訳家のM氏の事例を紹介します。このケースは、翻訳された本の知名度が高かったことと、申告漏れと指摘された金額が大きかったことから、話題になったのを覚えている方もいらっしゃるかと思います。

2001年（平成13年）、スイスにマンションを購入したM氏は住民票を日本からスイスに移しました。日本の非居住者が日本の出版社から支払いを受ける所得（日本国内源泉所得）については、その支払時に源泉徴収をされるのみで、日本で申告をする必要はありません。そのためM氏は住民

---

[2] 日米租税条約4③、④

票を移した後、日本の出版社から受け取った翻訳料については、日本の非居住者（＝スイスの居住者）として日本では申告をしていませんでした。なお、仮に日本の居住者に該当する場合には、すべての所得について日本で申告する必要があり、その税率も所得税と住民税を合わせて最高50％となります。

　これに対し東京国税局は、住民票を移した後も生活の本拠は日本にある、つまりＭ氏は日本の居住者であるとして、2004年（平成16年）までの3年間でおよそ36億円の申告漏れを指摘しました。具体的には、①2005年（平成17年）12月まで日本の出版社の社長として、日本でその翻訳した本の宣伝活動を行っていた、②スイス移住後も頻繁に来日し、日本での滞在日数も長かった、などの事実からＭ氏の居住地は日本だったと判断しました。

　その後、Ｍ氏は二重課税の状態を避けるため日本とスイスの税務当局に相互協議の申立てを行いましたが、結果として2005年の後半までは日本の居住者であり、日本での申告・納税が必要と判断されました。

II-8　恒久的施設

> **ポイント**
> - 支店や事務所など、企業が事業活動を行う場所をいいます。
> - 英語では「Permanent Establishment」と表現するため、頭文字をとって「PE (ピーイー)」と呼ぶことがあります。

1．OECD モデル条約[1]

1 定義及び範囲

「恒久的施設」とは、事業を行う一定の場所であって企業がその事業の全部または一部を行っている場所で、次に掲げるものを含みます。

① 事業の管理の場所
② 支店
③ 事務所
④ 工場
⑤ 作業場
⑥ 鉱山、石油または天然ガスの坑井、採石場その他天然資源を採取する場所
⑦ 建設工事現場または建設もしくは据付工事で12か月を超える期間存続するもの

また、企業が事業を行う一定の場所を有していない場合であっても、企

---

[1] OECD モデル条約 5

業に代わって一方の締約国内でその企業の名において契約を締結する権限を有し、かつ、この権限を反復継続して行使している者がある場合には、代理人というその者の機能的な面に着目し、その一方の締約国に恒久的施設を有するものとされます。

ただし、その者が問屋、その他の独立の地位を有する者である場合には恒久的施設を有するものとはみなされません。

2 恒久的施設に含まれない活動

上記1にかかわらず、次のケースについては恒久的施設に含まれないこととされています。

① 企業に属する物品または商品の保管、展示または引渡しのためにのみ施設を使用すること
② 企業に属する物品または商品の在庫を保管、展示または引渡しのためにのみ保有すること
③ 企業に属する物品または商品の在庫を他の企業による加工のためにのみ保有すること
④ 企業のために、物品もしくは商品を購入しまたは情報を収集することのみを目的として、事業を行う一定の場所を保有すること
⑤ 企業のために、その他の準備的または補助的な性格の活動を行うことのみを目的として、事業を行う一定の場所を保有すること
⑥ 上記①から⑤までの活動を組み合わせた活動を行うことのみを目的として、事業を行う一定の場所を保有すること。ただし、その一定の場所におけるこのような組み合わせによる活動の全体が準備的、または補助的な性格のものである場合に限られます。

3 支配・被支配関係

海外に親会社をもつ日本子会社は、「子会社」という理由だけで（つまり、支配・被支配関係だけで）その海外親会社の恒久的施設に該当するということはありません。

親会社の自由になる子会社の場所や建物が、そこを通じて親会社が自己の事業を行う一定の場所を構成する場合には、一定の条件の下、その場所は恒久的施設に該当することになります。

　また、子会社が親会社の名前で契約を締結する権限を有し、その権限を常習的に行使する場合には、一定の場合を除き、親会社は子会社の行う活動に関して恒久的施設を有しているとみなされます。

2．日本の租税条約

　日本が締結している租税条約は、基本的に1のOECDモデル条約に準拠しています。

　ただし、日中租税条約[2]など、新興国や発展途上国との条約においては、1①⑦の建設工事等について12か月よりも短い6か月とするなど、国連モデル条約の内容を一部取り込んだものとなっているものがあります。

2　日中租税条約5③

II-9　不動産所得

ポイント
- 源泉地国課税が認められています。

1．OECD モデル条約

　一方の締約国の居住者（法人も含みます）が、他方の締約国内に所在する不動産から取得する所得（直接使用、賃貸その他のすべての形式による使用から生ずる所得）に対しては、その他方の締約国において租税を課することができるとされています[1]。

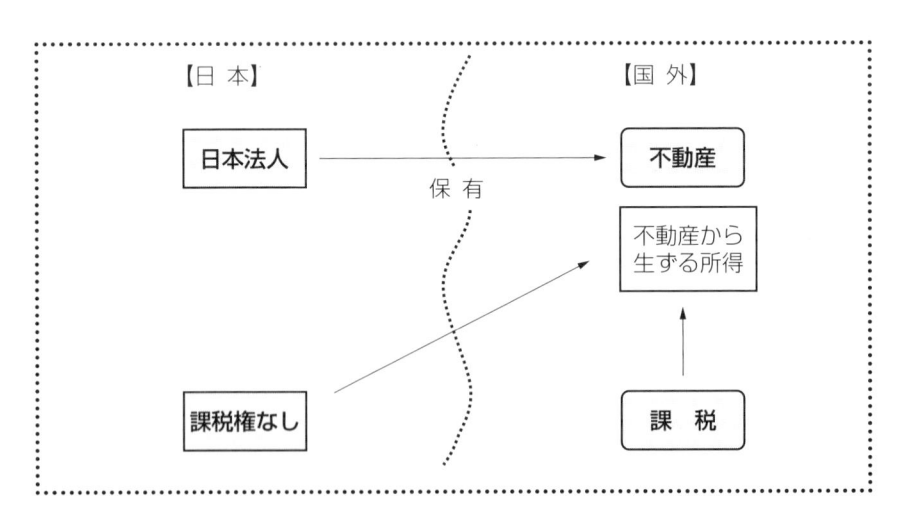

```
【日本】                    【国外】

日本法人  ──────────→  不動産
          保有
                           不動産から
                           生ずる所得
                              ↑
課税権なし ─────────→    課　税
```

1　OECD モデル条約6①、③

なお、「不動産」とは、その財産が所在する締約国の法令における不動産の意義を有するものとされています[2]。

ちなみに船舶及び航空機は不動産とはみなされません。

2．日本の租税条約

日米租税条約[3]及び日中租税条約[4]をはじめ、日本が締結している条約はおおむね1のOECDモデル条約に準拠した取扱いとなっています。

2　OECDモデル条約6②
3　日米租税条約6
4　日中租税条約6

II-10　事業所得

ポイント
- 「恒久的施設なければ課税なし」が原則です。
- 租税条約は帰属主義が採用されていますが、国内法では包括主義（総合主義）が採用されています。

1．OECD モデル条約

事業所得については、国内法に加え、租税条約上、次のような課税原則によることとされています。

1 帰属主義

租税条約では、企業の利得のうち恒久的施設に帰せられる部分に対してのみ他方の国において租税を課することができる[1]とし、いわゆる帰属主義が採用されています。

一方、日本の国内法では、恒久的施設がある場合には帰属の有無にかかわらず日本で課税することとされており[2]、いわゆる包括主義（総合主義）が採用されています。

2 独立企業原則

一方の締約国の企業が他方の締約国内にある恒久的施設を通じてその他方の国内において事業を行う場合には、その恒久的施設が、同一または類似の条件で同一または類似の活動を行い、かつ、その恒久的施設を有する

1　OECD モデル条約7①
2　所法164、法法141

企業と全く独立の立場で取引を行う別個の、かつ、分離した企業であるとしたならばその恒久的施設が取得したとみられる利得が、各締約国において当該恒久的施設に帰せられるものとされます[3]。少々複雑なので、図解を見てみましょう。

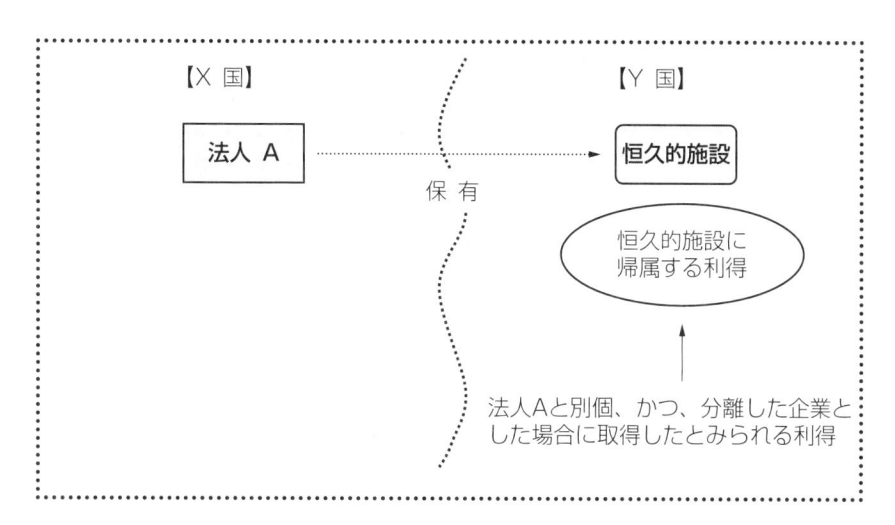

```
【X 国】                    【Y 国】

 法人 A  ------------→   恒久的施設
          保 有
                          ┌──────────┐
                          │ 恒久的施設に │
                          │ 帰属する利得 │
                          └──────────┘
                                ↑
                    法人Aと別個、かつ、分離した企業と
                    した場合に取得したとみられる利得
```

3 経費の配布

　恒久的施設に帰属する利得の計算にあたっては、その恒久的施設のために生じた費用は、その生じた場所が恒久的施設の所在する国か否かを問わず、損金に算入することが認められています[4]。

4 恒久的施設に帰属する利得の計算

　恒久的施設に帰属する利得の計算においては、原則としては独立企業原則を適用しなければならないものの、一方の締約国に利益配分の慣行がある場合にはこれを認めています[5]。

3　OECDモデル条約7②
4　OECDモデル条約7③
5　OECDモデル条約7④

5 単純購入非課税の原則

恒久的施設で単なる購入を行ったという理由だけでは、いかなる利得もその恒久的施設に帰属することはないという原則です[6]。

6 国際運輸業所得に対する特例

船舶または航空機を国際運輸に運用することによって取得する利得に対しては、企業の実質的管理の場所が所在する締約国においてのみ課税権があるとされています[7]。

つまり、国際運輸業所得については原則として相互免税とし、寄港地国で課税せず、居住地国課税のみが認められています。

2．日本の租税条約

日本が締結している租税条約は、日米租税条約[8]及び日中租税条約[9]をはじめ、原則としてOECDモデル条約に準拠しています。しかし、国内法では帰属主義ではなく包括主義（総合主義）が採用されているため、租税条約締約国の居住者との関係は帰属主義に修正されます。

なお、国際運輸業所得については、OECDモデル条約で「企業の実質的管理の場所」が所在する締約国において課税権があるとされているのに対し、日本が締結している租税条約では「企業の居住地国」においてのみ課税できるとされています。

6　OECDモデル条約7⑤
7　OECDモデル条約8
8　日米租税条約7、8
9　日中租税条約7、8

II-11　特殊関連企業条項

ポイント
- 移転価格税制の租税条約版のような条項です。
- 一方の国で増額更正を受けた場合に、他方の国で減額更正を行うことを「対応的調整」といいます。

1．OECD モデル条約

1 特殊関連企業条項の意義
　内国法人同士の取引の場合と異なり、国をまたいだ取引においては所得が国外に流出することがあります。仮にその取引価格が独立企業間価格と異なっており、国外に流出した所得が多すぎるため相手国に対して問題を提起したとしても、相手国としてはその問題提起に応じることによって自国の税収が減少する可能性があるため、その相手国が応じないこともあるかもしれません。
　そこで、OECD モデル条約では特殊関連企業条項を設けて所得が流出した国の課税権を認め、必要に応じて両国の権限ある当局が協議を行うこととしています[1]。

2 対応的調整
　「対応的調整」とは、国外関連取引を行ういずれか一方の国の企業がその国の税務当局によって移転価格課税（増額更正）を受けた場合におい

1　OECD モデル条約9

て、二重課税を排除するため相互協議を行い合意したときは、その結果を受けてもう一方の企業に対して減額更正を行うことです。

下図は、国外関連者が国外の税務当局によって移転価格課税を受け、相互協議によって日本の税務当局が内国法人に対して対応的調整（減額更正）を行うこととなった場合を表しています。

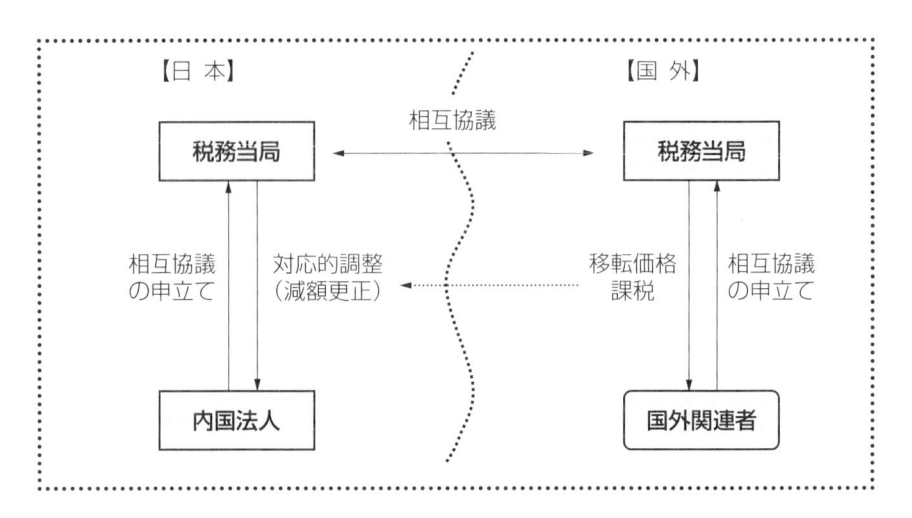

```
┌─────────────────────────────────────────────┐
│  【日本】              相互協議        【国外】   │
│  ┌──────┐  ←──────────→   ┌──────┐      │
│  │税務当局│                  │税務当局│      │
│  └──────┘                  └──────┘      │
│   ↑   ↓                      ↑   ↓        │
│  相互協議 対応的調整      移転価格   相互協議     │
│  の申立て（減額更正）       課税    の申立て    │
│   │   │                      │   │        │
│  ┌──────┐                  ┌──────┐      │
│  │内国法人│                  │国外関連者│    │
│  └──────┘                  └──────┘      │
└─────────────────────────────────────────────┘
```

2．日本の租税条約

日本が締結している租税条約では、日米租税条約[2]及び日中租税条約[3]をはじめ、ほぼすべての租税条約において特殊関連企業条項が規定されています。

ただし、対応的調整については、日中租税条約など規定されていない条約も多くあります。これは、日本が以前、対応的調整に係るOECDモデル条約に対して留保という姿勢をとっていたためです。

2　日米租税条約9
3　日中租税条約9

II-12　配　当

> **ポイント**
> - 原則として、居住地国課税及び源泉地国課税の両方が認められています。
> - 個別の租税条約において、一定の配当に係る源泉地国課税を免除している場合があります。

1．OECD モデル条約[1]

1 課税権

　一方の締約国の居住者である法人が他方の締約国の居住者に支払う配当に対しては、その他方の締約国において課税することができるとされており、いわゆる居住地国課税が認められています。

　また、上記の配当に対しては、これを支払う法人が居住者とされる締約国においても、その締約国の法令に従って課税することができるとされており、源泉地国課税も認められています。

2 源泉税率

　源泉地国における源泉税の限度税率は下記のとおり定められています。
　① 配当を受ける法人が配当を支払う法人の資本の25％以上を直接保有している場合…5％
　② ①以外の場合…15％

1　OECD モデル条約10

③ 配当の意義

「配当」とは、株式、受益株式、鉱業株式、発起人株式その他利得の分配を受ける権利（信用に係る債権を除きます）から生ずる所得及びその他の持分から生ずる所得であって、分配を行う法人の居住地国における税法上株式から生ずる所得と同様に取り扱われるものをいいます。

④ 事業所得とされる場合

配当の受益者が、その配当を支払う法人の居住地国にある恒久的施設を通じて事業を行う場合において、その配当の支払いの基因となった株式その他の持分がその恒久的施設と実質的な関連を有するものであるときは、この条項ではなく事業所得の条項を適用することとされています。

つまり、源泉地国での源泉徴収を行わず、恒久的施設の所在地国において事業所得として総合課税されることとなります。

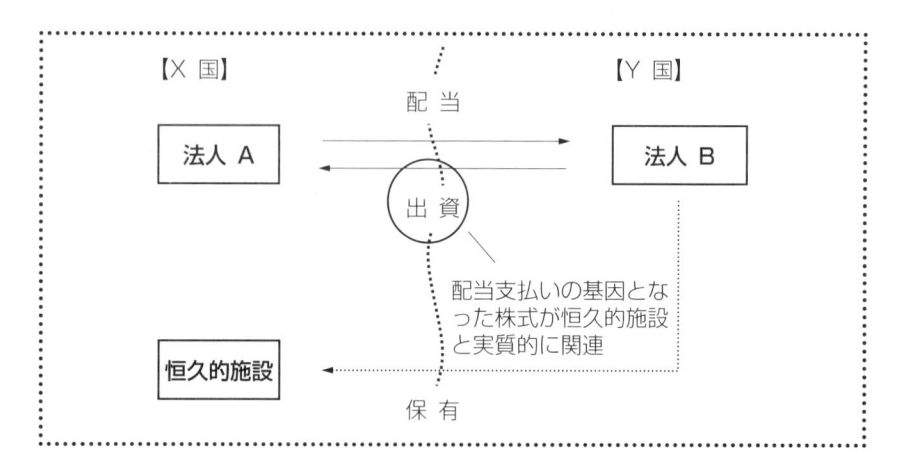

```
【X国】                        【Y国】
                  配当
  法人A    ←―――――――――→    法人B
                  出資
                        配当支払いの基因とな
                        った株式が恒久的施設
                        と実質的に関連
  恒久的施設  ←――――――――
                  保有
```

⑤ 追掛課税の禁止

一方の締約国の居住者が他方の締約国から得る配当等については、たとえその配当等が他方の締約国内で生じた利得等から成るときにおいても、その他方の締約国はその配当等に対していかなる租税も課すことができないとされています。

つまり、課税済みの所得について配当を行ったりそれらの所得を留保したりしても、改めて課税は行わないということです。

2．日本の租税条約

1 原　則
　日本が締結している租税条約では、配当については15%（親子間の配当の場合には10%または5%）の源泉税率が原則となっています。

2 日米租税条約[2]
　日米租税条約における原則的な取扱いは下記のとおりです。

保　有　割　合		限度税率
親子間配当	50%超（保有期間等一定の条件あり）	免税
	10%以上50%以下	5%
上記以外		10%

3 日中租税条約[3]
　日中租税条約では、下記のように規定されています。

保　有　割　合	限度税率
要件なし（＝すべての配当）	10%

2　日米租税条約10
3　日中租税条約10

II-13 利　子

> **ポイント**
> ○ 原則として、居住地国課税及び源泉地国課税の両方が認められています。
> ○ 個別の租税条約において、一定の利子に係る源泉地国課税を免除している場合があります。

1．OECD モデル条約[1]

1 課税権
　一方の締約国内において生じ、他方の締約国の居住者に支払われる利子に対しては、その他方の締約国において課税することができるとされており、いわゆる居住地国課税が認められています。
　また、上記の利子に対しては、その利子が生じた締約国においてもその締約国の法令に従って課税することができるとされており、源泉地国課税も認められています。

2 源泉税率
　源泉地国における源泉税の限度税率は10％とされています。

3 利子の意義
　「利子」とは、すべての種類の信用に係る債権（担保の有無及び債務者の利得の分配を受ける権利の有無を問いません）から生じた所得で、特に公

1　OECDモデル条約11

債、債券、社債から生じた所得をいいます。なお、支払いの遅延に対する延滞金は利子には含まれないこととされています。

4 事業所得とされる場合

　一方の締約国の居住者である利子の受益者が、その利子の生じた他方の締約国内においてその他方の締約国内にある恒久的施設を通じて事業を行う場合において、その利子の支払いの基因となった債権がその恒久的施設と実質的な関連を有するものであるときは、この条項ではなく事業所得の条項を適用することとされています。

　つまり、源泉地国での源泉徴収を行わず、恒久的施設の所在地国において事業所得として総合課税されることとなります。

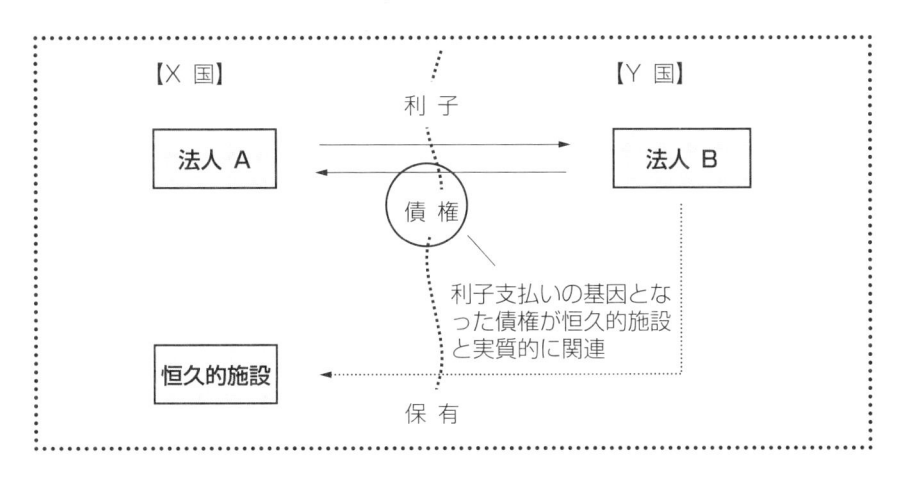

5 債務者主義

　OECD モデル条約では債務者主義がとられており、利子は債務者の居住地国で生じたものとされます。

　例えば、次ページ図では債務者は法人 B ですので、債務者主義をそのまま当てはめれば、支払われる利子は Y 国において生じたものとされます。

　しかし、その債務が恒久的施設について生じ、かつ、利子がその恒久的

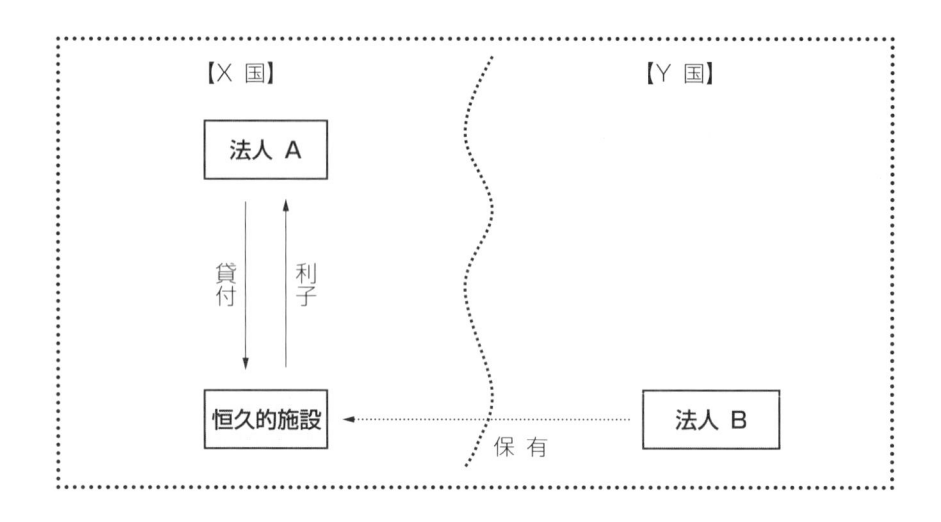

```
┌─────────────────────────────────────────────┐
│      【X国】           :    【Y国】          │
│   ┌──────┐           :                     │
│   │ 法人A │           :                     │
│   └──────┘           ,                     │
│     │ ↑              :                      │
│   貸│ │利            .                      │
│   付│ │子            :                      │
│     ↓ │              ,                      │
│   ┌──────┐           :   ┌──────┐          │
│   │恒久的施設│◀·······:···│ 法人B │          │
│   └──────┘    保 有  .   └──────┘          │
└─────────────────────────────────────────────┘
```

施設によって負担されている場合には、利子はその恒久的施設のある国（X国）において生じたものとされます。

6 独立企業間価格を超える場合

利子についての租税条約上の特典（軽減税率）は、独立企業間で支払利子として妥当と認められる部分、つまり独立企業間価格に相当する部分のみに対して適用することとされています。

その独立企業間価格を超える部分については、OECDモデル条約の他の規定に妥当な考慮を払った上、各締約国の法令に従って課税することができるとされています。

2．日本の租税条約

1 原　則

日本が締結している租税条約では、利子については10％の源泉税率が原則となっています。

2 日米租税条約[2]
① 原 則
　OECDモデル条約同様、居住地国課税及び源泉地国課税の両方を認めており、また、源泉地国での源泉に係る限度税率も同じく10％となっています。

　その他、利子の定義や債務者主義等についてもOECDモデル条約に準拠しています。

② 免税となる利子
　政府、中央銀行、銀行及び保険会社等が受け取る利子については、源泉地国においては免税となります。

3 日中租税条約[3]
① 原 則
　OECDモデル条約同様、居住地国課税及び源泉地国課税の両方を認めており、また、源泉地国での源泉に係る限度税率も同じく10％となっています。

　その他、利子の定義や債務者主義等についてもOECDモデル条約に準拠しています。

② 免税となる利子
　政府、中央銀行等が受け取る利子については、源泉地国においては免税となります。

---

[2] 日米租税条約11
[3] 日中租税条約11

II-14 使用料

> **ポイント**
> - OECD モデル条約では、居住地国課税のみが認められています。
> - その対象範囲の広さから、最も難しい分野の一つといわれています。

1．OECD モデル条約[1]

1 課税権
　一方の締約国内において生じ、他方の締約国の居住者が受益者である使用料に対しては、その他方の締約国においてのみ課税することができるとされています。つまり、居住地国課税のみが認められており、源泉地国課税は規定されていません。

2 使用料の意義
　「使用料」とは、文学上、美術上もしくは学術上の著作物（映画フィルムを含みます）の著作権、特許権、商標権、意匠、模型、図面、秘密方式もしくは秘密工程の使用もしくは使用の権利の対価として、または産業上、商業上もしくは学術上の経験に関する情報の対価として受領されるすべての種類の支払金等をいいます。
　つまり、ほとんどすべての知的財産権に関する対価として支払われるものが使用料ということになります。

1　OECD モデル条約12

例えば、製造子会社が親会社のノウハウを利用して製造を行っている場合において、そのノウハウの対価として子会社から親会社へ支払われる金額は、産業上、商業上の経験に関する情報の対価として使用料の範囲に含まれます。

③ 事業所得とされる場合

　一方の締約国の居住者である使用料の受益者が、その使用料の生じた他方の締約国内においてその他方の締約国内にある恒久的施設を通じて事業を行う場合において、その使用料の支払いの基因となった権利または財産がその恒久的施設と実質的な関連を有するものであるときは、この条項ではなく事業所得の条項を適用することとされています。

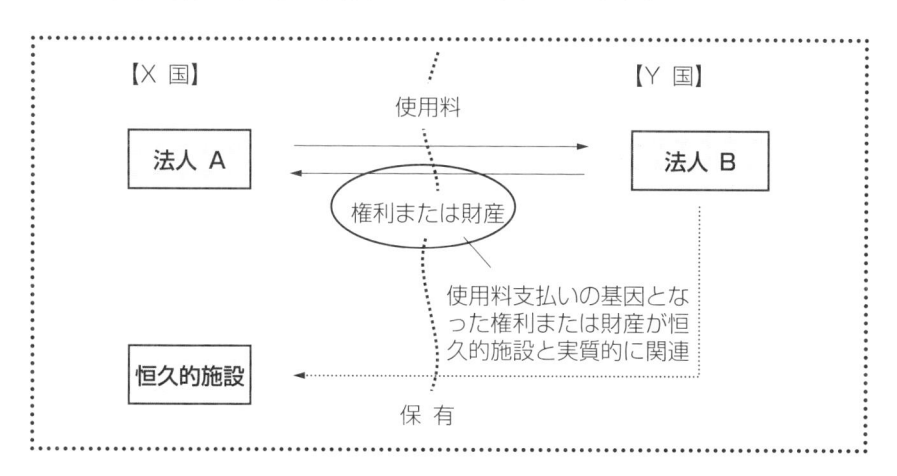

```
【X 国】                              【Y 国】
                      使用料
  法人 A      ←――――――――――→     法人 B
              ＿＿＿＿＿＿＿＿
             （権利または財産）
              ￣￣￣￣￣￣￣￣
                               使用料支払いの基因とな
                               った権利または財産が恒
                               久的施設と実質的に関連
  恒久的施設 ←――――――――――
                      保 有
```

④ 債務者主義

　OECDモデル条約では利子同様、債務者主義がとられています。

⑤ 独立企業間価格を超える場合

　使用料の額がいわゆる独立企業間価格を超える場合には、独立企業間価格に相当する部分のみに対して、この条項を適用することとされています。

　独立企業間価格を超える部分については、OECDモデル条約の他の規定

に妥当な考慮を払った上、各締約国の法令に従って課税することができるとされています。

2．日本の租税条約

1 原　則

日本が締結している租税条約では、従来使用料については10％の源泉地国課税が原則となっていましたが、日米租税条約の改正を機に先進国との条約においては源泉地国免税とし、新興国や発展途上国との条約においては源泉地国における限度税率を引き下げるといった動きが見られるようになりました。

2 日米租税条約[2]

OECDモデル条約同様、居住地課税のみを認めています。

その他、使用料の定義や債務者主義等についても、原則としてOECDモデル条約に準拠しています。

なお、独立企業間価格を超えて支払われた使用料については、その超える部分の金額に対して源泉地国で5％の限度税率にて課税することができるとされています。

2 日中租税条約[3]

OECDモデル条約とは異なり、源泉地国における課税も認められており、源泉徴収の限度税率については10％とされています。

その他、使用料の定義や債務者主義等については、原則としてOECDモデル条約に準拠しています。

2　日米租税条約12
3　日中租税条約12

II-15　譲渡収益

ポイント
- 譲渡資産の種類ごとに課税権が定められています。
- 株式の譲渡であっても、不動産や事業の譲渡とされる場合があります。

1．OECD モデル条約[1]

1 譲渡資産と課税権
OECD モデル条約では、以下のように区分されています。

譲 渡 資 産	課税権を有する国
① 不動産	源泉地国
② 事業用資産	源泉地国
③ 船舶または航空機	企業の実質的管理の場所が所在する締約国
④ 不動産化体株式	源泉地国
⑤ その他の財産	居住地国

2 課税される収益
① 不動産

一方の締約国の居住者が、他方の締約国内に存在する不動産の譲渡によって取得する収益。

1　OECD モデル条約13

② 事業用資産

　一方の締約国の企業が、他方の締約国内に有する恒久的施設の事業用資産の一部を構成する動産の譲渡から生ずる収益。

③ 船舶または航空機

　国際運輸に運用する船舶もしくは航空機の譲渡、内陸水路運輸に従事する船舶の譲渡またはこれらの船舶もしくは航空機の運用に係る動産の譲渡から生ずる収益。

④ 不動産化体株式

　一方の締約国の居住者が、その価値の50％超が他方の締約国内に存在する不動産により、直接または間接に構成される株式の譲渡によって取得する収益。

⑤ その他の財産

　上記①～④に掲げるもの以外の財産を譲渡した場合に生ずる収益。

2．日本の租税条約

　日本が締結している租税条約は、基本的にOECDモデル条約と同様の規定になっています。

3．株式の譲渡

　OECDモデル条約では、株式の譲渡は原則として居住地国課税とされています。しかし、株式の譲渡であっても不動産や事業の譲渡とみなされ、源泉地国課税が認められるケースがあります。

1 不動産化体株式

　土地などの不動産を保有することを目的として設立された法人の株式については、その株式の価値は所有不動産によって構成されていることにな

ります。

　OECDモデル条約では、不動産の譲渡が源泉地国課税とされているのに対して、株式の譲渡は居住地国課税です。よって、その価値が不動産から構成されている株式の譲渡について、株式ということに着目して居住地国課税とするのか、それとも不動産の譲渡と考えて源泉地国課税とするのかが問題となります。

　日本が締結している租税条約では不動産の譲渡は源泉地国課税で統一されていますが、不動産化体株式については規定があるもの（例えば、日米租税条約[2]）とないもの（例えば、日中租税条約[3]）とがあり、必ずしも統一はされていません。

　一方、日本の国内法では非居住者（または外国法人）が不動産関連法人の株式の譲渡によって得た所得は、日本の国内源泉所得に該当すると規定されています[4]。

　なお、「不動産関連法人」とは、総資産のうちに国内にある土地等の占める割合が50％以上である法人をいいます[5]。

　したがって、例えば日中租税条約においては不動産化体株式についての規定がなく、株式の譲渡は居住地国課税とされていますが、条約によってはそのような株式の譲渡による所得は、日本の国内源泉所得として源泉地国課税が行われる可能性がありますので注意が必要になります。

2　事業譲渡類似株式

　事業譲渡類似株式の譲渡については、OECDモデル条約、日米租税条約及び日中租税条約のいずれにも別段の規定はありません（つまり、いずれも株式の譲渡として居住地国課税）。しかしながら日本の国内法では、譲渡した年（または事業年度終了の日）以前3年内のいずれかの時において譲

---

[2] 日米租税条約13
[3] 日中租税条約13
[4] 所令291①四、法令187①四
[5] 所令291⑧、法令187⑧

渡株式の発行法人の発行済株式の25％以上を所有し、かつ、発行済株式の５％以上を譲渡した非居住者（または外国法人）については、その譲渡による所得は日本の国内源泉所得に該当すると規定されています[6]。

　したがって、OECDモデル条約、日米租税条約及び日中租税条約では事業譲渡類似株式の譲渡は居住地国課税とされているものの、条約によってはそのような株式の譲渡による所得については、日本の国内源泉所得として源泉地国課税が行われる可能性がありますので注意が必要です。

6　所令291①三ロ、所令291⑥、法令187①三ロ、法令187⑥

Ⅱ-16　給与所得

ポイント
- 原則として勤務地にて課税が行われます。
- 短期滞在の場合には、一定の要件のもと勤務地(相手国)での課税を免除する規定があります。
- 役員報酬については別途規定があります。

1．OECD モデル条約[1]

1 原　則

　一方の締約国の居住者がその勤務について取得する給料、賃金、その他これらに類する報酬に対しては、勤務が他方の締約国内において行われない限り、その一方の締約国においてのみ課税することができ、勤務が他方の締約国において行われる場合には、その他方の国において課税することができるとされています。

　つまり、勤務地にて課税が行われます。

2 短期滞在者免税

　次のすべての要件を満たす場合には、勤務地では免税となり、居住地国でのみ課税が行われます。

①　報酬の受領者が、その課税年度に開始または終了するいずれの12か月の期間においても、他方の締約国内に滞在する期間が合計183日を

1　OECD モデル条約15

超えないこと
② 　報酬が他方の締約国の居住者でない雇用者またはこれに代わる者から支払われるものであること
③ 　報酬が雇用者の他方の締約国内に有する恒久的施設によって負担されるものでないこと

　日本の会社に勤務している従業員が海外支店へ出張するケースを例にとりますと、①183日以内の出張で、②給与は日本の会社から支払われており、③出張先の海外支店で給与負担をしていない場合には、この従業員の給与は日本でのみ課税され、勤務をした海外支店の所在する国では免税となります。

＊　　　　　　　＊

　なお、滞在期間については一課税年度（単年）で183日以内かどうかを判断するのではなく、その課税年度に開始または終了するいずれの12か月の期間においても183日以内であることが要件ですので注意が必要です。

　例えば、平成20年8月1日～平成21年3月31日まで海外支店に出張した

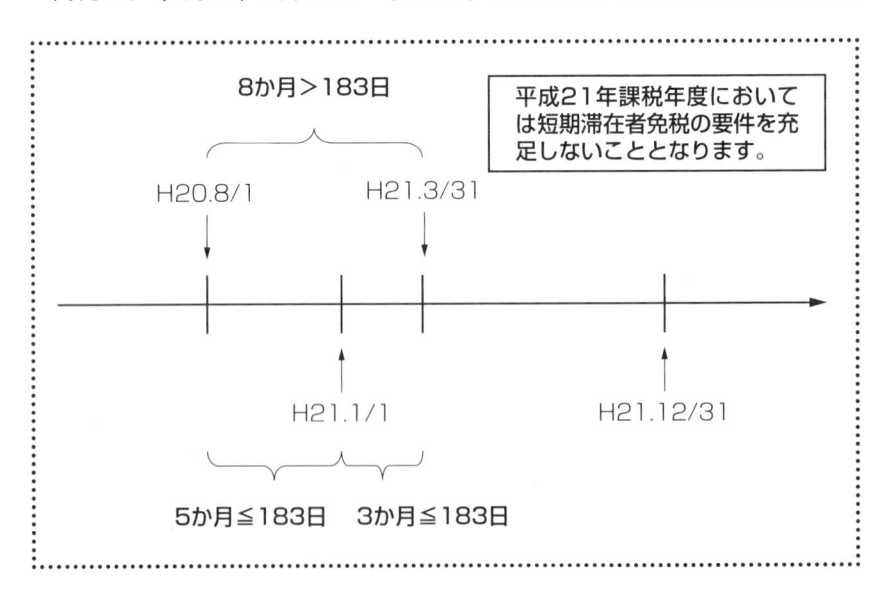

```
        8か月＞183日
    ┌─────────────┐
                         平成21年課税年度において
                         は短期滞在者免税の要件を充
                         足しないこととなります。
     H20.8/1      H21.3/31
       ↓            ↓
  ─────┼─────┼─────┼─────┼──────→
                ↑                    ↑
             H21.1/1              H21.12/31
         └────┘└────┘
       5か月≦183日  3か月≦183日
```

場合には、平成20年及び平成21年ともに単年では183日を超えてはいませんが、平成21年課税年度においては、平成21年3月31日を基準とした場合、海外支店における滞在期間が183日を超えますので、短期滞在者免税の適用はありません。

2．日本の租税条約

　日本が締結している租税条約は、おおむねOECDモデル条約に準拠しています。

　ただし、短期滞在者免税については、日米租税条約がOECDモデル条約と同様の規定ぶりであるのに対して、日中租税条約では単年で183日を超えるか否かを判断することとなっているなど、租税条約によって若干異なっています[2]。

＊　　　　　　＊

　なお、役員報酬の取扱いについては次項を参照して下さい。

---

[2] 日米租税条約14、日中租税条約15

II-17　役員報酬

> **ポイント**
> - 報酬を支払う法人の居住地国において課税することとされています。

1．OECD モデル条約[1]

　一方の締約国の居住者が他方の締約国の居住者である法人から取得する役員報酬その他これに類する支払金に対しては、他方の締約国において課税することができるとされています。

　つまり、勤務地がどこであるかを問わず、役員報酬を支払う法人の居住地国で課税が行われることになります。

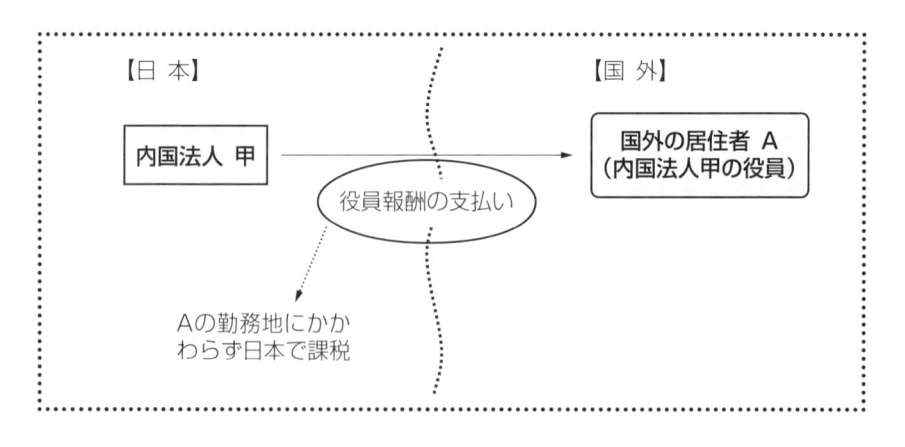

```
【日本】                        【国外】

内国法人 甲  ──────→    国外の居住者 A
        役員報酬の支払い      （内国法人甲の役員）
              ↓
      Aの勤務地にかか
      わらず日本で課税
```

1　OECD モデル条約16

これは、役員の役務提供地がどこかを判断することが難しい場合があるため、役務は役員報酬を支払う法人の居住地国で提供されたと考えることとしているためです。

2．日本の租税条約

　日本が締結している租税条約では、日米租税条約[2]及び日中租税条約[3]を含め、おおむね OECD モデル条約と同様の規定となっています。

2　日米租税条約15
3　日中租税条約16

II-18　芸能人等報酬

ポイント
- 個人的活動が行われた国(源泉地国)にて課税されます。

1．OECD モデル条約[1]

一方の締約国の居住者が演劇、映画、ラジオもしくはテレビの俳優、音楽家その他の芸能人または運動家として他方の締約国内で行う個人的活動によって取得する所得に対しては、その他方の締約国において課税することができるとされており、源泉地国課税が認められています。

仮に上記の所得がその芸能人や運動家以外の者に帰属する場合であっても、個人的活動が行われた国における課税が認められています。

なお、源泉地国における恒久的施設の有無は関係なく、また、短期滞在者免税の規定も適用されません。

2．日本の租税条約

日本が締結している租税条約では、日米租税条約[2]及び日中租税条約[3]を含め、おおむね OECD モデル条約と同様の規定となっています。

1　OECD モデル条約17
2　日米租税条約16
3　日中租税条約17

II-19　退職年金

> **ポイント**
> ◎退職年金を受け取る者の居住地国において課税されます。

1．OECD モデル条約[1]

過去の勤務につき一方の締約国の居住者に支払われる退職年金その他これに類する報酬に対しては、その一方の締約国においてのみ課税することができるとされており、居住地国課税のみが認められています。

2．日本の租税条約

日本が締結している租税条約では、日中租税条約をはじめ[2]、基本的にOECDモデル条約と同様の規定となっています。

① 日米租税条約

日米租税条約では、退職年金に関するものだけではなく、保険年金や扶養料等に係る取扱いについても言及されています[3]。

①　退職年金

基本的にOECDモデル条約と同内容ですが、退職年金の範囲に社会保障制度に基づく給付が含まれています。

1　OECDモデル条約18
2　日中租税条約18
3　日米租税条約17

② **保険年金**

保険年金の受益者の居住地国でのみ課税されることとされています。

「保険年金」とは、適正かつ十分な対価（役務の提供を除きます）に応ずる給付を行う義務に従い、終身にわたりまたは特定のもしくは確定することができる期間中、所定の時期において定期的に所定の金額が支払われるものをいいます。

③ **扶養料等**

別居や離婚等に伴う扶養料等に関する司法上の決定に基づいて、配偶者（配偶者であった者を含みます）または子に対して定期的に支払われる金銭については、支払者の居住地国においてのみ課税することができるとされています。

ただしその支払いが、その支払いを行う者の課税所得の計算上控除することができない場合には、いずれの締約国においても課税することができないとされています。

つまり、支払者の居住地国における受領者に対する課税を規定しつつも、その支払いが支払者の課税所得の計算上控除することができる場合のみ課税されることになります。

II-20　政府職員

ポイント
- 原則として、居住地国(支払者側)においてのみ課税することができることとされています。

1．OECD モデル条約[1]

　一方の締約国の居住者である政府職員が他方の締約国へ派遣された場合に、その政府職員が支払いを受ける給料等に対しては、居住地国であるその一方の締約国においてのみ課税することができることとされており、居住地国課税のみが認められています。

　ただし、その政府職員が、派遣された締約国の国民または専らその役務を提供するためその派遣先の締約国の居住者となった場合には、その政府職員が支払いを受ける給料等については源泉地国（役務提供地国）でのみ課税することができるとされています。

2．日本の租税条約

　日本が締結している租税条約では、日米租税条約[2]及び日中租税条約[3]をはじめ、基本的に OECD モデル条約と同様の規定となっています。

1　OECD モデル条約19
2　日米租税条約18
3　日中租税条約19

II-21　学　生

> **ポイント**
> ● 一定の要件を満たす場合には、滞在地国では免税となります。

1．OECD モデル条約[1]

　専ら教育または訓練を受けるため、一方の締約国内に滞在する他方の締約国の居住者である学生または事業修習者もしくはその滞在直前に他方の締約国の居住者であった学生または事業修習者が、その生計、教育または訓練のために受け取る給付については、それが滞在地国外の源泉から生ずるものである限り、滞在地国においては課税しないこととされています。

2．日本の租税条約

　日本が締結している租税条約では、日中租税条約[2]をはじめ基本的にOECDモデル条約と同様の規定となっており、滞在地国での免税を定めています。
　日米租税条約[3]も基本的にOECDモデル条約と同様の規定ですが、事業修習者については、滞在地国において最初に訓練を開始した日から1年を超えない期間についてのみ、免税規定を適用することとされています。

1　OECDモデル条約20
2　日中租税条約21
3　日米租税条約19

II-22　その他所得条項

> **ポイント**
> - 特段の定めのない「その他所得」は、原則として居住地国課税となります。

1．OECD モデル条約[1]

　一方の締約国の居住者の所得（源泉地は問いません）でOECDモデル条約の6条から20条に規定がないものに対しては、居住地国であるその一方の締約国においてのみ課税することができることとされています。

　ただし、一方の締約国の居住者である所得の受領者が、他方の締約国内において恒久的施設を通じて事業を行う場合において、その所得の支払いの基因となった権利または財産がその恒久的施設と実質的な関連を有するものであるときは、その所得については事業所得の規定を適用することとされています。次ページの図解を参照して下さい。

2．日本の租税条約

　日本が締結している租税条約では、日米租税条約[2]及び日中租税条約[3]を含め、居住地国課税を原則としています。

1　OECDモデル条約21
2　日米租税条約21
3　日中租税条約22

【X国】　　　　　　　　　【Y国】

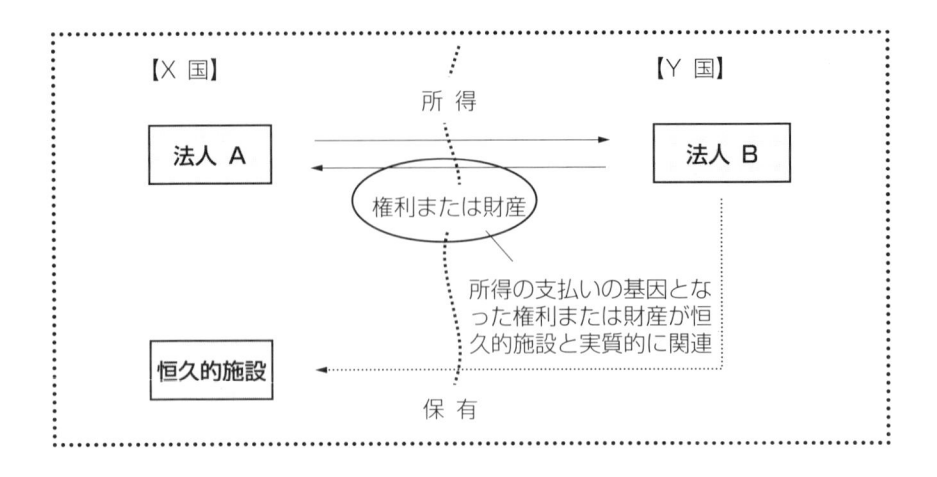

法人A　　←―所得―→　法人B

権利または財産

所得の支払いの基因となった権利または財産が恒久的施設と実質的に関連

恒久的施設　　←……保有……

Ⅱ-23　租税条約の適用

> **ポイント**
> ◉ 軽減税率や免税等の租税条約の特典を受けるためには、租税条約に関する届出書等を提出する必要があります。

１．国内法の適用

《例》日本法人甲が、外国法人Ａに日本国内源泉所得である使用料100（源泉控除前）を支払う場合

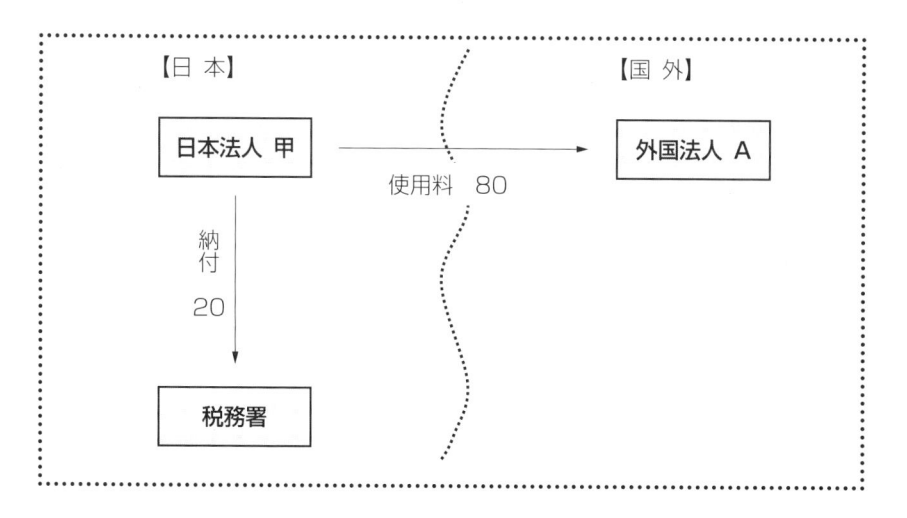

```
【日本】                          【国外】

┌──────────┐                    ┌──────────┐
│ 日本法人 甲 │ ─── 使用料 80 ──→ │ 外国法人 A │
└──────────┘                    └──────────┘
      │
    納付
     20
      ↓
┌──────────┐
│   税務署   │
└──────────┘
```

　甲はその支払いの際、20％の所得税を源泉徴収し、翌月10日までに国に納付しなければなりません[1]。

2．租税条約の適用

《例》 日本法人乙が、米国法人Bに日本国内源泉所得である使用料100（源泉控除前）を支払う場合

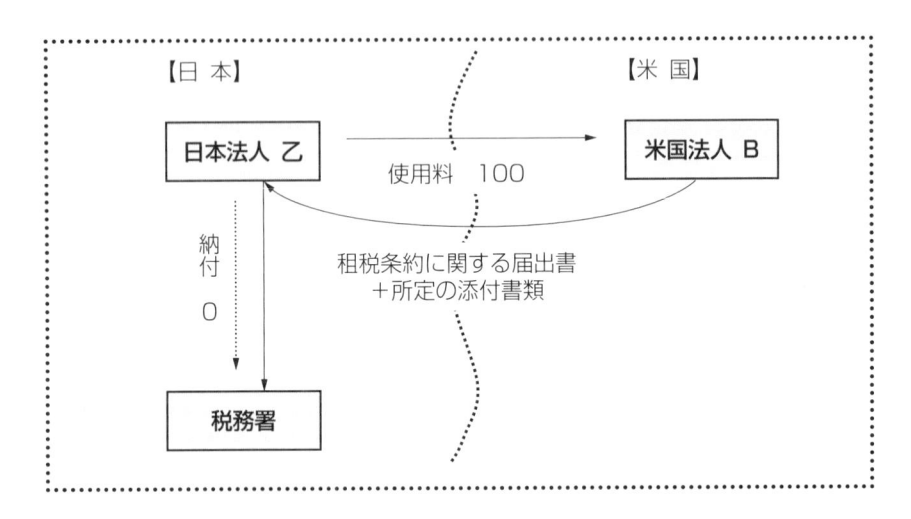

```
【日本】                    【米国】

日本法人 乙  ──使用料 100──▶  米国法人 B

  │                 租税条約に関する届出書
納付                ＋所定の添付書類
  0
  ▼
税務署
```

　使用料の支払日の前日までに、Bが乙を経由して租税条約に関する届出書等を税務署長に提出した場合には、乙からBへの使用料は免税となります[2]。

　上記の届出書等の提出がない場合には租税条約の特典が受けられず、前例のように国内法が適用され、20％の源泉徴収及び翌月10日までの納税が必要になります。

　　　　　　　　　　　　＊　　　　　　　　　＊

　なお、使用料について日米租税条約の適用を受ける場合には、租税条約に関する届出書に下記の書類を添付して提出する必要があります。

　① 　特典条項に関する付表（様式17）

1　所法212①、213①
2　日米租税条約12

② 居住者証明書
③ 使用料の支払いの基因となった契約の内容を記載した書類

3．租税条約に関する届出書

租税条約の特典（源泉所得税の軽減や免除）を受ける場合には、
① 所得の受領者が、
② その所得の支払いを受ける日の前日までに、
③ 租税条約に関する届出書に所定の書類を添付した上で、
④ 源泉徴収義務者である所得の支払者を経由して、
⑤ その源泉徴収義務者の納税地の所轄税務署長に対して提出する
ことが必要です。

＊　　　　　　　　　＊

この届出書は国税庁のホームページから取得することができます（http://www.nta.go.jp/tetsuzuki/shinsei/annai/joyaku/mokuji2.htm）。

また、所得の内容によって添付書類が異なる場合がありますので、実際の提出にあたっては税理士等の専門家や所轄税務署の担当者に確認して下さい。

第Ⅲ章

国内源泉所得

Ⅲ-1　国内源泉所得とは

> **ポイント**
> - 所得の源泉が日本国内にあるものを国内源泉所得といいます。
> - 国内源泉所得は、大きく分けて14種類あります。

「国内源泉所得」とは、所得の源泉が日本国内にあるもので、次に掲げるものをいいます。

1．事業及び資産の所得（ただし、次の2～13までに該当するものを除きます）[1]

国内において行う事業から生ずる所得、または国内にある資産の運用、保有、もしくは譲渡により生ずる所得等をいいます。

2．民法上の組合契約等に基づく利益の分配金[2]

国内において民法に規定する組合契約（その他これに類する契約を含みます）に基づいて行う事業から生ずる利益で、その組合契約等に基づいて受ける利益の分配のことです。

なお、「民法に規定する組合契約に類するもの」とは、投資事業有限責任組合契約、有限責任事業組合契約をいいます。

1　法法138一、所法161一
2　所法161一の二

3．土地等または建物等の譲渡所得[3]

国内にある土地、もしくは土地の上に存する権利、または建物及びその附属設備、もしくは構築物の譲渡による所得をいいます。

4．人的役務の提供事業の対価[4]

国内における人的役務の提供事業に係る対価をいいます。いわゆる国内において人材派遣をしたことにより支払いを受ける対価をいいます。

5．不動産の賃貸料等[5]

国内にある不動産、国内にある不動産の上に存する権利、もしくは採石法の規定による採石権の貸付による対価、鉱業法の規定による租鉱権の設定、または居住者もしくは内国法人に対する船舶もしくは航空機の貸付による対価をいいます。

なお、不動産の貸付による対価には、共益費等の管理料も含まれます。

6．利子等[6]

① 日本国の国債、もしくは地方債、または内国法人の発行する債券の利子
② 国内にある営業所等に預け入れられた預貯金の利子
③ 国内にある営業所等に信託された合同運用信託、公社債投資信託、

---

3 所法161一の三
4 法法138二、所法161二
5 法法138三、所法161三
6 法法138四、所法161四

または公募公社債等運用投資信託の収益分配

7．配当等[7]

内国法人から支払いを受ける配当等をいいます。

なお、配当等には、一般の株式配当金だけでなく、みなし配当、投資信託（公社債投資信託、公募公社債運用投資信託を除きます）及び特定目的信託の収益分配金も含まれます。

8．貸付金の利子[8]

国内において業務を行う者に対する貸付金（貸付金に準ずるものを含みます）で、その国内において行う業務に係るものの利子をいいます。

9．使用料等[9]

国内において業務を行う者から受ける、次に掲げる使用料または対価で、その国内において行う業務に係るものです。
① 工業所有権その他の技術に関する権利、特別の技術による生産方式等の使用料、またはその譲渡による対価
② 著作権（出版権及び著作隣接権その他これらに準ずるものを含みます）の使用料、またはその譲渡による対価
③ 機械装置等の使用料

7　法法138五、所法161五
8　法法138六、所法161六
9　法法138七、所法161七

10. 給与・人的役務の報酬等[10]

次に掲げる給与、報酬または年金が該当します。
① 俸給、給料、賃金、歳費、賞与、またはこれらの性質を有する給与その他人的役務の提供に対する報酬のうち、国内における勤務等(内国法人の役員として国外において行う勤務等を含みます)に基因するもの
② 公的年金等
③ 退職手当等のうち、その支払いを受ける者が居住者であった期間に行った勤務等(内国法人の役員として非居住者であった期間に行った勤務等を含みます)に基因するもの

11. 事業の広告宣伝のための賞金[11]

 国内において行う事業の広告宣伝のための賞金(物品で支給されるものも含まれます)をいいます。

12. 生命保険契約等に基づく年金等[12]

 国内にある営業所、または国内において契約の締結の代理をする者を通じて締結した生命保険契約、損害保険契約等に基づいて受ける年金等(ただし、10②公的年金等に該当するものを除きます)をいいます。
 なお、ここでいう年金等には、年金に代えて支給される一時金も含まれます。

---

10 所法161八
11 法法138八、所法161九
12 法法138九、所法161十

13. 定期積金の給付補塡金等[13]

　国内にある営業所等に預け入れ、または国内の営業所等を通じて締結した契約に基づき支払いを受ける給付補塡金等をいいます。

14. 匿名組合契約等に基づく利益の分配金[14]

　国内において事業を行う者に対する出資につき、匿名組合契約等に基づいて受ける利益の分配をいいます。

　なお、「匿名組合契約」とは、商法535条に規定される当事者の一方が相手方の営業のために出資をし、相手方がその営業から生ずる利益を分配することを約する契約をいいます。

13　法法138十、所法161十一
14　法法138十一、所法161十二

Ⅲ-2　事業及び資産の所得

> **ポイント**
> - 国内源泉所得に該当する「事業及び資産の所得」とは、日本国内において行う事業から生ずる所得、または日本国内にある資産の運用、保有、もしくは譲渡により生ずる所得をいいます[1]。

　国内源泉所得に該当する「事業及び資産の所得」とは、具体的には、下記に掲げるものをいいます。

1．国内において行う次に掲げる事業から生ずる所得[2]

① 棚卸資産の購入販売
② 棚卸資産の製造販売
③ 建設作業等
④ 国際運輸業
⑤ 保険業
⑥ 出版・放送業
⑦ 上記以外のその他の事業

1　法法138一、所法161一
2　法令176、所令279

2．国内にある次に掲げる資産の運用、保有により生ずる所得[3]

① 公社債のうち日本国の国債、地方債、もしくは内国法人の発行する債券、または約束手形
② 居住者に対する貸付金に係る債権で、当該居住者の行う業務に係るもの以外のもの
③ 国内にある営業所等、または国内において契約の締結の代理をする者を通じて締結した生命保険契約その他これらに類する契約に基づく保険金の支払い、または剰余金の分配を受ける権利
④ 公社債を国内において貸し付けた場合の貸付料
⑤ 国債、地方債、債券もしくは資金調達のために発行する約束手形に係る償還差益または発行差金
⑥ 債権の利子及びその債権または貸付金に係る債権を、その債権金額に満たない価額で取得した場合におけるその満たない部分の金額
⑦ 国内にある供託金について受ける利子
⑧ 個人から受ける動産（その個人が国内において生活の用に供するものに限ります）の使用料

3．国内にある次に掲げる資産の譲渡により生ずる所得[4]

① 日本国の法令に基づく免許、許可その他これらに類する処分により設定された権利
② 金融商品取引法2条1項に規定する有価証券、または4条一号、もしくは三号に掲げる権利で一定のもの（例：株券、新株予約権証券、投資信託等）

3　法令177①、所令280①
4　法令177②、所令280②

③ 国債、地方債、社債、内国法人の社員、会員、組合員その他の出資者の持分
④ 次に掲げる株式等の譲渡による所得
　a 同一銘柄の内国法人の株式等を買い集め、その所有者である地位を利用して、その株式等をその内国法人、もしくはその特殊関係者に対し、またはこれらの者、もしくはその依頼する者のあっせんにより譲渡することによる所得
　b 内国法人の特殊関係株主等である非居住者または外国法人が行うその内国法人の株式等の譲渡による所得
⑤ 不動産関連法人の株式（出資を含みます）の譲渡による所得
⑥ 国内にあるゴルフ場の所有、または経営に係る法人の株式、または出資を所有することが、そのゴルフ場を一般の利用者に比して有利な条件で継続的に利用する権利を有する者となるための要件とされている場合の、その株式または出資
⑦ 国内にある営業所が受け入れた預貯金、定期積金、もしくは掛金に関する権利、または国内にある営業所に信託された合同運用信託に関する権利
⑧ 国内において業務を行う者に対する貸付金、または居住者に対する貸付金で、居住者の業務に係るもの以外のもの
⑨ 国内にある営業所等を通じて締結した年金の支払いを受ける権利、または国内にある営業所等を通じて締結された生命保険契約に基づく権利
⑩ 国内にある営業所等を通じて締結された抵当証券の契約に係る債権
⑪ 国内において事業を行う者に対する出資の匿名組合契約に基づいて利益の分配を受ける権利
⑫ 国内において行われる事業に係る営業権
⑬ 国内にあるゴルフ場その他の施設の利用に関する権利

⑭ 上記のほか、その譲渡につき、契約等に基づく引渡しの義務が生じた直前において国内にある資産（棚卸資産を除きます）

4．その他、次に掲げる所得[5]

① 国内において行う業務、または国内にある資産に関し受ける保険金、補償金、または損害賠償金に係る所得
② 国内にある資産の贈与を受けたことによる所得
③ 国内において発見された埋蔵物、または国内において拾得された遺失物に係る所得
④ 国内において行う懸賞募集に基づいて、懸賞として受ける金品その他の経済的な利益に係る所得
⑤ 上記のほか、国内において行う業務、または国内にある資産に関し、供与を受ける経済的な利益に係る所得

5　法令178、所令281

Ⅲ-3 民法上の組合契約等に基づく利益の分配金、土地等または建物等の譲渡所得

ポイント

- 国内源泉所得に該当する「民法上の組合契約等に基づく利益の分配金」とは、民法上の組合契約等に基づき、日本国内での事業から生ずる利益で、当該組合契約等に基づいて配分を受けるものをいいます。
- 国内源泉所得に該当する「土地等または建物等の譲渡所得」とは、日本国内にある土地等または建物等を譲渡したことによる所得をいいます。

国内源泉所得に該当する「民法上の組合契約等に基づく利益の分配金」「土地等または建物等の譲渡所得」とは、以下のとおりです。

1．民法上の組合契約等に基づく利益の分配金

国内において民法に規定する組合契約（その他これに類する組合契約を含みます）に基づいて行う事業から生ずる利益で、その組合契約等に基づいて支払いを受ける利益の分配をいいます[1]。

なお、「民法に規定する組合契約に類するもの」とは、投資事業有限責任組合契約、有限責任事業組合契約等をいいます[2]。

---

1 所法161一の二
2 所令281の2①

2．土地等または建物等の譲渡所得

　国内にある土地、もしくは土地の上に存する権利、または建物及びその附属設備、もしくは構築物の譲渡による所得をいいます[3]。

　なお、「土地等」には、鉱業権（租鉱権及び採石権その他土石を採掘し、または採取する権利を含みます）、温泉を利用する権利、借家権及び土石（砂）等は含まれません[4]。

　また、「譲渡」とは、通常の売買に限らず、交換、競売、公売、代物弁済、財産分与、収用、及び法人に対する現物出資等、有償無償を問わず、所有する資産を移転させる一切の行為をいいます。

---

[3] 法法138三、所法161一の三
[4] 所基通161-7

Ⅲ-4　人的役務提供事業の対価

> **ポイント**
> - 国内源泉所得に該当する「人的役務の提供事業の対価」とは、日本国内において人材派遣をしたことにより支払いを受ける対価をいいます。

　国内源泉所得に該当する「人的役務の提供事業の対価」とは、非居住者または外国法人が、日本国内において、自己以外の人の役務を提供することで支払いを受ける対価をいいます[1]。

　そのため、非居住者自らが行う役務の提供の対価は、「人的役務の提供事業の対価」にはなりません（非居住者自らが行う役務の提供の対価は、「給与・人的役務の報酬等」になります）。

　また、ここでいう「人的役務の提供事業」とは、具体的には次に掲げるものをいいます[2]。

① 映画、もしくは演劇の俳優、音楽家その他の芸能人、または職業運動家の役務の提供を主たる内容とするもの

② 弁護士、公認会計士、建築士その他の自由職業者の役務の提供を主たる内容とするもの

③ 科学技術、経営管理その他の分野に関する専門的知識、または特別な技能を有する者の、その知識または技能を活用して行う役務の提供を主たる内容とするもの（機械設備の販売その他の事業を行う者の、主

1　法法138二、所法161二
2　法令179、所令282

たる業務に付随する一定の技術役務の提供を除きます)

なお、「機械設備の販売その他の事業を行う者の、主たる業務に付随する一定の技術役務の提供」とは、次に掲げるものをいいます（これらの行為で、国内において行われるものは「事業所得」に該当します)[3]。

- a　機械設備の販売業者が、機械設備の販売に伴い、その販売先に対しその機械設備の据付け、組立て、試運転等のために技術者等を派遣する行為
- b　工業所有権、ノウハウ等の権利者が、その権利の提供を主たる内容とする業務を行うことに伴い、その提供先に対し、その権利の実施のために技術者を派遣する行為

ちなみに、非居住者が、次に掲げるような者を伴い、国内において自己の役務の提供をした場合に受ける報酬は、たとえその報酬の中に、同伴者の報酬が含まれていても、「人的役務の提供事業の対価」ではなく、「給与・人的役務の報酬等」に該当します[4]。

① 弁護士、公認会計士等の自由職業者の事務補助者
② 映画、演劇の俳優、音楽家、声楽家等の芸能人のマネージャー、伴奏者、美容師
③ プロボクサー、プロレスラー等の職業運動家のマネージャー、トレーナー
④ 通訳、秘書、タイピスト

また、報酬の支払者が、その人的役務を提供する者の往復の旅費、国内滞在費等を、その人的役務を提供する者に直接支払う場合には、その旅費、国内滞在費等は国内源泉所得に該当します[5]。

---

[3] 法基通20-1-14、所基通161-11
[4] 所基通161-10
[5] 法基通20-1-12、所基通161-8

Ⅲ-5　不動産の賃貸料等

◆ポイント

● 国内源泉所得に該当する「不動産の賃貸料等」とは、日本国内にある不動産等を貸し付けたことにより支払いを受ける対価をいいます。

国内源泉所得に該当する「不動産の賃貸料等」は、以下に掲げるものをいいます[1]。

① 国内にある不動産の貸付による対価（不動産の貸付による対価には、共益費等の管理料も含まれます）
② 国内にある不動産の上に存する権利（借地権等）の貸付による対価
③ 採石法の規定による採石権の貸付等による対価
④ 鉱業法の規定による租鉱権の設定の対価
⑤ 居住者または内国法人に対する船舶（裸用船契約のものに限ります）、もしくは航空機（裸用機契約のものに限ります）の貸付による対価[2]

なお、船舶または航空機の貸付に伴い、貸主が、船舶または航空機の運航等の技術指導をした場合には、その技術指導に係る対価は、契約書等で船舶または航空機の貸付による対価と明確に区分されていない限り、船舶または航空機の貸付の対価に含まれることになります[3]。

※「裸用船(機)契約」とは、船舶のみを一定期間賃貸借する契約をいいます。

1　法法138三、所法161三
2　法基通20-1-15、所基通161-12
3　法基通20-1-16、所基通161-13

金利、償却費、船舶（または航空機）の保険料等、船舶（または航空機）を所有する上で必要な経費は賃貸人が負担し、それ以外の運航費及び船員費等、船舶（または航空機）の運航に際し必要な経費を賃借人が負担することになります。

また、船舶または航空機について、国内法上は不動産の範囲に含まれていますが、租税条約の中には、船舶または航空機を不動産として取り扱わず、その賃貸料についても、一般の使用料の範囲に含めているものがありますので、これらの規定にも注意が必要です。

Ⅲ-6　利子等、配当等

> **ポイント**
> - 国内源泉所得に該当する「利子等」とは、日本国、日本国の地方公共団体、内国法人が発行する債券の利子、日本国内の営業所等に預け入れられた預貯金の利子、日本国内の営業所等に信託された公社債投資信託等の収益の分配金をいいます。
> - 国内源泉所得に該当する「配当等」とは、内国法人から支払いを受ける配当等をいいます。

国内源泉所得に該当する「利子等」及び「配当等」は、以下のとおりです[1]。

1．利子等[2]

次に掲げるものをいいます。
① 日本国の国債、もしくは地方債、または内国法人の発行する債券の利子
② 外国法人の発行する債券の利子のうち、その外国法人が国内において行う事業に帰せられるもの
③ 国内にある営業所等に預け入れられた預貯金の利子
④ 国内にある営業所に信託された合同運用信託、公社債投資信託、ま

1　法法138四、五、所法161四、五
2　所法23

たは公募公社債等運用投資信託の収益の分配

2．配当等[3]

内国法人から支払いを受ける配当等で、次に掲げるものをいいます。
① 剰余金の配当（株式または出資に係るものに限り、資本剰余金の額の減少による配当を除きます）、利益の配当
② 剰余金の分配（出資に係るものに限ります）
③ 基金利息
④ 国内にある営業所に信託された投資信託（公社債投資信託、及び公募公社債運用投資信託を除きます）、及び特定目的信託の収益の分配
⑤ みなし配当
　※非居住者または外国法人の国内源泉所得となる配当等は、内国法人から支払いを受ける配当等に限られるため、外国法人から支払いを受ける配当等で、国内にある支払機関から国内で支払いを受けるものは、国内源泉所得となりません。

3　所法24、所法25

III-7　貸付金の利子

> **ポイント**
>
> ● 国内源泉所得に該当する「貸付金の利子」とは、日本国内で事業を行う者に対して貸し付けた資金のうち、日本国内で使用されたものに係る利子をいいます。

　国内源泉所得に該当する「貸付金の利子」とは、国内において業務を行う者に対する貸付金で、その国内において行う業務に係るものをいいます[1]。

　そのため、内国法人に対する貸付金であっても、それが国外の工場建設や国外における支店開設等のために使用された場合には、その貸付金の利子は国内源泉所得に該当しないことになります。

　また、貸付金の一部だけが国内において行う業務の用に使用される場合には、その貸付金の利子を、国内において行われる業務の用に供されている部分の貸付金に対応するものと、それ以外のものに区分して国内源泉所得の金額を計算することになります。

　なお、ここでいう「貸付金」とは、国内において業務を行う者に対する、いわゆる融資契約に基づく貸付金（貸付期間の長短は問いません）をいいますが、次に掲げるものも、貸付金として取り扱うことになります[2]。

① 　預け金で、預貯金に該当しないもの
② 　保証金、敷金その他これらに類する債権

1　法法138六、所法161六
2　法基通20-1-19、所基通161-16

③　前渡金その他これらに類する債権
④　他人のために立替払いをした場合の立替金
⑤　取引の対価に係る延払債権
⑥　保証債務を履行したことに伴って取得した求償権
⑦　損害賠償金に係る延払債権
⑧　当座貸越に係る債権

　ただし、国内で業務を行う者に対する資産の譲渡、または役務の提供の対価に係る債権（いわゆる売掛債権）、またはその対価の決済に関し金融機関が国内で業務を行う者に対して有する債権（いわゆる手形債権）で、その発生の日からその債務を履行すべき日までの期間（以下「履行期間」といいます）が6か月以内のものの利子は、貸付金の利子から除かれています。

　なお、貸付金の利子から除かれている履行期間6か月以内の債権の利子は、「事業所得」に該当することになります[3]。

3　法令180、所令283

Ⅲ-8　使用料等

> **ポイント**
> ●国内源泉所得に該当する「使用料等」とは、日本国内で事業を行う者に対して工業所有権等、著作権等、機械装置等を日本国内で使用させたことにより支払いを受ける対価をいいます。

　国内源泉所得に該当する「使用料等」とは、国内において業務を行う者から支払いを受ける次に掲げる使用料等で、その支払者の国内における業務に係るものをいいます[1]。

1．工業所有権その他の技術に関する権利、特別の技術による生産方式、もしくはこれらに準ずるものの使用料、またはその譲渡の対価

　ここでいう「工業所有権その他の技術に関する権利、特別の技術による生産方式、もしくはこれらに準ずるもの」には、特許権、実用新案権、意匠権、商標権の工業所有権及びその実施権等のほか、これらの権利として登録されてはいないが、いわゆる「ノウハウ」、機械、設備等の設計及び図面等に化体された生産方式、デザインも含まれることになります。
　ただし、海外における技術の動向、製品の販路、特定の品目の生産高等の情報、または機械、装置、原材料等の材質の鑑定、もしくは性能の調

1　法法138七、所法161七

査、検査等はこれに含まれないことになります[2]。

　また、非居住者または外国法人が所有する工業所有権等を侵害したことにより、居住者または内国法人が支払う損害賠償金、和解金その他これらに類するものは、その名称が損害賠償金、和解金となっている場合でも、使用料等として取り扱うことになります。

2．著作権（出版権及び著作隣接権その他これに準ずるものを含みます）の使用料、またはその譲渡の対価

　ここでいう「著作権の使用料」とは、著作物の複製、上演、演奏、放送、展示、上映、翻訳、編曲、脚色、映画化等につき支払いを受ける対価の一切をいいます。

　そのため、契約を締結するにあたって支払いを受ける、いわゆる頭金、権利金等も使用料等に含まれることになります[3]。

3．機械、装置等の使用料

　ここでいう「機械、装置等」とは、機械、装置、車両、運搬具、工具、器具、備品、絵画、彫刻等の美術工芸品、古代の遺物等、観賞用または興行用の生物等をいいます[4]。

2　法基通20-1-21、所基通161-22
3　法基通20-1-22、所基通161-23
4　法令181、法基通20-1-24、所令284、所基通161-27

Ⅲ-9　給与、人的役務の報酬等

ポイント

- 国内源泉所得に該当する「給与、人的役務の報酬等」とは、日本国内での勤務、人的役務の提供に対して支払われる給与（賞与を含みます）、公的年金等、退職給与、人的役務の報酬等をいいます。

　国内源泉所得に該当する「給与、人的役務の報酬等」とは、非居住者に対して支払う給与その他の人的役務の提供に対する報酬等のうち、国内において行う勤務その他の人的役務の提供等に基因するものをいいます[1]。

　そのため、給与、報酬等がどこで支払われたかは関係がありません。

　「給与、人的役務の報酬等」とは、具体的には、以下に掲げるものをいいます。

1．俸給、給料、賃金、歳費、賞与、またはこれらの性質を有する給与その他人的役務の提供に対する報酬

　金銭により支給されたもののほか、金銭以外の物、または権利その他経済的な利益の供与も含まれます。

　役員報酬については、内国法人の役員としての勤務で、国外において行ったものに係る報酬も、国内源泉所得に該当します。ただし、その役員としての勤務を行う者が、同時にその内国法人の使用人として、海外支店に

---

[1]　所法161八

104

おいて常時勤務を行う場合の、その役員としての勤務に係る報酬は、国内源泉所得に該当しません[2]。

また、非居住者が国内及び国外の双方にわたって行った勤務、または人的役務の提供に基因して支払いを受ける給与または報酬については、国内における公演等の回数、収入金額等の状況に照らし、その国内源泉所得の金額が、その給与または報酬の総額に対して著しく少額であると認められる場合を除き、国内において行った勤務、または人的役務の提供に基因する金額が、国内源泉所得に該当します[3]。

なお、支給対象期間が明らかでない賞与については、その賞与と同性質の給与等の直前の支給期から、その賞与の支給期までの期間を支給対象期間として、国内源泉所得を計算することになります。

ただし、その支給対象期間の中途で就職、または退職した者については、その期間のうち就職の時以後の期間、または退職の時までの期間を基に、国内源泉所得を計算することになります[4]。

2．公的年金等

公的年金等には、国民年金、厚生年金、共済年金等の公的年金等が含まれます。

3．退職手当等

退職所得等については、非居住者が、居住者であった期間に行った勤務に基因するもののみが国内源泉所得になります。

---

[2] 所令285①一
[3] 所基通161-28
[4] 所基通186-2

なお、役員退職金については、内国法人の役員としての勤務で、非居住者であった期間に行ったものに係る金額も、国内源泉所得に該当します。

　ただし、その役員としての勤務を行う者が、同時にその内国法人の使用人として、海外支店において常時勤務を行う場合の、その役員としての勤務であった期間に係る部分を除きます。

　また退職に伴い、退職金の支給を受けた者が、その後に退職給与規定の改訂により支給を受ける退職金の改訂差額については、最初に退職金の支給を受けた日の属する年分の収入金額とすることとされています。

第Ⅳ章

非居住者外国法人に対する課税

Ⅳ-1　非居住者に対する課税

> **ポイント**
> - 国内源泉所得を有する非居住者は、所得税を納める義務があります。
> - 非居住者に対する課税は、恒久的施設（PE）の有無と国内源泉所得の種類に応じて異なります。
> - 非居住者の各種所得金額の計算については、居住者の規定が準用されますが、所得控除、税額控除の適用にあたっては、一部制限があります。

1．概　要

非居住者は、国内源泉所得を有する場合に、所得税を納める義務があります[1]。

そして、非居住者の日本国内における課税関係については、恒久的施設（PE）の有無と国内源泉所得の種類に応じて、以下のとおり定められています[2]。

2．所得控除

非居住者については、各種所得金額の計算、損益通算、税額計算、申告、納付の方法について、居住者の規定が準用されます。

1　所法7三
2　所基通164-1

非居住者の区分 国内源泉所得の種類	国内に恒久的施設を有する者		国内に恒久的施設を有しない者 （所法164①四）	源泉徴収の有無
	支店その他事業を行う一定の場所を有する者 （所法164①一）	1年を超える建設作業等を行いまたは一定の要件を備える代理人等を有する者 （所法164①二、三）		
事業の所得　（所法161一）	【総合課税】 （注1、2、3）		【非課税】	無
資産の所得　（〃一）	^		【総合課税】 （注2、3、4、5）	無 （注1、2、3、4）
その他の国内源泉所得（〃一）	^		^	無
組合契約事業利益の分配（〃一の二）	^		【非課税】	20%
土地等の譲渡対価（〃一の三）	【源泉徴収の上、総合課税】			10%
人的役務の提供事業の対価（〃二）	^			20% （注6）
不動産の賃貸料等（〃三）	^			20%
利子等（〃四）	【源泉徴収の上、総合課税】 （注7、8、9、10）	【源泉分離課税】		15%
配当等（〃五）	^	^		20% （注8、9、10）
貸付金の利子（〃六）	^	^		20%
使用料等（〃七）	^	^		20%
給与その他人的役務の提供に対する報酬、公的年金等、退職手当等（〃八）	国内事業に帰せられるもの	国内事業に帰せられないもの		20%
事業の広告宣伝のための賞金（〃九）	^	^		20%
生命保険契約等に基づく年金等（〃十）	^	^		20%
定期積金の給与補塡金等（〃十一）	^	^		15%
匿名組合契約等に基づく利益の分配（〃十二）	^	^		20%

(注) 1　措法37条の10の規定により国内に恒久的施設を有する者が行う株式等の譲渡による所得については、15％の税率で申告分離課税が適用されます。なお、平成20年改正前の旧措法37条の11の規定により、平成15年1月1日から平成20年12月31日までの間の上場株式等の譲渡による所得については7％の軽減税率が適用されます。また、平成21年1月1日から平成23年12月31日までの間の上場株式等の譲渡による所得については、平成20年改正法附則43条の規定により、

7％の軽減税率が適用されます。
2 措法41条の9の規定により懸賞金付預貯金等の懸賞金等については、15％の税率で源泉分離課税が適用されます。
3 措法41条の12の規定により割引債（特定短期公社債等一定のものを除く）の償還差益については、18％（一部のものは16％）の税率で源泉分離課税が適用されます。
4 資産の所得のうち資産の譲渡による所得については、不動産の譲渡による所得及び所令291条1項一号から六号までに掲げるもののみ課税されます。
5 措法37条の12の規定により国内に恒久的施設を有しない者が行う株式等の譲渡による所得については、15％の税率で申告分離課税が適用されます。
6 措法42条の規定により特定の免税芸能法人等が得る対価については、15％の税率が適用されます。
7 措法3条及び41条の10の規定により国内に恒久的施設を有する者が得る利子等（四号所得）及び定期積立の給付補塡金等（十一号所得）については、15％の税率で源泉分離課税が適用されます。
8 措法8条の2の規定により国内に恒久的施設を有する者が得る配当等（五号所得）のうち私募公社債等運用投資信託等の収益の分配に係る配当等については、15％の税率による源泉分離課税が適用されます。
9 平成20年改正前の旧措法9条の3の規定により、上場株式等に係る配当等（内国法人の発行済株式の総数または出資金額の5％以上に相当する数または金額の株式または出資を有する個人がその内国法人から支払いを受けるものを除く）、公募証券投資信託（公社債投資信託及び特定株式投資信託を除く）の収益の分配に係る配当等及び特定投資法人の投資口の配当等については、平成16年1月1日から平成20年12月31日までの間は7％の軽減税率が適用され、平成21年1月1日以後は措法9条の3の規定により15％の軽減税率が適用されます。なお、上記配当等のうち、平成21年1月1日から平成23年12月31日までの間に受けるものについては、平成20年改正法附則33条の規定により7％の軽減税率が適用されます。
10 措法8条の5の規定により国内に恒久的施設を有する者が得る配当等（源泉分離課税が適用されるものを除く）については、確定申告による総合課税または申告分離課税（平成21年分以後）を受ける必要のないいわゆる配当所得の確定申告不要制度の適用が認められます。
11 措法9条の5の2の規定により外国特定目的信託の利益の分配及び外国特定投資信託の収益の分配については、内国法人から受ける剰余金の配当とみなされます。
12 所法5条、6条の2、6条の3及び7条の規定により、法人課税信託の受託者は、その信託財産に帰せられる所得についてその信託された営業所（国内または国外の別）に応じ、内国法人または外国法人として所得税が課されます。
13 措法41の21の規定により、投資組合契約を締結している外国組合員で当該投資組合契約に基づいて行う事業につき国内に恒久的施設を有する者のうち一定の要件を満たすものについては、特例適用申告書を提出することにより国内に恒久的施設を有しないものとみなされます。

ただし、所得控除については、基礎控除、寄附金控除、雑損控除のみが認められています[3]。

3．税額控除

非居住者については、外国税額控除の適用はありません[4]。

4．納税管理人の届出

個人が日本国内に住所及び居所を有せず、もしくは有しないこととなる場合において、その個人が確定申告書の提出等をする必要があるときは、その処理をさせるため、日本国内に住所または居所を有する者を納税管理人として定めなければなりません[5]。

なお、確定申告書を提出すべき居住者が、年の中途で出国した場合には、出国時までに確定申告書を提出する必要がありますが[6]、その居住者が出国時までに納税管理人の届出をすれば、確定申告書の提出期限は翌年の3月15日となります。

5．青色申告

青色申告の規定については、非居住者が提出する確定申告書及びその申告書に係る修正申告書について準用します[7]。

3　所法165
4　所法165
5　通則法117
6　所法127
7　所法166

Ⅳ-2　外国法人に対する課税

> **ポイント**
> - 国内源泉所得を有する外国法人は、法人税を納める義務があります。
> - 外国法人に対する課税は、恒久的施設(PE)の有無と国内源泉所得の種類に応じて異なります。
> - 外国法人の各事業年度の所得の計算については、内国法人の規定が準用されますが、税額控除の適用については、一部制限があります。

1．概　要

　外国法人は、各事業年度の所得のうち、国内源泉所得について、法人税を納める義務があります[1]。

　そして、外国法人の日本国内における課税関係は、恒久的施設（PE）の有無と国内源泉所得の種類に応じて、以下のとおり定められています[2]。

　なお、外国法人である公益法人等、または人格のない社団等については、国内源泉所得のうち、収益事業から生ずるものについて法人税を納める義務があります[3]。

1　法法4
2　法基通20-2-12
3　法法4

国内源泉所得の種類＼外国法人の区分		国内に支店等を有する外国法人（法法141一）	国内において長期建設作業等を行う外国法人または国内に代理人等を置く外国法人（法法141二、三）	左のいずれにも該当しない外国法人（法法141四）		源泉徴収の有無
事　業　の　所　得	法法138一			【非課税】		無（注）
資産の運用または保有による所得	法法138一					
資産の譲渡による所得	法法138一			不動産の譲渡による所得及び法令187①一～五に掲げる所得	【非課税】	
その他の国内源泉所得（法令178に掲げるもの）	法法138一					
人的役務の提供事業の所得	法法138二					20%
不動産の賃貸料等	法法138三					20%
利　　子　　等	法法138四		国内において行う事業に帰せられる所得	【源泉分離課税】		15%
配　　当　　等	法法138五					20%
貸付金の利子	法法138六					20%
使　用　料　等	法法138七					20%
事業の広告宣伝のための賞金	法法138八					20%
生命保険契約等に基づく年金等	法法138九					20%
定期積金の給付補塡金等	法法138十					15%
匿名組合契約等に基づく利益の分配	法法138十一					20%

(注) 1 　□の部分が法人税の課税範囲となります。

　　 2 　事業の所得のうち組合事業から生ずる利益の配分については、20％の所得税の源泉徴収が行われます。

　　 3 　資産の譲渡による所得のうち、国内にある土地、もしくは土地の上に存する権利または建物及びその附属設備もしくは構築物の譲渡による対価（所令281条の3に規定するものを除く）については、10％の所得税の源泉徴収が行われます。

2．各事業年度の所得計算上の留意点

　外国法人の各事業年度の所得の計算は、内国法人の各事業年度の所得の計算に準じて行います[4]。

　ただし、以下の点に留意が必要です。

1 販売費、一般管理費その他の費用の配賦[5]

　法人税法22条3項二号に規定する販売費、一般管理費その他の費用は、外国法人の各事業年度の販売費、一般管理費その他の費用のうち、その外国法人の国内源泉所得に係る収入金額、もしくは経費、または固定資産の価額等の合理的な基準を用いて、その国内業務に係るものとして配分されたものに限られます。

　また、法人税法22条3項三号の損失は、国内業務に係るもの、または国内にある資産につき生じたものに限られます。

　なお、販売費、一般管理費その他の費用を国内業務に係るものと国外業務に係るものとに区分する際に、個々の費目ごとに区分することが困難であるときは、原則として、すべての共通費用を一括して、その事業年度の国内業務に係る売上総利益金額と、国外業務に係る売上総利益金額の比で区分します[6]。

2 受取配当金の益金不算入[7]

　受取配当金の益金不算入額を計算する際の負債利子の額は、国内業務に係る負債利子に限ります。

3 棚卸資産の売上原価等の計算及びその評価方法[8]

　棚卸資産は、外国法人が所有する棚卸資産のうち、国内にあるものに限

4　法法142
5　法令188①一
6　法基通20-3-5、法基通16-3-12
7　法令188①二
8　法令188①三

ります。

4 減価償却資産の償却費の計算及びその償却方法[9]

減価償却資産は、外国法人が所有する減価償却資産のうち、国内にあるものに限ります。

5 繰延資産の償却費の計算及びその償却方法[10]

繰延資産は、外国法人の繰延資産のうち、国内業務に帰せられるもの、または国内にある資産に係るものに限られます。

6 資産の評価損の損金不算入等[11]

資産の評価損の損金不算入等の規定の対象となる資産は、国内にある資産に限られます。

7 役員給与の損金不算入[12]

役員給与の損金不算入の規定中の使用人は、外国法人の使用人のうち、その外国法人の国内業務のために、国内において常時勤務する者に限られます。

8 寄附金の損金不算入[13]

寄附金の損金不算入額を計算する際の資本金等の額は、外国法人の資本金等の額にその外国法人の総資産の価額のうちに国内にある総資産の価額の占める割合を乗じて計算した金額とします。

また、寄附金の損金不算入額を計算する際の所得の金額は、国内源泉所得の金額とします。

9 法人税額等の損金不算入[14]

法人税額等の損金不算入の規定中の法人税等には、外国またはその地方

---

9 法令188①四
10 法令188①五
11 法令188①六
12 法令188①七
13 法令188①八
14 法令188①九

公共団体により課される法人税等を含みます。

3．税率

外国法人である普通法人、または人格のない社団等に対する法人税の税率は、内国法人に対する税率と同様30%です。

ただし、普通法人のうち、各事業年度終了時の資本金の額、もしくは出資金の額が1億円以下のもの、または人格のない社団等の国内源泉所得については、年800万円以下の部分は、税率が22%になります[15]（平成21年4月1日から平成23年3月31日までの間に終了する事業年度については、22%ではなく18%になります）。

なお、外国法人の資本金の額、または出資金の額が1億円以下であるか否かの判定は、各事業年度終了の日の電信売買相場の仲値（TTM）により円換算した金額を基に行うものとします[16]。

4．税額控除

1 所得税額控除

所得税額控除の規定は、外国法人の法人税の課税標準に算入された国内源泉所得について納付した所得税について適用されます[17]。

2 外国税額控除

外国法人については、外国税額控除の適用はありません[18]。

15　法法143
16　法基通20-3-14
17　法法144
18　法基通20-4-2

5．納税管理人の届出

　法人が日本国内に本店または主たる事務所を有せず、もしくは有しないこととなる場合において、その法人が確定申告書の提出等をする必要があるときは、その処理をさせるため、日本国内に住所または居所を有する者を、納税管理人として定めなければなりません[19]。

　なお、確定申告書を提出すべき外国法人が、事業年度の中途において国内業務のすべてを廃止した場合には、その事業年度終了の日の翌日から2か月を経過した日の前日と、その国内業務を廃止した日のいずれか早い日までに確定申告書を提出する必要がありますが[20]、その外国法人が国内業務を廃止した日までに納税管理人の届出をすれば、確定申告書の提出期限は、事業年度終了の日の翌日から2か月を経過した日の前日となります。

6．国内業務を廃止した場合の事業税の特例

　外国法人が国内業務の全部を廃止した場合には、その廃止した日の属する事業年度の所得に課される事業税は、その国内業務を廃止した日の属する事業年度の損金に算入することができます[21]。

7．青色申告

　青色申告の規定は、外国法人が提出する確定申告書及び中間申告書ならびにこれらの申告書に係る修正申告書について準用します[22]。

19　通則法117
20　法法145
21　法基通20-3-8
22　法法146

Ⅳ-3　非居住者の定義

> **ポイント**
> - 「居住者以外の個人」を「非居住者」といいます。
> - 「居住者」、「非居住者」の判定は、国籍ではなく、日本国内に住所があるか否か、または日本国内に１年以上継続して居所があるか否かで行います。

1．非居住者とは

「非居住者」とは、「居住者以外の個人」をいいます[1]。

「居住者」は、「日本国内に住所を有し、または現在まで引き続いて１年以上居所を有する個人」とされていますから、「非居住者」は次のいずれかに該当する者ともいえます[2]。

① 日本国内に住所も居所も有していない人
② 日本国内に住所がなく、かつ、日本国内に引き続き居所を有している期間が１年に満たない者

そのため、必ずしも「外国籍を有する者⇨非居住者」、「日本国籍を有する者⇨居住者」ということはなく、「外国籍を有する者⇨居住者」、「日本国籍を有する者⇨非居住者」といったケースも考えられます。

※ちなみに、「住所」または「居所」については、以下のように考えることになります。

1　所法２①五
2　所法２①三

1 住 所

「住所」とは、各人の生活の本拠をいい、生活の本拠であるかどうかは、客観的事実によって判断することになります[3]。

2 居 所

「居所」とは、その人の生活の本拠ではないものの、その人が多少の期間継続して居住する場所をいいます。

2．国内及び国外にわたって居住地が異動する場合

国内及び国外にわたって居住地が異動する者については、以下のように取り扱うものとします。

1 日本国内に住所を有するものと推定する場合

国内に居住することとなった個人が、次のいずれかに該当する場合には、その者は、国内に住所を有する者と推定します[4]。

① その者が国内において、継続して1年以上居住することを通常必要とする職業を有すること

② その者が日本国籍を有し、かつ、その者が国内において生計を一にする配偶者その他の親族を有すること、その他国内におけるその者の職業、及び資産の有無等の状況に照らし、その者が国内において継続して1年以上居住するものと推測するに足りる事実があること

2 日本国内に住所を有しないものと推定する場合

国外に居住することとなった個人が、次のいずれかに該当する場合には、その者は、国内に住所を有しない者と推定します[5]。

① その者が国外において、継続して1年以上居住することを通常必要

---

3 所基通2-1
4 所令14
5 所令15

とする職業を有すること
② その者が外国籍を有し、または外国の法令によりその外国に永住する許可を受けており、かつ、その者が国内において生計を一にする配偶者その他の親族を有しないこと、その他国内におけるその者の職業、及び資産の有無等の状況に照らし、その者が再び国内に帰り、主として国内に居住するものと推測するに足りる事実がないこと

3 船舶、航空機の乗組員の住所

船舶または航空機の乗組員の住所が国内にあるかどうかは、その者の配偶者その他生計を一にする親族の居住している地、またはその者の勤務外の期間中、通常滞在する地が国内にあるかどうかにより判定します[6]。

4 学術、技芸を習得する者の住所

学術、技芸の習得のため国内または国外に居住することとなった者の住所が国内にあるかどうかは、その習得のために居住する期間、その居住する地に職業を有するものとして、上記1または2のとおり取り扱うものとします[7]。

5 在留期間の定めがない者の住所

国内または国外において事業を営み、もしくは職業に従事するため、国内または国外に居住することとなった者は、その地における在留期間が契約等によりあらかじめ1年未満であることが明らかな場合を除き、上記1または2のとおり取り扱うものとします[8]。

---

6 所基通3−1
7 所基通3−2
8 所基通3−3

Ⅳ-4　外国法人の定義、事業年度、納税地

ポイント
- 「内国法人以外の法人」を「外国法人」といいます。
- 「内国法人」、「外国法人」の判定は、本店または主たる事務所が日本国内にあるか否かにより行います。
- 外国法人の事業年度は、内国法人と同様に1年が限度とされています。
 また、外国法人の恒久的施設(PE)の態様に変更があった場合には、その変更の前後で事業年度を区分することになります。

1．定 義

「外国法人」とは、「内国法人以外の法人」をいいます[1]。

「内国法人」は、「国内に本店又は主たる事務所を有する法人」と定義されていますから、「外国法人」は、「国外に本店又は主たる事務所を有する法人」ともいえます[2]。

つまり、本店または主たる事務所の所在地が日本国内にあるか否かで、内国法人と外国法人を区別することになります。

1　法法2四
2　法法2三

2．事業年度

1 原　則

　外国法人の事業年度も内国法人の事業年度と同様に、法令または定款、寄附行為、規則、もしくは規約（以下「法令等」といいます）に定める会計期間をいいます。

　そして、事業年度は1年が限度とされていますから、法令等で定める会計期間が1年を超える場合には、その期間をその開始の日以後1年ごとに区分した各期間をいいます（最後に1年未満の期間を生じたときは、その1年未満の期間が事業年度になります）。[3]

　なお、法令等に会計期間の定めがない場合には、次に掲げる日以後2か月以内に、会計期間を定めてこれを納税地の所轄税務署長に届け出なければなりません[4]。

① 国内に恒久的施設(PE)を有することとなった日
② 人的役務の提供事業を国内において開始した日
③ 国内にある資産の運用、保有、もしくは譲渡等により生ずる対価、あるいは不動産等の貸付により生ずる対価を有することなった日

2 みなし事業年度

　外国法人は、恒久的施設(PE)の態様により4つに区分され、これら4つの態様に変更があった場合には、その変更の前後で事業年度を区分することになります。

　具体的には、事業年度の中途で恒久的施設(PE)の態様に変更があった場合には、その事業年度開始の日から変更があった日の前日までの期間と、変更があった日からその事業年度終了の日までの期間を、それぞれ一事業年度とみなすことになります[5]。

3　法法13①
4　法法13②

同様に、国内に恒久的施設(PE)を有しない外国法人が、新たに人的役務の提供事業を開始し、または廃止した場合には、その事業年度開始の日からその事業を開始した日の前日までの期間、またはその廃止した日までの期間、及びこれらの期間の翌日からその事業年度終了の日までの期間を、それぞれ一事業年度とみなすことになります[6]。

3．納税地

外国法人の納税地は、次に掲げる場合の区分に応じ、それぞれに定める場所をいいます[7]。

1 国内に恒久的施設(PE)を有する外国法人

その外国法人が国内において行う事業に係る主たる事務所等の所在地です。

2 国内に恒久的施設(PE)を有しない外国法人で、不動産の貸付等の対価（船舶または航空機の貸付による対価を除きます）を受けるもの

その貸付等の対価に係る主たる資産の所在地です。

3 1、2以外の外国法人[8]

① 上記1、2のいずれにも該当しなくなった外国法人については、その該当しなくなった直前において納税地であった場所

② ①に該当する場合を除き、外国法人が法人税の申告を行う際に選択した最初の場所

③ ①、②以外の外国法人については、麹町税務署の管轄区域内の場所

---

5 法法14二十五、二十六
6 法法14二十七
7 法法17
8 法令16

Ⅳ-5　恒久的施設とは

ポイント

- 恒久的施設(PE)は、3つに区分されています。
- 恒久的施設(PE)は、物理的な面よりも、機能的な面に着目して考えるため、支店等の固定的施設のほかに、自己のために契約を締結する権限を有する者も恒久的施設(PE)に該当します。

恒久的施設は、「PE（Permanent Establishment）」とも呼ばれ、所得税法164条1項、及び法人税法141条の規定により、1号PE〜3号PEの3つに区分されています。

1．1号PE[1]

「1号PE」とは、国内にある支店、工場その他事業を行う一定の場所をいい、具体的には以下の場所をいいます[2]。

① 支店、出張所その他事業所、もしくは事務所、工場または倉庫（倉庫業者がその事業の用に供するものに限ります）
② 鉱山、採石場その他の天然資源を採取する場所
③ 農園、養殖場、植林地、貸ビル等のほか、事業活動の拠点となっているホテルの一室、展示即売場その他これらに類する場所[3]

1　法法141一、所法164①一
2　法令185①、所令289①
3　法基通20-2-1、所基通164-3

ただし、以下に掲げる場所は、1号PEには該当しません。

① 非居住者または外国法人(以下「非居住者等」といいます)が、資産を購入する業務のためにのみ使用する一定の場所
② 非居住者等が、資産を保管するためにのみ使用する一定の場所
③ 非居住者等が、広告、宣伝、情報の提供、市場調査、基礎的研究その他その事業の遂行にとって補助的な機能を有する事業上の活動を行うためにのみ使用する一定の場所

2．2号PE[4]

「2号PE」とは、国内における建設、据付け、組み立てその他の作業、またはその作業の指揮監督の役務の提供(以下「建設作業等」という)で1年を超えて行うものをいいます。

なお、以下に掲げる場合には、その建設作業等は1年を超えて行われているものとします[5]。

① その建設作業等に要する期間が1年を超えることが、契約等からみて明らかである場合
② 一の契約に基づく建設作業等に要する期間が1年以下である場合であっても、これに引き続いて他の契約等に基づく建設作業等を行い、これらの建設作業等に要する期間が、通算して1年を超える場合

3．3号PE[6]

「3号PE」とは、国内に置く自己のために契約を締結する権限を有す

---

4 法法141二、所法164①二
5 法基通20-2-2、所基通164-4
6 法法141三、所法164①三

る者をいい、具体的には以下に掲げる者をいいます[7]。

① 非居住者等のために、その事業に関し契約（その非居住者等が資産を購入するための契約を除きます。以下同じ）を締結する権限を有し、かつ、これを常習的に行使する者（その非居住者等の事業と同一、または類似の事業を営み、かつ、その事業の性質上欠くことができない必要に基づき、その非居住者等のためにその契約の締結に係る業務を行う者を除きます）

② 非居住者等のために、顧客の通常の要求に応ずる程度の数量の資産を保管し、かつ、その資産を顧客の要求に応じて引き渡すもの

③ 専らまたは主として、一の非居住者等（その非居住者等と特殊の関係のある者を含みます）のために、常習的に、その事業に関し契約を締結するための注文の取得、協議その他の行為のうちの重要な部分をする者

---

[7] 法令186、所令290

Ⅳ-6　事業及び資産の所得に対する課税

> **ポイント**
> - 恒久的施設(PE)を有する非居住者または外国法人は、事業及び資産の所得について、所得税または法人税の確定申告を行う必要があります。
> - 恒久的施設(PE)を有しない非居住者または外国法人は、原則として、所得税または法人税を納める義務がありません。
> - 上記にかかわらず、一定の国内源泉所得については、恒久的施設(PE)の有無に関係なく、所得税または法人税の確定申告を行う必要があります。

1．非居住者に対する課税[1]

　国内に恒久的施設(PE)を有する場合には、事業所得は所得税の総合課税の対象になります。

　そのため、その事業所得の属する年の翌年 2 月16日から 3 月15日（土・日曜日と重なる場合は繰り下げ。以下同じ）までの間に、確定申告を行う必要があります。

　ただし、国内に恒久的施設(PE)を有しない場合には、納税義務はありません。

1　所法164

2．外国法人に対する課税[2]

国内に恒久的施設(PE)を有する場合には、法人税の確定申告を行う必要があります。

ただし、国内に恒久的施設(PE)を有しない場合には、納税義務はありません。

3．国内及び国外の双方にわたって事業を行う場合の取扱い

国内及び国外の双方にわたって事業を行っている場合には、次に掲げる場合の区分に応じ、それぞれに定める所得に対して、所得税または法人税が課税されることになります。

1 棚卸資産の購入販売[3]

非居住者または外国法人（以下「非居住者等」といいます）が、国外において譲渡を受けた棚卸資産（動産に限ります。以下同じ）につき、国外において製造、加工、育成その他の価値を増加させるための行為（以下「製造等」といいます）をしないで、これを国内において譲渡する場合です。

その国内における譲渡により生ずるすべての所得が対象となります。

なお、「国内において資産の譲渡があったもの」とは、次に掲げる場合をいいます（以下2において同じ）[4]。

① 譲受人に対する引渡しの直前において、その引渡しに係る棚卸資産が国内にあり、または譲渡人である非居住者等の国内において行う事業を通じて管理されていたこと
② 譲渡に関する契約が国内において締結されたこと

2　法法141
3　法令176①一、所令279①一
4　法令176④、所令279④

③ 譲渡に関する契約を締結するための注文の取得、協議その他の行為のうちの重要な部分が国内においてされたこと

2 棚卸資産の製造販売[5]

非居住者等が、国外または国内において製造等をし、かつ、その製造等により取得した棚卸資産をそれぞれ国内または国外において譲渡する場合です。

なお、ここでいう「製造等」には、次のものを含みます。

① 自己の計算において原材料を購入し、これをあらかじめ指示した条件に従って下請加工させて完成品とするいわゆる製造問屋のする行為
② 自己の製造した物品に他から購入した物品等を加えて組み立てをし、または組み合わせる行為のうち、その組み立てをし、または組み合わせた物品に自己が製造した旨を表示するなど、それらの行為が製造と認められる程度のものである場合における当該行為

その譲渡により生ずる所得のうち、その非居住者等が行うその譲渡、または製造等に係る業務を国内業務と国外業務に区分して、他の者が国外業務を行い、かつ、その他の者とその非居住者等との間において、通常の取引条件に従ってその資産の譲渡が行われたものとした場合の、その国内業務につき生じた所得が対象となります。

3 建設作業等[6]

非居住者等が、国外において、建設、据付け、組み立てその他の作業に係る契約の締結、またはその作業に必要な人員、もしくは資材の調達を行い、かつ、国内においてその作業を施行する場合です。

その作業により生ずるすべての所得が対象となります。

4 国際運輸業[7]

非居住者等が、国内及び国外にわたって、船舶または航空機による運送

---

5 法令176①二、所令279①二
6 法令176①三、所令279①三

の事業を行う場合です。

　それらの事業によって生ずる所得のうち、船舶による運送の事業にあっては、国内において乗船し、または船積みをした旅客、または貨物に係る収入金額を基準とし、航空機による運送の事業にあっては、その国内業務に係る収入金額、または必要経費、その国内業務の用に供する固定資産の価額、その他その国内業務がその運送の事業に係る所得の発生に寄与した程度を推測するに足りる要因を基準として判定した場合の、その非居住者等の国内業務につき生ずべき所得が対象となります。

5　保険業[8]

　非居住者等が、国内及び国外にわたって損害保険、または生命保険の事業を行う場合です。

　その事業により生ずる所得のうち、国内にあるその事業に係る営業所、またはこれらの保険の契約の締結の代理をする者を通じて締結した、これらの保険の契約に基因する所得が対象となります。

6　出版・放送業[9]

　非居住者等が、出版または放送の事業を行う者である場合において、国内及び国外にわたって、他の者の広告に係る事業を行う場合です。

　その広告に係る事業により生ずる所得のうち、国内において行われる広告に係る収入金額に基因する所得が対象となります。

7　その他の事業[10]

　非居住者等が、国内及び国外にわたって上記 1〜6 に該当しない事業を行う場合です。

　その事業により生ずる所得のうち、その事業に係る業務を国内業務と国外業務とに区分し、これらの業務をそれぞれ独立の事業者が行い、かつ、

7　法令176①四、所令279①四
8　法令176①五、所令279①五
9　法令176①六、所令279①六
10　法令176①七、所令279①七

これらの事業者の間において、通常の取引の条件に従って取引が行われたものとした場合に、その国内業務に係る収入金額、もしくは必要経費、その国内業務の用に供する固定資産の価額、その他その国内業務がその事業に係る所得の発生に寄与した程度を推測するに足りる要因を勘案して判定した、その国内業務につき生ずべき所得が対象となります。

4．国内に恒久的施設（PE）を有しない場合の課税の特例

　国内に恒久的施設(PE)を有しない非居住者または外国法人であっても、次に掲げる資産の所得がある場合には、所得税または法人税の確定申告を行う必要があります。

1 次に掲げる株式等の譲渡による所得[11]

① 同一銘柄の内国法人の株式等を買い集め、その所有者である地位を利用して、その株式等をその内国法人もしくはその特殊関係者に対し、またはこれらの者もしくはその依頼する者のあっせんにより譲渡することによる所得

② 内国法人の特殊関係株主等である非居住者が行う、その内国法人の株式等の譲渡による所得

　具体的には、発行済株式総数の25％以上を所有する株式等を5％以上譲渡したことによる所得をいいます。

2 ゴルフ会員権の譲渡による所得[12]

　国内にあるゴルフ場の所有、または経営に係る法人の株式、または出資を所有することが、そのゴルフ場を一般の利用者に比して有利な条件で継続的に利用する権利を有する者となるための要件とされている場合の、その株式または出資の譲渡による所得をいいます。

11　法令187①三、法令187⑥、所令291①三、所令291⑥
12　法令187①五、所令291①五

3 その他、次に掲げる所得[13]

① 国内において行う業務、または国内にある資産に関し受ける保険金、補償金、または損害賠償金に係る所得
② 国内にある資産の贈与を受けたことによる所得
③ 国内において発見された埋蔵物、または国内において拾得された遺失物に係る所得
④ 国内において行う懸賞募集に基づいて、懸賞として受ける金品その他の経済的な利益に係る所得
⑤ 上記①〜④のほか、国内において行う業務、または国内にある資産に関し、供与を受ける経済的な利益に係る所得

---

13 法令187①六、所令291①六

Ⅳ-7 民法上の組合契約等に基づく利益の分配に対する課税

ポイント

- 恒久的施設(PE)を有する非居住者または外国法人は、分配金の支払時に分配金の20%が源泉徴収された上で、所得税または法人税の確定申告を行う必要があります。
- 恒久的施設(PE)を有しない非居住者または外国法人は、原則として、所得税または法人税を納める義務がありません。

1．非居住者に対する課税[1]

恒久的施設(PE)の有無により、課税関係は以下のとおりとなります。

恒久的施設 (PE) の有無	国内において行う事業に帰せられる分配金	左記以外の分配金
(1)　1号PEを有する者	分配金の支払いの際に、分配金の20%が源泉徴収された上、所得税の総合課税の対象になります。そのため、分配金を収受した日の属する年の翌年2月16日から3月15日までの間に、確定申告を行う必要があります。	
(2)　2号PEを有する者	(1)と同様です。	(4)と同様です。
(3)　3号PEを有する者		
(4)　(1)〜(3)以外の者	原則として、納税義務はありません。	

1　所法164、所法212①、所法213①一

2．外国法人に対する課税[2]

恒久的施設(PE)の有無により、課税関係は以下のとおりです。

恒久的施設 (PE) の有無	国内において行う事業に帰せられる分配金	左記以外の分配金
(1)　1号PEを有する者	分配金の支払いの際に、分配金の20％が源泉徴収された上、法人税の確定申告を行う必要があります。	
(2)　2号PEを有する者	(1)と同様です。	(4)と同様です。
(3)　3号PEを有する者		
(4)　(1)〜(3)以外の者	原則として、納税義務はありません。	

3．恒久的施設(PE)の有無の判定の特例

　平成21年4月1日以降に投資組合（投資事業有限責任組合、その他これに類する組合をいいます。以下同じ）に出資を行う非居住者、または外国法人（以下「外国組合員」といいます）の恒久的施設(PE)の有無の判定にあたり、その外国組合員が特定外国組合員に該当する場合には、その外国組合員は、日本国内に恒久的施設(PE)を有しないものとされ、日本国内での課税が免除されます。

　なお、「特定外国組合員」とは、次に掲げるすべての要件を満たす外国組合員をいいます。

①　有限責任組合員であること
②　投資組合の業務を執行しないこと
③　投資組合の組合財産に対する持分の割合が25％未満であること
④　日本国内に投資組合の事業以外の事業に係る恒久的施設(PE)を有

2　法法141、所法212①、所法213①一

しないこと
⑤　無限責任組合員と特殊の関係のある者でないこと
　※この課税免除の適用を受ける場合には、「投資組合契約の外国組合員に対する課税の特例に関する申告書」を、投資組合の利益の支払事務を取り扱う者を通じて、所轄の税務署長に提出する必要があります。

4．事業譲渡類似株式の譲渡の特例

　日本国内に恒久的施設(PE)を有しない非居住者、または外国法人であっても、内国法人の発行済株式総数の25％以上を所有する株式等を5％以上譲渡した場合には、日本国内で課税されることになります。

　そして、この場合の25％以上であるか否かの判定については、組合を通じて出資をしている場合には、組合の持分で判定することになります[3]。

　ただし、上記3に規定する特定外国組合員が投資組合を通じて出資を行っている場合には組合の持分ではなく、その組合員の持分で判定することになります。

　※この取扱いは、平成21年4月1日以降に行われる株式等の譲渡について適用されます。

3　所令291①三、所令291④、所令291⑥、法令187①三、法令187④、法令187⑥

Ⅳ-8 土地等または建物等の譲渡所得に対する課税

ポイント

- 土地等または建物等の譲渡をした場合には、恒久的施設(PE)の有無に関係なく、譲渡対価の支払時に譲渡対価の10%が源泉徴収され、その上で所得税または法人税の確定申告を行う必要があります。
- 一定の要件を満たした場合には、譲渡対価支払時の源泉徴収が免除されます。

1．非居住者に対する課税[1]

　恒久的施設(PE)の有無に関係なく、譲渡対価の支払いの際に、譲渡対価の10%が源泉徴収された上、所得税の総合課税の対象になります。

　そのため、その譲渡の日の属する年の翌年2月16日から3月15日までの間に、確定申告を行う必要があります。

　なお、譲渡所得の総収入金額の収入すべき時期は、原則として、資産の引渡しがあった日とされていますが、譲渡に関する契約の効力発生日（譲渡契約締結日）としている場合には、それも認められます。

1　所法164、所法212①、所法213①二

2．外国法人に対する課税[2]

恒久的施設(PE)の有無に関係なく、譲渡対価の支払いの際に、譲渡対価の10%が源泉徴収された上、法人税の確定申告を行う必要があります。

3．源泉徴収が不要とされる場合[3]

次のいずれにも該当する場合には、10%の税率による源泉徴収が不要とされています。
① 譲渡人が受け取る対価の額が、1億円以下であること
② 譲受人は、自己またはその親族の居住の用に供するために譲り受けたものであること

なお、「居住の用に供する」ためか否かの判定は、その譲受けの日の現況により行います。

---

2 法法141、所法212①、所法213①二
3 所令328一

Ⅳ-9　人的役務提供事業の対価に対する課税

ポイント

- 人的役務提供事業の対価の支払いを受けた場合には、恒久的施設(PE)の有無に関係なく、対価の支払時に対価の20％が源泉徴収され、その上で所得税または法人税の確定申告を行う必要があります。
- 一定の要件を満たした場合には、対価支払時の源泉徴収が免除されます。

1．非居住者に対する課税[1]

　恒久的施設(PE)の有無に関係なく、人的役務の提供事業の対価の支払いの際に、その対価の20％が源泉徴収された上、所得税の総合課税の対象になります。

　そのため、その対価を収受した日の属する年の翌年2月16日から3月15日までの間に、確定申告を行う必要があります。

　なお、人的役務の提供事業の対価には、原則として、その人的役務の提供事業のために負担した旅費、滞在費等が含まれます。

　ただし、その旅費、滞在費等の支払いをする者が、直接航空会社、ホテル等に支払いをする場合には、これらの費用は人的役務の提供事業の対価に含める必要はありません。

　また、非居住者自らが行う役務提供の対価は、「人的役務の提供事業の

---

[1]　所法164、所法212①、所法213①一

対価」ではなく、「給与・人的役務の報酬等」になるため注意が必要です。

2．外国法人に対する課税[2]

恒久的施設(PE)の有無に関係なく、人的役務の提供事業の対価の支払いの際に、その対価の20％が源泉徴収された上、法人税の確定申告を行う必要があります。

3．源泉徴収が不要とされる場合[3]

支払いを受ける映画、もしくは演劇の俳優、音楽家その他の芸能人、または職業運動家の役務の提供事業の対価が、不特定多数の者から支払いを受けたものである場合には、20％の税率による源泉徴収が不要とされています。

2　法法141、所法212①、所法213①一
3　所令328一

Ⅳ-10　不動産の賃貸料等に対する課税

ポイント

- 不動産の賃貸料等の支払いを受けた場合には、恒久的施設(PE)の有無に関係なく、賃貸料等の支払時に賃貸料等の20％が源泉徴収され、その上で所得税または法人税の確定申告を行う必要があります。
- 一定の要件を満たした場合には、賃貸料等支払時の源泉徴収が免除されます。

1．非居住者に対する課税[1]

恒久的施設(PE)の有無に関係なく、不動産の賃貸料等の支払いの際に、その賃貸料等の20％が源泉徴収された上、所得税の総合課税の対象になります。

そのため、その賃貸料等を収受した日の属する年の翌年2月16日から3月15日までの間に、確定申告を行う必要があります。

2．外国法人に対する課税[2]

恒久的施設(PE)の有無に関係なく、不動産の賃貸料等の支払いの際に、その賃貸料等の20％が源泉徴収された上、法人税の確定申告を行う必要が

1　所法164、所法212①、所法213①三
2　法法141、所法212①、所法213①一

あります。

3．源泉徴収が不要とされる場合[3]

　不動産の賃貸料等が、自己またはその親族の居住の用に供するために借り受けた個人から支払いを受けたものである場合には、20％の税率による源泉徴収が不要とされています。

　具体的には、会社員のAさんが自己またはその親族の居住の用に供するために、非居住者であるBさんと直接賃貸借契約を結んだ場合、AさんがBさんに支払う賃料については、源泉徴収の必要がありません。

　なお、不動産の賃貸料等が、法人から支払いを受けたものである場合にはこの限りではありません。

3　所令328二

Ⅳ-11　利子等に対する課税

> **ポイント**
> - 非居住者については、利子等の支払いを受けた場合には、恒久的施設（PE）の有無に関係なく、利子等の支払時に利子等の15%が源泉徴収され、課税関係が終了します。
> - 外国法人については、利子等の支払いを受けた場合には、恒久的施設（PE）の有無により、利子等の15%が源泉徴収された上で、法人税の確定申告をするケースと、15%の源泉徴収で課税関係が終了するケースの2つに分かれます。

1．非居住者に対する課税（原則的取扱い）[1]

恒久的施設(PE)の有無により、課税関係は以下のとおりとなります。

恒久的施設（PE）の有無	国内において行う事業に帰せられる利子等	左記以外の利子等
(1)　1号PEを有する者	利子等の支払いの際に、利子等の15%が源泉徴収された上、所得税の総合課税の対象になります。そのため、利子等を収受した日の属する年の翌年2月16日から3月15日までの間に、確定申告を行う必要があります。	
(2)　2号PEを有する者	(1)と同様です。	(4)と同様です。
(3)　3号PEを有する者		
(4)　(1)～(3)以外の者	利子等の支払いの際に、利子等の15%が源泉徴収され、課税関係は終了します。	

1　所法164、所法212①、所法213①一

2．非居住者に対する課税の特例（例外的取扱い）[2]

　国内に恒久的施設(PE)を有する非居住者が支払いを受ける利子等については、上記1の原則的取扱いにかかわらず、15％の税率による源泉分離課税で課税関係が終了します。

3．外国法人に対する課税[3]

　恒久的施設(PE)の有無により、課税関係は以下のとおりとなります。

恒久的施設 (PE) の有無	国内において行う事業に帰せられる利子等	左記以外の利子等
(1)　1号PEを有する者	利子等の支払いの際に、利子等の15％が源泉徴収された上、法人税の確定申告を行う必要があります。	
(2)　2号PEを有する者	(1)と同様です。	(4)と同様です。
(3)　3号PEを有する者		
(4)　(1)〜(3)以外の者	利子等の支払いの際に、利子等の15％が源泉徴収され、課税関係は終了します。	

2　措法3
3　法法141、所法212①、所法213①一

Ⅳ-12　配当等に対する課税

> **ポイント**
> - 配当等の支払いを受けた場合には、恒久的施設(PE)の有無により、配当等の支払い時に配当等の20％が源泉徴収された上で、所得税または法人税の確定申告をするケースと、20％の源泉徴収で課税関係が終了するケースの２つに分かれます。
>   なお、非居住者が支払いを受ける配当等のうち、一定のものについては、20％の源泉徴収で課税関係が終了します。
> - 一定の配当等については、源泉徴収税率が20％ではなく７％になります。

1．非居住者に対する課税（原則的取扱い）[1]

恒久的施設(PE)の有無により、課税関係は以下のとおりとなります。

恒久的施設（PE）の有無	国内において行う事業に帰せられる配当等	左記以外の配当等
(1)　1号PEを有する者	配当等の支払いの際に、配当等の20％（注）が源泉徴収された上、所得税の総合課税の対象になります。そのため、配当等を収受した日の属する年の翌年２月16日から３月15日までの間に、確定申告を行う必要があります。	
(2)　2号PEを有する者	(1)と同様です。	(4)と同様です。
(3)　3号PEを有する者		

1　所法164、所法212①、所法213①一

| (4) (1)～(3)以外の者 | 配当等の支払いの際に、配当等の20％(注)が源泉徴収され、課税関係は終了します。 |

（注） 次に掲げる配当等に対する源泉徴収税率は、20％ではなく7％（平成23年12月31日までに支払いを受ける配当等に限ります）になります[2]。

2．非居住者に対する課税の特例（例外的取扱い）[3]

　国内に恒久的施設(PE)を有する非居住者が支払いを受ける配当等のうち、以下のものは、上記1の原則的取扱いにかかわらず、配当等の支払いの際に所得税が源泉徴収され、課税関係は終了します。

① 内国法人から支払いを受ける上場株式等の配当等
　　発行済株式の総数、または出資金額の総額の5％未満に相当する数、または金額の株式または出資を有する者が受ける配当等に限ります。

② 内国法人から支払いを受ける公募証券投資信託（公社債投資信託、及び特定株式投資信託を除きます）の収益分配に係る配当等

③ 内国法人から支払いを受ける特定株式投資信託の収益の分配に係る配当等

④ 特定投資法人の投資口の配当等

⑤ ①～④以外の配当等で、内国法人から1回に支払いを受けるべき金額が、10万円に配当計算期間の月数を乗じて、これを12で除した金額以下のもの

2　措法9の3
3　措法8の5

3．外国法人に対する課税[4]

恒久的施設(PE)の有無により、課税関係は次のとおりとなります。

恒久的施設（PE）の有無	国内において行う事業に帰せられる配当等	左記以外の配当等
(1)　1号PEを有する者	配当等の支払いの際に、配当等の20％(注)が源泉徴収された上、法人税の確定申告を行う必要があります。	
(2)　2号PEを有する者	(1)と同様です。	(4)と同様です。
(3)　3号PEを有する者		
(4)　(1)〜(3)以外の者	配当等の支払いの際に、配当等の20％(注)が源泉徴収され、課税関係は終了します。	

(注)　次に掲げる配当等に対する源泉徴収税率は、20％ではなく7％（平成23年12月31日までに支払いを受ける配当等に限ります）になります。

① 　内国法人から支払いを受ける上場株式等の配当等
　　発行済株式の総数、または出資金額の総額の5％未満に相当する数、または金額の株式または出資を有する者が受ける配当等に限ります。
② 　内国法人から支払いを受ける公募証券投資信託（公社債投資信託、及び特定株式投資信託を除きます）の収益分配に係る配当等
③ 　内国法人から支払いを受ける特定株式投資信託の収益の分配に係る配当等
④ 　特定投資法人の投資口の配当等

4　法法141、所法212①、所法213①一

Ⅳ-13　貸付金の利子に対する課税

> **ポイント**
>
> ● 貸付金の利子の支払いを受けた場合には、恒久的施設(PE)の有無により、利子の支払時に利子の20%が源泉徴収された上で、所得税または法人税の確定申告をするケースと、20%の源泉徴収で課税関係が終了するケースの2つに分かれます。

1．非居住者に対する課税[1]

恒久的施設(PE)の有無により、課税関係は以下のとおりとなります。

恒久的施設(PE)の有無	国内において行う事業に帰せられる利子	左記以外の利子
(1)　1号PEを有する者	利子等の支払いの際に、利子の20%が源泉徴収された上、所得税の総合課税の対象になります。そのため、利子を収受した日の属する年の翌年2月16日から3月15日までの間に、確定申告を行う必要があります。	
(2)　2号PEを有する者	(1)と同様です。	(4)と同様です。
(3)　3号PEを有する者		
(4)　(1)～(3)以外の者	利子の支払いの際に、利子の20%が源泉徴収され、課税関係は終了します。	

1　所法164、所法212①、所法213①一

2．外国法人に対する課税[2]

恒久的施設(PE)の有無により、課税関係は以下のとおりとなります。

恒久的施設（PE）の有無	国内において行う事業に帰せられる利子	左記以外の利子
(1) 1号PEを有する者	利子の支払いの際に、利子の20%が源泉徴収された上、法人税の確定申告を行う必要があります。	
(2) 2号PEを有する者	(1)と同様です。	(4)と同様です。
(3) 3号PEを有する者		
(4) (1)～(3)以外の者	利子の支払いの際に、利子の20%が源泉徴収され、課税関係は終了します。	

---

2 法法141、所法212①、所法213①一

Ⅳ-14　使用料等に対する課税

ポイント

- 使用料等の支払いを受けた場合には、恒久的施設(PE)の有無により、使用料等の支払時に使用料等の20％が源泉徴収された上で、所得税または法人税の確定申告をするケースと、20％の源泉徴収で課税関係が終了するケースの2つに分かれます。

1．非居住者に対する課税[1]

恒久的施設(PE)の有無により、課税関係は以下のとおりとなります。

恒久的施設(PE)の有無	国内において行う事業に帰せられる使用料等	左記以外の使用料等
(1)　1号PEを有する者	使用料等の支払いの際に、利子の20％が源泉徴収された上、所得税の総合課税の対象になります。そのため、使用料等を収受した日の属する年の翌年2月16日から3月15日までの間に、確定申告を行う必要があります。	
(2)　2号PEを有する者	(1)と同様です。	(4)と同様です。
(3)　3号PEを有する者		
(4)　(1)～(3)以外の者	使用料等の支払いの際に、使用料等の20％が源泉徴収され、課税関係は終了します。	

1　所法164、所法212①、所法213①一

2．外国法人に対する課税[2]

恒久的施設(PE)の有無により、課税関係は以下のとおりとなります。

恒久的施設（PE）の有無	国内において行う事業に帰せられる使用料等	左記以外の使用料等
(1) 1号PEを有する者	使用料等の支払いの際に、使用料等の20%が源泉徴収された上、法人税の確定申告を行う必要があります。	
(2) 2号PEを有する者	(1)と同様です。	(4)と同様です。
(3) 3号PEを有する者		
(4) (1)〜(3)以外の者	使用料等の支払いの際に、使用料等の20%が源泉徴収され、課税関係は終了します。	

---

2 法法141、所法212①、所法213①一

Ⅳ-15　給与・人的役務の報酬等に対する課税

ポイント

- 非居住者については、給与・報酬等の支払いを受けた場合には、恒久的施設(PE)の有無により、給与・報酬等の支払時に給与・報酬等の20%が源泉徴収された上で、所得税の確定申告をするケースと、20%の源泉徴収で課税関係が終了するケースの2つに分かれます。
- 外国法人については、給与・報酬等に対する課税はありません。

1．非居住者に対する課税[1]

恒久的施設(PE)の有無により、課税関係は以下のとおりとなります。

恒久的施設(PE)の有無	国内において行う事業に帰せられる給与・報酬等	左記以外の給与・報酬等
(1)　1号PEを有する者	給与・報酬等の支払いの際に、給与・報酬等(注)の20%が源泉徴収された上、所得税の総合課税の対象になります。 そのため、給与・報酬等を収受した日の属する年の翌年2月16日から3月15日までの間に、確定申告を行う必要があります。	
(2)　2号PEを有する者	(1)と同様です。	(4)と同様です。
(3)　3号PEを有する者		
(4)　(1)〜(3)以外の者	給与・報酬等の支払いの際に、給与・報酬等の20%が源泉徴収され、課税関係は終了します。	

1　所法164、所法212①、所法213①一

(注) 給与・報酬等のうち、公的年金等については、源泉徴収の対象となる金額が、公的年金等の金額から一定の金額を控除した残額になります。
なお、「一定の金額」とは、6万円にその支払われる年金の額に係る月数を乗じて計算した金額をいいます。

2．外国法人に対する課税[2]

給与・人的役務の報酬等については、外国法人に対する課税はありません。

3．年末調整[3]

非居住者に対して支払う給与は、年末調整の対象になりません。

ただし、年の中途で国内勤務となって帰国した場合のように、年の中途で非居住者から居住者となったときは、その居住者となった日以後に支給期の到来する給与について、年末調整を行うことになります。

また、年の中途で海外勤務を命じられ出国した場合のように、居住者であった者が非居住者となったときは、その居住者であった期間中に支給期の到来した給与について、出国時に年末調整を行うことになります。

なお、上記年末調整を行う場合には、以下の点に留意が必要です。

① 年末調整ができるのは、「給与所得者の扶養控除等申告書」を提出した者で、その居住者であった期間中に支給期の到来した給与の総額が2,000万円以下であるものに限られます。

② 社会保険料控除、小規模企業共済等掛金控除、生命保険料控除、損害保険料控除については、その者が居住者であった期間内に支払った

---
[2] 法法141、所法212①、所法213①一
[3] 所法190、所基通85-1、所基通190-1

ものが控除の対象になります。
③　控除対象配偶者、扶養親族等に該当するかどうかの判定は、年の中途で出国し非居住者となった場合には、その出国時の現況により、年の中途で帰国し居住者となった場合には、その年の12月31日の現況により行います。
④　年の中途で居住者が非居住者となって出国する場合の年末調整の対象となる給与は、居住者であった期間内に支給期の到来した給与だけであり、その者が出国後に非居住者として支払いを受けるものは、たとえ、それが国内源泉所得として20％の税率による源泉徴収の対象となるものであってもこれには含まれません。

Ⅳ-16 事業の広告宣伝のための賞金に対する課税

> **ポイント**
>
> ● 賞金の支払いを受けた場合には、恒久的施設(PE)の有無により、賞金の支払時に賞金の20%が源泉徴収された上で、所得税または法人税の確定申告をするケースと、20%の源泉徴収で課税関係が終了するケースの2つに分かれます。

1. 非居住者に対する課税[1]

恒久的施設(PE)の有無により、課税関係は以下のとおりとなります。

恒久的施設(PE)の有無	国内において行う事業に帰せられる賞金	左記以外の賞金
(1) 1号PEを有する者	賞金の支払いの際に、賞金(注)の20%が源泉徴収された上、所得税の総合課税の対象になります。そのため、賞金を収受した日の属する年の翌年2月16日から3月15日までの間に、確定申告を行う必要があります。	
(2) 2号PEを有する者	(1)と同様です。	(4)と同様です。
(3) 3号PEを有する者		
(4) (1)〜(3)以外の者	賞金の支払いの際に、賞金(注)の20%が源泉徴収され、課税関係は終了します。	

(注)は次ページ参照。

---

1 所法164、所法212①、所法213①一

2．外国法人に対する課税[2]

恒久的施設(PE)の有無により、課税関係は以下のとおりとなります。

恒久的施設（PE）の有無	国内において行う事業に帰せられる賞金	左記以外の賞金
(1)　1号PEを有する者	賞金の支払いの際に、賞金(注)の20％が源泉徴収された上、法人税の確定申告を行う必要があります。	
(2)　2号PEを有する者	(1)と同様です。	(4)と同様です。
(3)　3号PEを有する者		
(4)　(1)〜(3)以外の者	賞金の支払いの際に、賞金(注)の20％が源泉徴収され、課税関係は終了します。	

(注)　支払いを受けた賞金のうち、源泉徴収の対象となる金額は、支払金額から50万円を控除した残額になります。

　　　また、賞金品が物品で支払われた場合の、その物品の評価は次のとおりです[3]。

　①　公社債、株式、または貸付信託、投資信託、もしくは特定目的信託の受益証券…その支払われることとなった日の価額

　②　商品券…券面額

　③　貴石、貴金属、真珠、さんご等、これらの製品、書画、骨董、美術工芸品…その支払われることとなった日の価額

　④　土地または建物…その支払われることとなった日の価額

　⑤　その他のもの…通常の小売販売価額の60％

2　法法141、所法212①、所法213①一
3　所基通205-9

Ⅳ-17 生命保険契約等に基づく年金等に対する課税

> **ポイント**
> - 年金等の支払いを受けた場合には、恒久的施設(PE)の有無により、年金等の支払時に年金等の20%が源泉徴収された上で、所得税または法人税の確定申告をするケースと、20%の源泉徴収で課税関係が終了するケースの2つに分かれます。

1．非居住者に対する課税[1]

恒久的施設(PE)の有無により、課税関係は以下のとおりとなります。

恒久的施設(PE)の有無	国内において行う事業に帰せられる年金等	左記以外の年金等
(1) 1号PEを有する者	年金等の支払いの際に、年金等(注)の20%が源泉徴収された上、所得税の総合課税の対象になります。そのため、年金等を収受した日の属する年の翌年2月16日から3月15日までの間に、確定申告を行う必要があります。	
(2) 2号PEを有する者	(1)と同様です。	(4)と同様です。
(3) 3号PEを有する者		
(4) (1)〜(3)以外の者	年金等の支払いの際に、年金等(注)の20%が源泉徴収され、課税関係は終了します。	

(注)は次ページ参照。

---

1 所法164、所法212①、所法213①一

2．外国法人に対する課税[2]

恒久的施設(PE)の有無により、課税関係は以下のとおりとなります。

恒久的施設(PE)の有無	国内において行う事業に帰せられる年金等	左記以外の年金等
(1)　1号PEを有する者	年金等の支払いの際に、年金等(注)の20%が源泉徴収された上、法人税の確定申告を行う必要があります。	
(2)　2号PEを有する者	(1)と同様です。	(4)と同様です。
(3)　3号PEを有する者		
(4)　(1)～(3)以外の者	年金等の支払いの際に、年金等(注)の20%が源泉徴収され、課税関係は終了します。	

(注)　支払いを受けた年金等のうち、源泉徴収の対象となる金額は、その年金等の金額から、その契約に基づいて払い込まれた保険料または掛金のうち、その年金等に対応するものを控除した残額になります。

---

[2] 法法141、所法212①、所法213①一

Ⅳ-18　定期積金の給付補塡金等に対する課税

> **ポイント**
>
> ◎ 給付補塡金等の支払いを受けた場合には、恒久的施設(PE)の有無により、給付補塡金等の支払時に給付補塡金等の15%が源泉徴収された上で、所得税または法人税の確定申告をするケースと、15%の源泉徴収で課税関係が終了するケースの2つに分かれます。

1．非居住者に対する課税[1]

恒久的施設(PE)の有無により、課税関係は以下のとおりとなります。

恒久的施設 (PE) の有無	国内において行う事業に帰せられる給付補塡金等	左記以外の給付補塡金等
(1)　1号PEを有する者	給付補塡金等の支払いの際に、給付補塡金等の15%が源泉徴収された上、所得税の総合課税の対象になります。 そのため、利子等を収受した日の属する年の翌年2月16日から3月15日までの間に、確定申告を行う必要があります。	
(2)　2号PEを有する者	(1)と同様です。	(4)と同様です。
(3)　3号PEを有する者		
(4)　(1)~(3)以外の者	給付補塡金等の支払いの際に、給付補塡金等の15%が源泉徴収され、課税関係は終了します。	

1　所法164、所法212①、所法213①三

2．外国法人に対する課税[2]

恒久的施設(PE)の有無により、課税関係は以下のとおりとなります。

恒久的施設(PE)の有無	国内において行う事業に帰せられる給付補塡金等	左記以外の給付補塡金等
(1) 1号PEを有する者	給付補塡金等の支払いの際に、給付補塡金等の15%が源泉徴収された上、法人税の確定申告を行う必要があります。	
(2) 2号PEを有する者	(1)と同様です。	(4)と同様です。
(3) 3号PEを有する者		
(4) (1)～(3)以外の者	給付補塡金等の支払いの際に、給付補塡金等の15%が源泉徴収され、課税関係は終了します。	

2　法法141、所法212①、所法213①三

Ⅳ-19　匿名組合契約等に基づく利益の分配に対する課税

ポイント

○ 分配金の支払いを受けた場合には、恒久的施設(PE)の有無により、分配金の支払時に分配金の20%が源泉徴収された上で、所得税または法人税の確定申告をするケースと、20%の源泉徴収で課税関係が終了するケースの2つに分かれます。

1．非居住者に対する課税[1]

恒久的施設(PE)の有無により、課税関係は以下のとおりとなります。

恒久的施設 (PE) の有無	国内において行う事業に帰せられる分配金	左記以外の分配金
(1)　1号PEを有する者	分配金の支払いの際に、分配金の20%が源泉徴収された上、所得税の総合課税の対象になります。そのため、分配金を収受した日の属する年の翌年2月16日から3月15日までの間に、確定申告を行う必要があります。	
(2)　2号PEを有する者	(1)と同様です。	(4)と同様です。
(3)　3号PEを有する者		
(4)　(1)～(3)以外の者	分配金の支払いの際に、分配金の20%が源泉徴収され、課税関係は終了します。	

---

[1] 所法164、所法212①、所法213①一

2．外国法人に対する課税[2]

恒久的施設(PE)の有無により、課税関係は以下のとおりとなります。

恒久的施設（PE）の有無	国内において行う事業に帰せられる分配金	左記以外の分配金
(1)　1号PEを有する者	分配金の支払いの際に、分配金の20%が源泉徴収された上、法人税の確定申告を行う必要があります。	
(2)　2号PEを有する者	(1)と同様です。	(4)と同様です。
(3)　3号PEを有する者		
(4)　(1)〜(3)以外の者	分配金の支払いの際に、分配金の20%が源泉徴収され、課税関係は終了します。	

2　法法141、所法212①、所法213①一

第Ⅴ章

移転価格税制

V-1　移転価格税制とは

> **ポイント**
> - モノやサービスを「移転」するときの「価格」に関する「税制」です。
> - 国外の関連者と取引を行う際の価格が問題となります。

1．移転価格税制の趣旨

　近年、経済のグローバル化に伴って多くの多国籍企業が誕生し、世界をまたにかけて営業活動を行っています。

　このような多国籍企業においては、親子会社間や兄弟姉妹会社間で取引を行うケースもめずらしくありません。そのような取引においては、第三者間で取引されている価格と異なる価格（例えば、親会社の言い値）で取引を行うことがあるかもしれません。

　そうすると、必然的に一方の利益が他方に移転することになりますので、利益が増える国ではその分税収も増えるのでありがたいかもしれませんが、利益が減る国ではその分税収が減ってしまうため由々しき問題となります。

　そこで、このような利益移転を防止するため、各国は「移転価格税制」の整備を進め、日本でも昭和61年の税制改正において移転価格税制が導入されました。

2．制度の概要

　基本的なしくみとしては、法人が国外の関連者との間で行う資産の販売、資産の購入、役務の提供その他の取引について、その法人が国外の関連者から支払いを受ける対価の額が独立企業間価格（第三者間において通常成立するであろう価格。詳しくはⅤ-6参照）に満たないとき、またはその法人が国外の関連者に対して支払う対価の額が独立企業間価格を超えるときは、その取引は独立企業間価格で行われたものとみなしてその法人の所得を計算する、というものです[1]。

　日本の移転価格税制では、次ページの図解のように、日本法人が国外関連者から支払いを受ける対価の額が独立企業間価格に満たない場合（低額譲渡）と、日本法人が国外関連者に支払う対価の額が独立企業間価格を超える場合（高価買入）を対象にしており、その逆（高額譲渡及び低価買入）については対象にしていません。

　これは、移転価格税制が国の税収を確保することを目的としているため、自国にとって有利なケース（高額譲渡及び低価買入）については移転価格税制を適用する必要がないためです。

　ただし、そのような場合には、相手国において移転価格税制が問題になる可能性があります。

---

[1]　措法66の4①

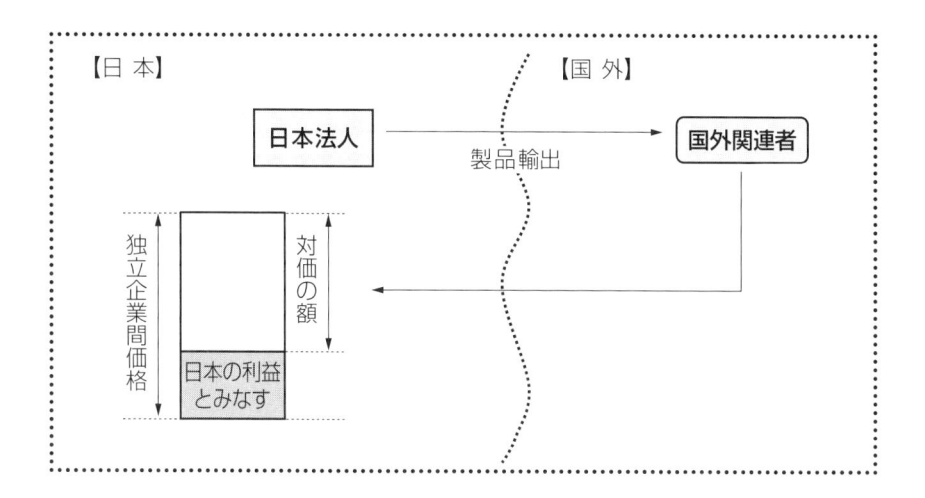

第Ⅴ章 移転価格税制

【日本】　　　　　　　【国外】

日本法人 →(製品輸出)→ 国外関連者

独立企業間価格 / 対価の額 / 日本の利益とみなす

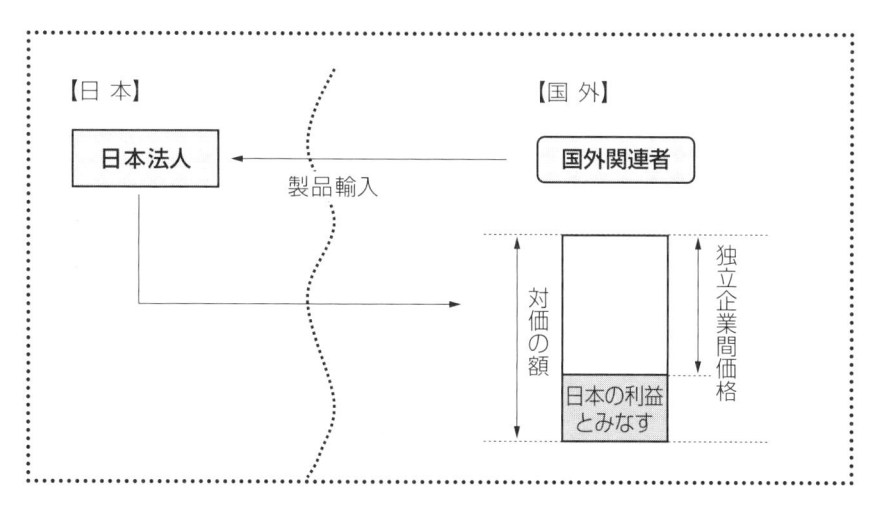

【日本】　　　　　　　【国外】

日本法人 ←(製品輸入)← 国外関連者

対価の額 / 独立企業間価格 / 日本の利益とみなす

167

Ⅴ-2　適用対象法人

> **ポイント**
> ◎法人税の納税義務者となる法人が適用対象となります。

1．法人の意義

　移転価格税制上の「法人」は、法人税法に規定されている法人と同じです。

　具体的には下記のようなものです[1]。

① 　普通法人

　下記②から⑤以外の法人のことをいいます。

② 　公共法人

　地方公共団体等が該当します。なお、公共法人は法人税を納める義務がありません[2]。

③ 　公益法人等

　一般社団及び一般財団法人に関する法律により設立された一定の一般社団法人や一般財団法人等のことをいいます。なお、公益法人等は収益事業を行う場合等に限り、法人税を納める義務があります[3]。

④ 　協同組合等

　農業協同組合等、共通の目的のために個人や中小企業者等が組合員と

1　法法2三〜九
2　法法4②
3　法法4①

なって共同で出資を行い、協同活動を行う組合のことをいいます。

⑤　人格のない社団等

　法人でない社団または財団で、代表者または管理人の定めがあるものをいいます。なお、公益法人等と同様に、収益事業を行う場合等に限り、法人税を納める義務があります[4]。

⑥　日本に恒久的施設(注)を有する外国法人

　日本に恒久的施設を有しない外国法人は日本の移転価格税制の適用対象とはなりません。ただし、そのような外国法人であっても国内源泉所得を有する場合には、法人税を納める義務はあります[5]。

なお、任意組合、匿名組合、有限責任事業組合及び投資事業有限責任組合といった日本の制度上法人格を有しないものは、移転価格税制上の法人には該当しません[6]。

しかし、米国においてパス・スルー課税が認められているLLC（Limited Liability Company）は、日本では法人格を有するものとして考えられているため法人に該当します。

　(注)　恒久的施設とは支店、工場その他事業を行う一定の場所等のことをいいます。英語ではPermanent Establishmentと呼ばれることから、頭文字をとってPEと呼ばれています（Ⅰ-6参照）。

4　法法4①
5　法法4③
6　民法667他

V-3　国外関連者

> **ポイント**
> ◦ V-2の法人と「特殊の関係」を有する外国法人をいいます。

1．国外関連者の意義

「国外関連者」とは、外国法人のうちV-2にて説明した法人との間に「特殊の関係」を有するものをいいます。

移転価格が問題になるケースの多くは持株関係のある、いわゆる親子会社間の取引ですので、それ以外の特殊の関係が問題になることはあまり多くありませんが、親子会社間取引でなくとも移転価格税制の対象となる取引が存在するという点は注意しなければなりません。

2．特殊の関係(1)（親子関係[1]）

「親子関係」とは、2つの法人のうちいずれか一方の法人が他方の法人の発行済株式総数または出資総額（当該他方の法人が有する自己株式を除きます。以下「発行済株式等」）の50％以上を直接または間接に保有する関係のことをいいます。

1　措令39の12①一

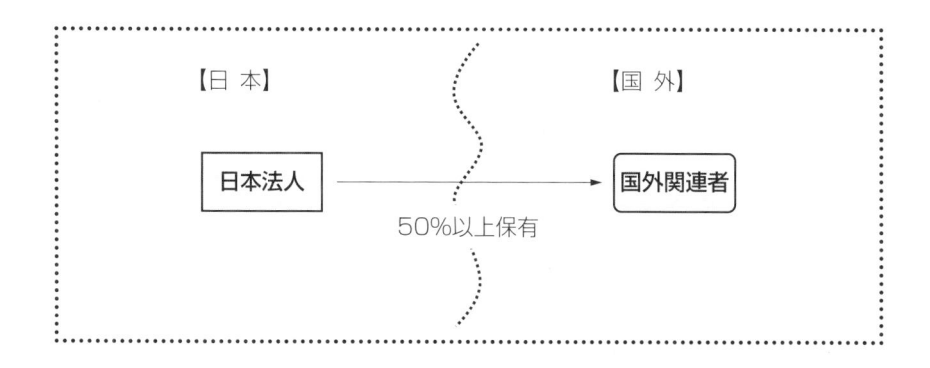

```
┌─────────────────────────────────────────────────┐
│  【日本】              【国外】                    │
│                                                  │
│  ┌──────┐            ┌────────┐                │
│  │日本法人│ ─────────→│国外関連者│                │
│  └──────┘            └────────┘                │
│         50％以上保有                              │
│                                                  │
└─────────────────────────────────────────────────┘
```

3．特殊の関係(2)（兄弟姉妹関係[2]）

「兄弟姉妹関係」とは、2つの法人が同一の者によってそれぞれの発行済株式等の50％以上を直接または間接に保有されている場合のその2つの法人の関係のことをいいます。

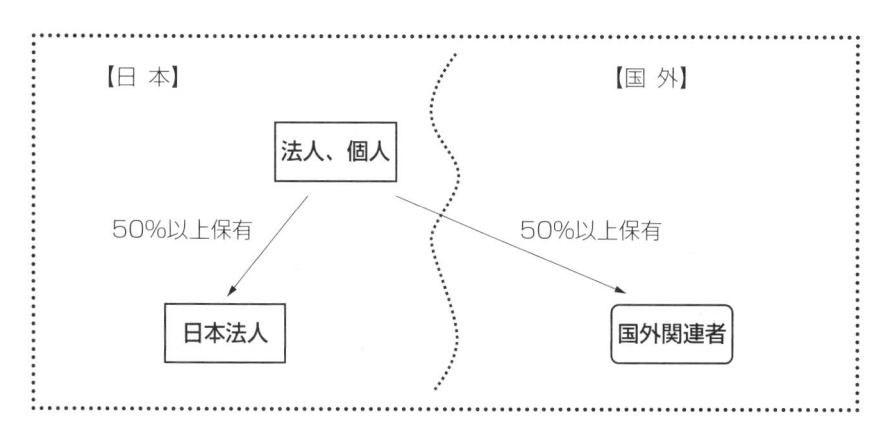

```
┌─────────────────────────────────────────────────┐
│  【日本】              【国外】                    │
│                                                  │
│                ┌──────┐                         │
│                │法人、個人│                       │
│                └──────┘                         │
│          ↙            ↘                         │
│    50％以上保有      50％以上保有                   │
│      ↙                    ↘                     │
│  ┌──────┐            ┌────────┐               │
│  │日本法人│            │国外関連者│               │
│  └──────┘            └────────┘               │
│                                                  │
└─────────────────────────────────────────────────┘
```

2　措令39の12①二

4．特殊の関係(3)（実質的支配関係[3]）

「実質的支配関係」とは、次に掲げる事実（以下「特定事実」）が存在することにより、2つの法人のいずれか一方の法人が他方の法人の事業の方針の全部または一部について実質的に決定できる関係のことをいいます。

① 他方の法人の役員の2分の1以上または代表する権限を有する役員が、一方の法人の役員もしくは使用人を兼務している者または一方の法人の役員もしくは使用人であった者であること
② 他方の法人がその事業活動の相当部分を一方の法人との取引に依存して行っていること
③ 他方の法人がその事業活動に必要とされる資金の相当部分を一方の法人からの借入により、または一方の法人の保証を受けて調達していること

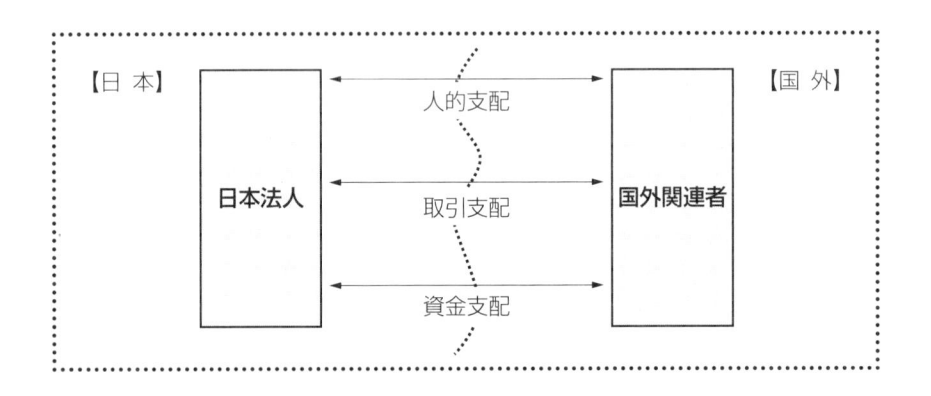

```
【日本】                                    【国外】
           ←――――人的支配――――→
  日本法人  ←――――取引支配――――→  国外関連者
           ←――――資金支配――――→
```

なお、2つの法人が同一の者によって実質的に支配されている場合も、この2つの法人の間には特殊の関係があるものとされます。

3　措令39の12①三

5．特殊の関係(4)（関係の連鎖1[4]）

1つの法人と次に掲げるいずれかの法人との関係をいいます。
① その1つの法人が、発行済株式等の50%以上を直接もしくは間接に保有し、または特定事実が存在することによりその事業の方針の全部

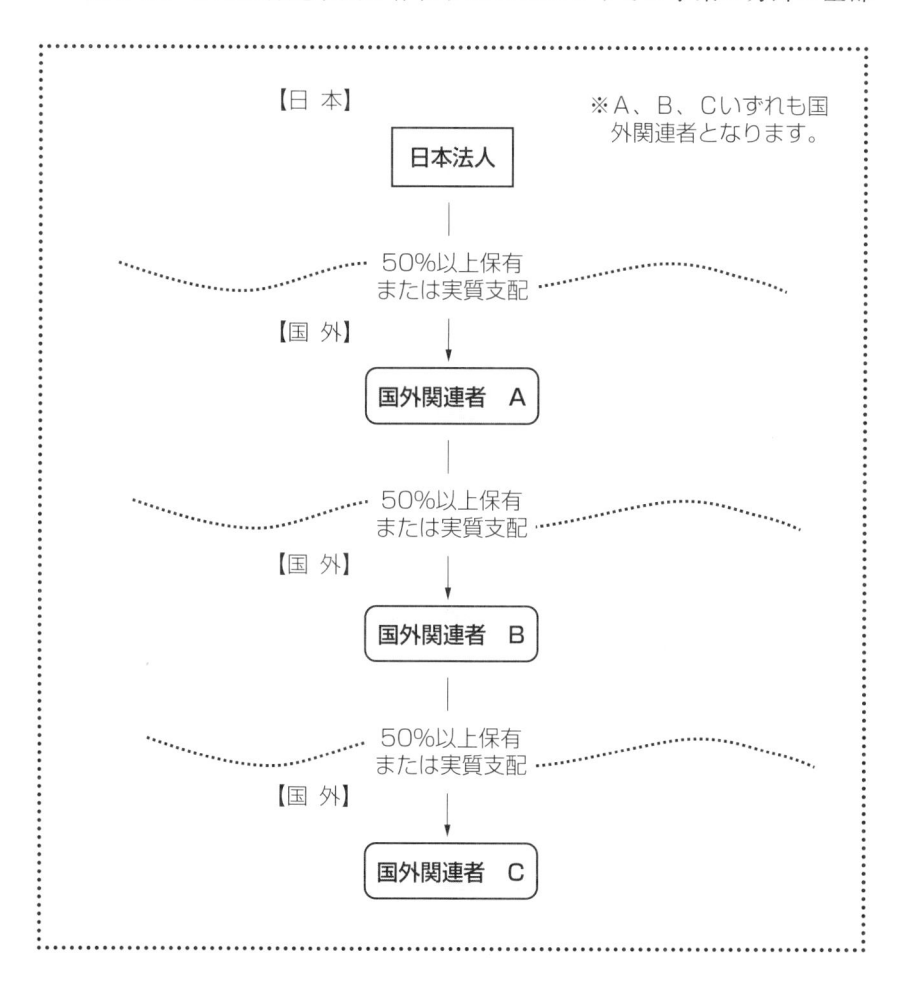

```
【日本】
          日本法人              ※A、B、Cいずれも国
            │                    外関連者となります。
            │
      50%以上保有
      または実質支配
【国外】
            │
        国外関連者 A

      50%以上保有
      または実質支配
【国外】
            │
        国外関連者 B

      50%以上保有
      または実質支配
【国外】
            │
        国外関連者 C
```

4　措令39の12①四

もしくは一部につき実質的に決定できる関係にある法人

② ①または③に掲げる法人が、発行済株式等の50％以上を直接もしくは間接に保有し、または特定事実が存在することによりその事業の方針の全部もしくは一部につき実質的に決定できる関係にある法人

③ ②に掲げる法人が、発行済株式等の50％以上を直接もしくは間接に保有し、または特定事実が存在することによりその事業の方針の全部もしくは一部につき実質的に決定できる関係にある法人

①〜③のいずれの文章も似たような書き方がされており、一見どのようなことをいっているのかよくわかりませんので、図解で説明しましょう。

前ページ図のとおり、50％以上の持株要件または実質支配要件のいずれかを満たす外国法人の連鎖がある場合、それらの外国法人はすべて国外関連者に該当する、という規定です。

6. 特殊の関係(5) (関係の連鎖2[5])

関係の連鎖の2つ目は、先ほどの関係の連鎖1と似ています。これも文章で書くと非常にわかりづらいため、図解で説明します。次ページ図を参照下さい。

1つの者に50％以上の持株要件または実質支配要件のいずれかを満たされている法人同士も国外関連者になる、という規定です。

念のため文章でも解説しておくと、2つの法人がそれぞれ次に掲げるいずれかの法人に該当する場合におけるその2つの法人の関係をいいます。ただし、下記①に規定する1つの者が同一の者である場合に限ります。

① 1つの者が、発行済株式等の50％以上を直接もしくは間接に保有し、または特定事実が存在することによりその事業の方針の全部もし

---

5 措令39の12①五

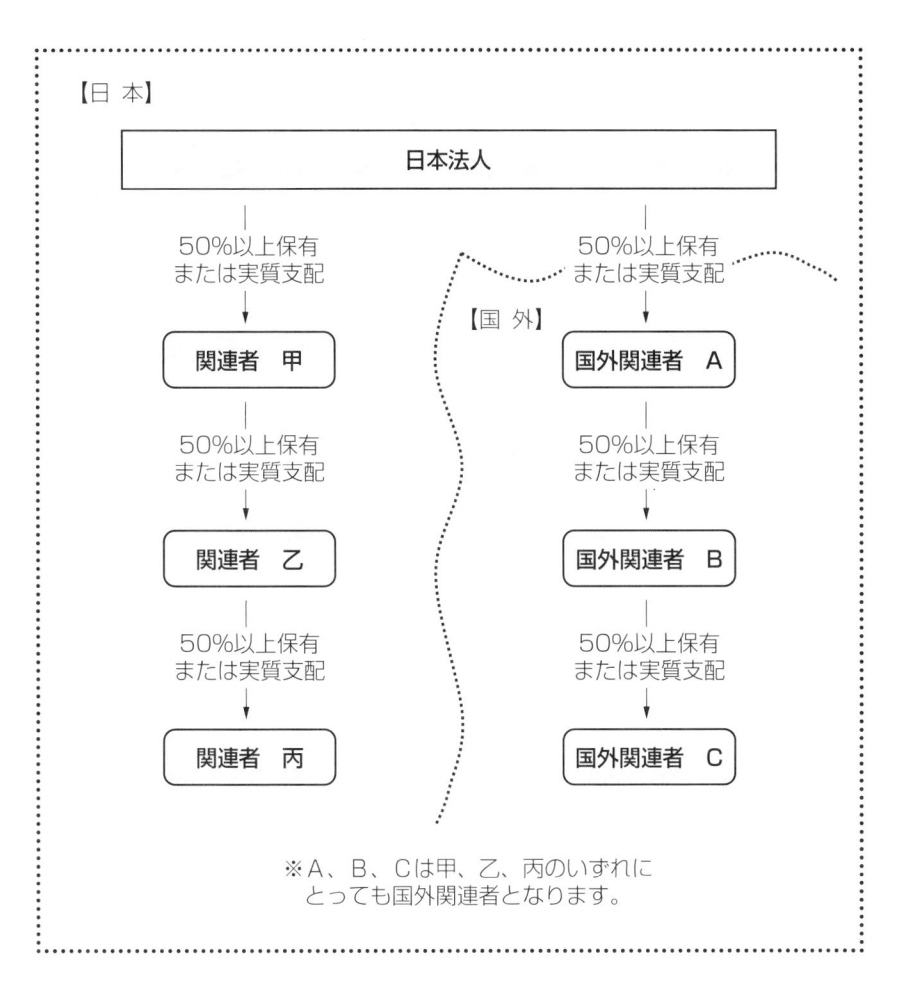

```
┌─────────────────────────────────────────────────────────┐
│ 【日本】                                                │
│         ┌──────────────────────────────┐                │
│         │         日本法人              │                │
│         └──────────────────────────────┘                │
│          │                        │                     │
│     50％以上保有              50％以上保有               │
│     または実質支配            または実質支配             │
│          ↓        【国外】         ↓                    │
│    ┌──────────┐              ┌──────────────┐           │
│    │ 関連者 甲 │              │ 国外関連者 A │           │
│    └──────────┘              └──────────────┘           │
│          │                        │                     │
│     50％以上保有              50％以上保有               │
│     または実質支配            または実質支配             │
│          ↓                        ↓                     │
│    ┌──────────┐              ┌──────────────┐           │
│    │ 関連者 乙 │              │ 国外関連者 B │           │
│    └──────────┘              └──────────────┘           │
│          │                        │                     │
│     50％以上保有              50％以上保有               │
│     または実質支配            または実質支配             │
│          ↓                        ↓                     │
│    ┌──────────┐              ┌──────────────┐           │
│    │ 関連者 丙 │              │ 国外関連者 C │           │
│    └──────────┘              └──────────────┘           │
│                                                         │
│         ※A、B、Cは甲、乙、丙のいずれに                  │
│          とっても国外関連者となります。                  │
└─────────────────────────────────────────────────────────┘
```

　くは一部につき実質的に決定できる関係にある法人
② 　①または③に掲げる法人が、発行済株式等の50％以上を直接もしくは間接に保有し、または特定事実が存在することによりその事業の方針の全部もしくは一部につき実質的に決定できる関係にある法人
③ 　②に掲げる法人が、発行済株式等の50％以上を直接もしくは間接に保有し、または特定事実が存在することによりその事業の方針の全部もしくは一部につき実質的に決定できる関係にある法人

7．名義株の取扱い

　名義株がある場合には、それらの株式については実際の権利者が所有しているものとして持株割合を判定することになります[6]。

8．判定時期

　なお、特殊の関係を有するか否かの判定は、取引が行われた時の現況によります[7]。

9．保有割合の計算方法

　移転価格税制における間接保有の株式保有割合は、次図のように把握します[8]。

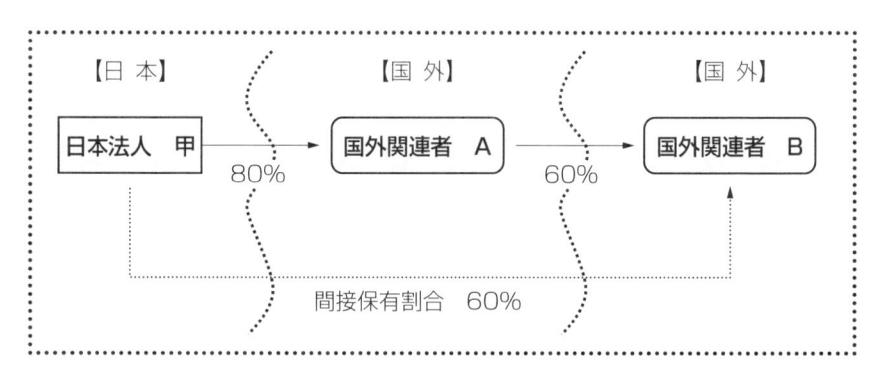

```
【日本】              【国外】              【国外】
┌─────────┐       ┌─────────┐       ┌─────────┐
│日本法人　甲│──80%─→│国外関連者 A│──60%─→│国外関連者 B│
└─────────┘       └─────────┘       └─────────┘
     └──────────間接保有割合　60%──────────┘
```

　いわゆる"タックス・ヘイブン対策税制"における間接保有割合の計算方法とは異なりますので注意が必要です。

6　措通66の4(1)-2注書
7　措令39の12⑮
8　措令39の12③

V-4　国外関連取引

> **ポイント**
> - 法人と国外関連者との間で行う資産の販売等の取引です。
> - 移転価格税制の適用を受けないようにするため、意図的に非関連者を介在させた場合であっても、移転価格税制の適用対象取引になります。

1．国外関連取引の意義

「国外関連取引」とは、法人が国外関連者との間で行う資産の販売、資産の購入、役務の提供その他の取引をいいます[1]。

具体的には下記のような取引です。

・棚卸資産の販売、購入
・棚卸資産以外の有形資産の販売、購入
・無形資産の販売、購入
・役務の提供
・資金の貸付
・その他の損益取引

1　措法66の4①

2．みなし国外関連取引

　法人が非関連者（個人を含みます）を通じて国外関連者と行う取引であっても、みなし国外関連取引に該当すると移転価格税制の対象となります。

　「みなし国外関連取引」とは、次のいずれかの場合に該当する取引をいいます[2]。

① 　法人と非関連者との間の取引の対象となる資産が国外関連者に販売、譲渡、貸付または提供されることがその取引を行った時において契約等によりあらかじめ定まっている場合で、かつ、その販売、譲渡、貸付または提供に係る対価の額が法人と国外関連者との間で実質的に決定されていると認められる場合

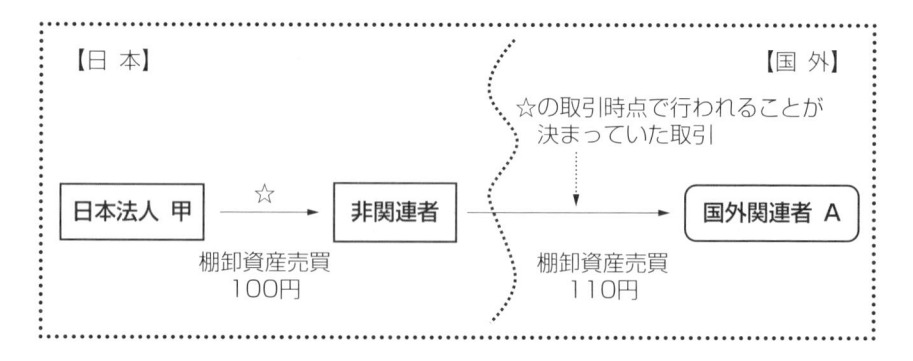

```
【日本】                                          【国外】
                        ☆の取引時点で行われることが
                              決まっていた取引

  日本法人 甲  ─☆→  非関連者  ╌╌╌→  国外関連者 A
         棚卸資産売買              棚卸資産売買
           100円                    110円
```

② 　国外関連者と非関連者との間の取引の対象となる資産が法人に販売、譲渡、貸付または提供されることがその取引を行った時において契約等によりあらかじめ定まっている場合で、かつ、その販売、譲渡、貸付または提供に係る対価の額が法人と国外関連者との間で実質的に決定されていると認められる場合

2　措法66の4⑥、措令39の12⑨

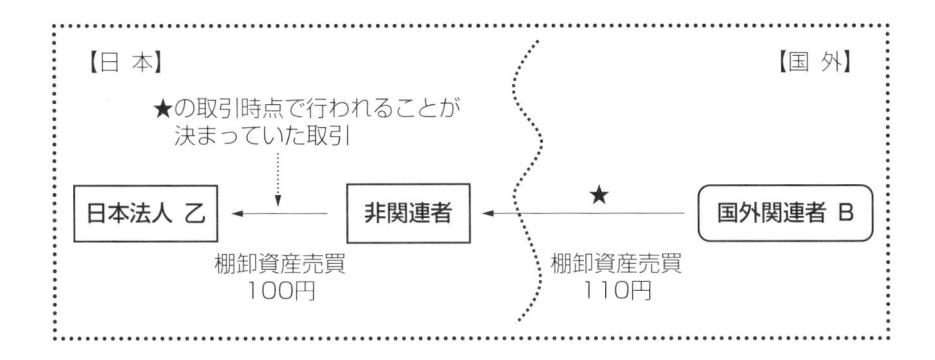

```
┌─────────────────────────────────────────────────────────────┐
│  【日  本】                              【国  外】          │
│         ★の取引時点で行われることが                          │
│         決まっていた取引                                     │
│                      ┊                                      │
│   ┌──────────┐       ┊     ┌────────┐    ★   ┌──────────┐  │
│   │日本法人 乙│ ←──── │非関連者│ ←──────── │国外関連者 B│  │
│   └──────────┘       └────────┘         └──────────┘      │
│            棚卸資産売買          棚卸資産売買                │
│              100円                 110円                     │
└─────────────────────────────────────────────────────────────┘
```

3．国外関連取引に該当しない取引

1 内国法人間の取引

　内国法人間の取引は移転価格税制の適用対象取引には該当しません。しかし、中国など、国によっては自国の法人間の取引であっても、移転価格税制の適用対象取引に該当する場合があります。

2 本支店間の取引

　外国本店と日本支店または外国支店と日本本店との間の内部取引は、原則として移転価格税制の適用対象取引には該当しません。しかし、本店・支店それぞれに帰属する所得は独立企業原則に基づき計算されるため、移転価格税制で規定されている独立企業間価格の算定方法を基に、本支店間の取引価格が計算されることがあります。

V-5 低額譲渡・高価買入

> **ポイント**
> ● 日本において移転価格税制が問題になるのは、日本法人からの低額譲渡と日本法人による高価買入です。

1. 低額譲渡

　例えば、日本の製造子会社が国外の販売親会社に対して自動車を輸出する場合において、仮にその自動車が第三者間では1台100万円で売買されていたとしても、可能な限り販売親会社で利益を出すため1台90万円で輸出する、といったことも親子間であれば可能かもしれません。

　このような場合に、日本において移転価格税制が問題となります。具体

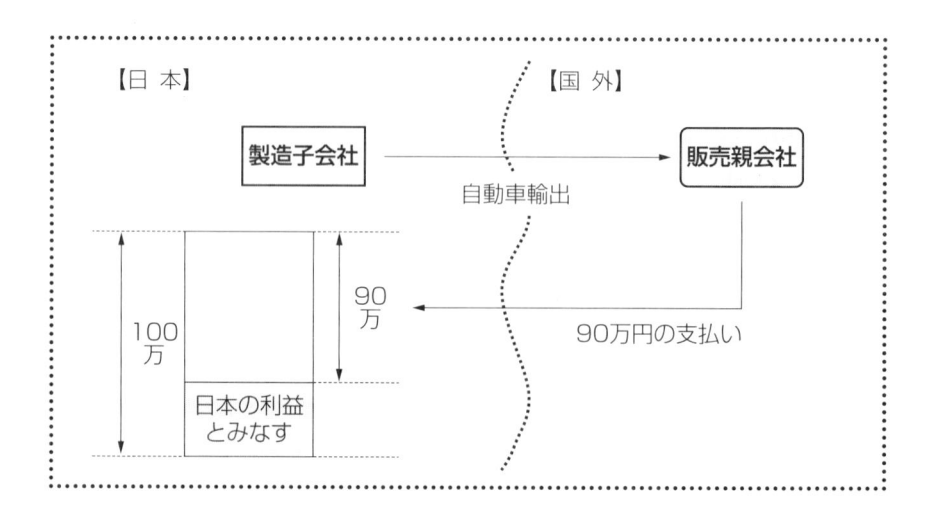

的には1台90万円で輸出された自動車を、100万円で輸出したものとして再度所得計算を行います。

その結果、日本では差額の10万円に対する税額が追徴課税されることになります。

2．高価買入

1の低額譲渡とは反対に、例えば日本の販売親会社が国外の製造子会社から自動車を輸入する場合において、仮にその自動車が第三者間では1台100万円で売買されていたとしても、可能な限り製造子会社で利益を出すため1台110万円で輸入する、といったことも親子間であれば可能かもしれません。

このような場合も、日本において移転価格税制が問題となります。具体的には1台110万円で輸入された自動車を、100万円で輸入したものとして再度所得計算を行います。その結果、日本では差額の10万円に対する税額が追徴課税されることになります。

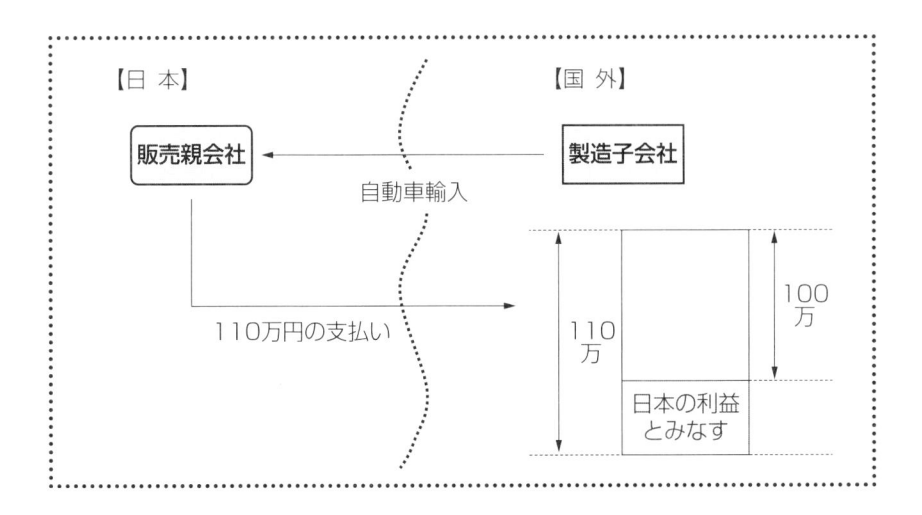

V-6　独立企業間価格

> **ポイント**
> ○独立した企業の間で成立すると認められる価格のことです。

1．独立企業間価格の算定方法

　移転価格税制は低額譲渡、高価買入があった場合にその取引価格を独立企業間価格で計算し直して課税する制度ですので、この「独立企業間価格」の算定は非常に大切です。

　具体的には、独立価格比準法（CUP）、再販売価格基準法（RP）、原価基準法（CP）、利益分割法（PS）及び取引単位営業利益法（TNMM）等の方法により算定されます。なお、それぞれの算定法については、**V-7**以降で解説します。

2．同等の方法

　独立企業間価格の算定方法は「棚卸資産に関する取引」の場合に使用される方法と「棚卸資産に関する取引以外の取引」の場合に使用される方法とに大別され、後者の場合、前者で使用される算定方法の名前の後ろに「同等の方法」が付け加わります。

　例えば原価基準法の場合、棚卸資産に関する取引の場合には「原価基準法」となり、棚卸資産に関する取引以外の取引の場合には「原価基準法と同等の方法」となります。両者は対象としている取引が棚卸資産か否かと

いう違いがありますが、方法としては同じものです。

3．準ずる方法

似た名前で「準ずる方法」というものがありますが、これは元々の方法（つまり、原価基準法でいえば「原価基準法」または「原価基準法と同等の方法」）に準ずる方法という位置づけとなり、優先順位が下がります。

4．本書で解説する算定方法

本書では下記の5つの方法について解説しています。

① 独立価格比準法　　④ 利益分割法
② 再販売価格基準法　⑤ 取引単位営業利益法
③ 原価基準法

↑優先方法

基本三法（棚卸資産取引）
・独立価格比準法
・再販売価格基準法
・原価基準法

基本三法と同等の方法（非棚卸資産取引）
・独立価格比準法と同等の方法
・再販売価格基準法と同等の方法
・原価基準法と同等の方法

基本三法に準ずる方法
・独立価格比準法に準ずる方法
・再販売価格基準法に準ずる方法
・原価基準法に準ずる方法

基本三法に準ずる方法と同等の方法
・独立価格比準法に準ずる方法と同等の方法
・再販売価格基準法に準ずる方法と同等の方法
・原価基準法に準ずる方法と同等の方法

その他政令で定める方法
・利益分割法
・取引単位営業利益法
・取引単位営業利益法に準ずる方法

その他政令で定める方法と同等の方法
・利益分割法と同等の方法
・取引単位営業利益法と同等の方法
・取引単位営業利益法に準ずる方法と同等の方法

↓劣後方法

※同じブロックの中には優先劣後の関係はありません。
※劣後方法は優先方法が適用できない場合にのみ適用できます。

V-7　独立価格比準法
(CUP=Comparable Uncontrolled Price method)

> **ポイント**
> - 第三者間において、同じ資産を同じ条件で取引をした場合に成立するであろう価格をもって独立企業間価格とする方法です。

1．独立価格比準法

　特殊の関係にない売手と買手が、国外関連取引に係る棚卸資産と同種の棚卸資産を当該国外関連取引と取引段階、取引数量その他が同様の状況の下で売買した取引の対価の額(当該同種の棚卸資産を当該国外関連取引と取引段階、取引数量その他に差異のある状況の下で売買した取引がある場合において、その差異により生じる対価の額の差を調整できるときは、その調整を行った後の対価の額を含みます)に相当する金額をもって当該国外関連取引

《内部比較対象取引がある場合》

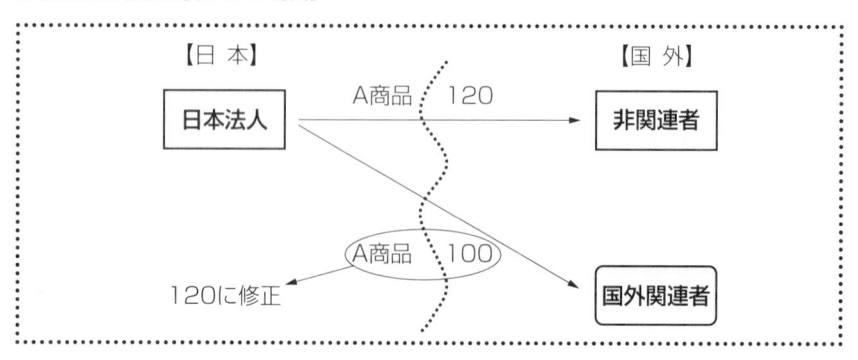

```
【日本】                          【国外】
              A商品  120
  日本法人 ─────────────→  非関連者

              A商品  100
  120に修正 ─────────────→  国外関連者
```

《内部比較対象取引がない場合》

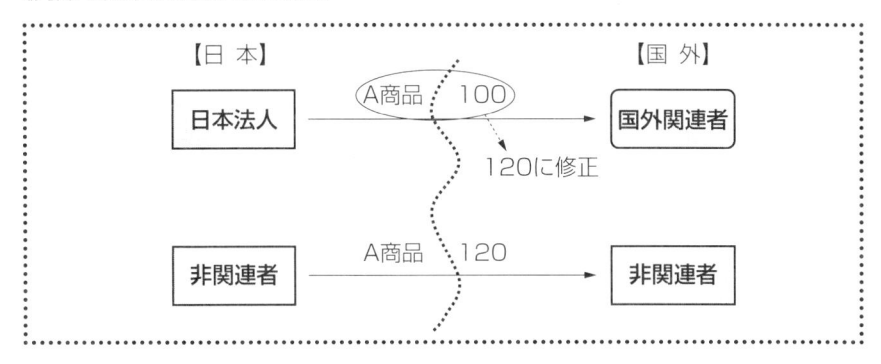

```
【日本】                          【国外】
 ┌──────┐   A商品  100   ┌──────┐
 │日本法人│ ───────→  │国外関連者│
 └──────┘                    └──────┘
              120に修正

 ┌──────┐   A商品  120   ┌──────┐
 │非関連者│ ───────→  │非関連者 │
 └──────┘                    └──────┘
```

の対価の額とする方法をいいます[1]。

2．長 所

① 取引価格を直接比較するため、他の算定方法よりも論理的に優れている。
② 各国の理解が得やすい。

3．短 所

① 比較対象取引が存在しないことが多く、適用できない事例が多い。
② 比較可能性を担保するには実務上の限界がある。

4．OECD 移転価格ガイドライン

OECD 移転価格ガイドラインでは、独立価格比準法は、関連者間取引に

---

1 措法66の4②一イ

おいて移転された資産または役務の価格を、比較可能な状況の下で比較可能な独立企業間取引において移転された資産または役務の価格と比較する方法であるとされており[2]、独立の企業が２つの関連者間で売買されるものと同種の製品を販売している場合に、特に信頼できる方法であるとしています[3]。

　また、同ガイドラインでは、関連者間取引に十分類似し、価格に重大な影響を及ぼす差異のない独立企業間の取引を見いだすのは難しいとした上で、独立価格比準法ではそのような差異の調整の程度と信頼性が分析の相対的な信頼性に影響を与えると指摘しています[4]。

　なお、OECD 移転価格ガイドラインの概要については、V-20を参照して下さい。

2　OECD 移転価格ガイドライン2.6
3　OECD 移転価格ガイドライン2.11
4　OECD 移転価格ガイドライン2.8

V-8　再販売価格基準法 (RP=Resale Price method)

> **ポイント**
> - 再販売者が購入した商品や製品を再販売するときの価格から、再販売のために要したコストや再販売のために上乗せした利益の額を控除した金額をもって独立企業間価格とする方法です。

1．再販売価格基準法

　国外関連取引に係る棚卸資産の買手が特殊の関係にない者に対して当該棚卸資産を販売した対価の額（「再販売価格」）から通常の利潤の額を控除して計算した金額をもって、当該国外関連取引の対価の額とする方法をいいます[1]。

　なお、通常の利潤の額は、再販売価格に通常の利益率を乗じて計算します。

　この場合の「通常の利益率」とは、国外関連取引に係る棚卸資産と同種または類似の棚卸資産を非関連者から購入した者（「再販売者」）が当該同種または類似の棚卸資産を非関連者に対して販売した取引（「比較対象取引」）に係る当該再販売者の売上総利益の額の当該収入金額の合計額に対する割合をいいます。

　ただし、比較対象取引と当該国外関連取引に係る棚卸資産の買手が、当該棚卸資産を非関連者に対して販売した取引とが売手の果たす機能その他

1　措法66の4②一ロ

《内部比較対象取引がある場合》

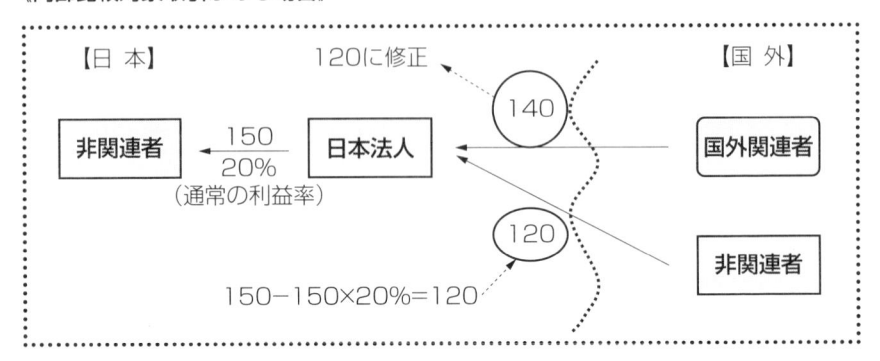

```
       【日本】              120に修正       【国外】
                                    140
    非関連者 ←─150── 日本法人 ←──────── 国外関連者
             20%
         （通常の利益率）
                              120
                150−150×20%=120           非関連者
```

《内部比較対象取引がない場合》

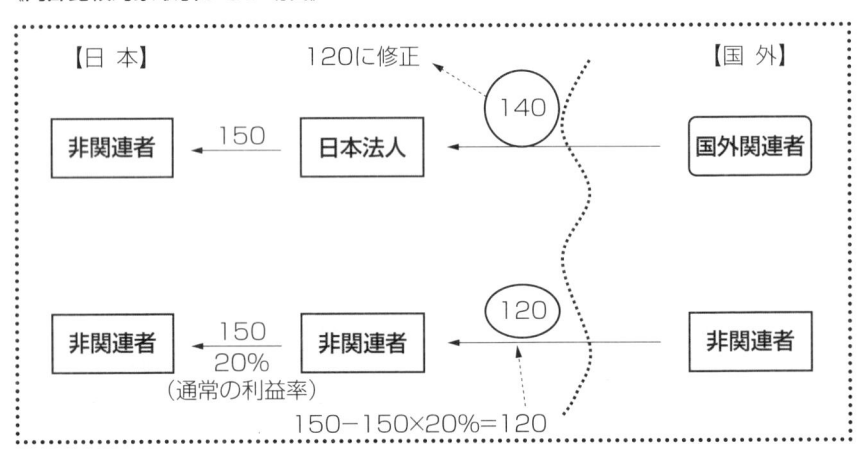

```
       【日本】              120に修正       【国外】
                                    140
    非関連者 ←─150── 日本法人 ←──────── 国外関連者
                              
                              120
    非関連者 ←─150── 非関連者 ←──────── 非関連者
             20%
         （通常の利益率）
                150−150×20%=120
```

において差異がある場合には、その差異により生ずる割合の差につき必要な調整を加えた後の割合とします[2]。

2　措令39の12⑥

2．長 所

① 比較対象の範囲が「同種または類似」とされており、独立価格比準法における比較対象の範囲である「同種」よりも緩和されている（比較するものが価格そのものではなく、売上総利益率のため）。
② 企業データが公開データ等から入手できる可能性が比較的高い。

3．短 所

価格そのものではなく利益率を比較するため、独立価格比準法に比べ厳密性に欠ける部分がある。

4．OECD 移転価格ガイドライン

OECD 移転価格ガイドラインでは、関連者から購入されたある製品が独立の企業に再販売される価格を出発点とし、この価格から再販売者が販売費及びその他の営業費用を賄い、かつ、果たした種々の機能に照らして適切な利益を得るための適切な粗利益を控除した残額が、当該関連者間における当初の移転資産に係る独立企業間価格と見なされ得るとしています。

この方法は、販売活動に適用される場合に恐らく最も有用な方法であるとされています[3]。

また差異の調整についても言及があり、棚卸資産の僅かな差異はそれが価格に与える影響ほど重大に利益率に影響を与える可能性は少ないとした上で、独立価格比準法による場合よりも調整の数は少なくて良いとしています[4]。

3　OECD 移転価格ガイドライン 2.14
4　OECD 移転価格ガイドライン 2.16

V-9　原価基準法 (CP=Cost Plus method)

> **ポイント**
>
> ● 販売された資産や提供された役務の原価の額に、第三者間であればこのぐらいの利益を上乗せするであろうという利益の額を加算した金額をもって独立企業間価格とする方法です。

1．原価基準法

　国外関連取引に係る棚卸資産の売手の購入、製造その他の行為による取得の原価の額に通常の利潤の額を加算して計算した金額をもって当該国外関連取引の対価の額とする方法をいいます[1]。

　なお、通常の利潤の額は、原価の額に通常の利益率を乗じて計算します。

　この場合の「通常の利益率」とは、国外関連取引に係る棚卸資産と同種または類似の棚卸資産を購入（非関連者からの購入に限ります）、製造その他の行為により取得した者（「販売者」）が当該同種または類似の棚卸資産を非関連者に対して販売した取引（「比較対象取引」）に係る当該販売者の売上総利益の額の当該原価の額の合計額に対する割合をいいます。

　ただし、比較対象取引と当該国外関連取引とが売手の果たす機能その他において差異がある場合には、その差異により生ずる割合の差につき必要な調整を加えた後の割合とします[2]。

1　措法66の4②一ハ
2　措令39の12⑦

《内部比較対象取引がある場合》

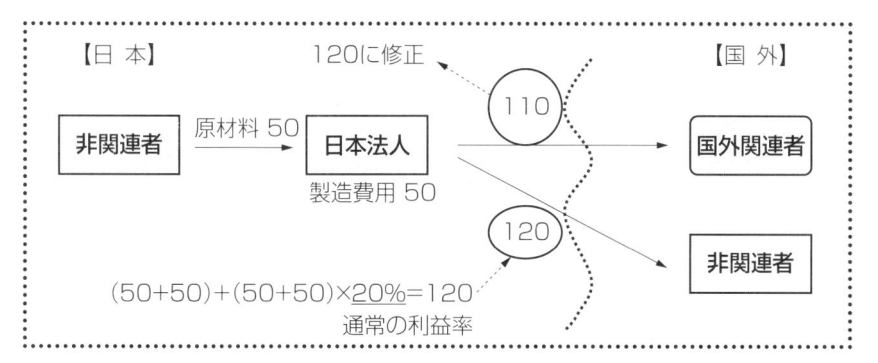

```
【日本】                    120に修正      【国外】
                              ↗(110)
[非関連者] →原材料50→ [日本法人] ─────→ [国外関連者]
                    製造費用50
                              ↘
                              (120)   →  [非関連者]
(50+50)+(50+50)×20%=120
              通常の利益率
```

《内部比較対象取引がない場合》

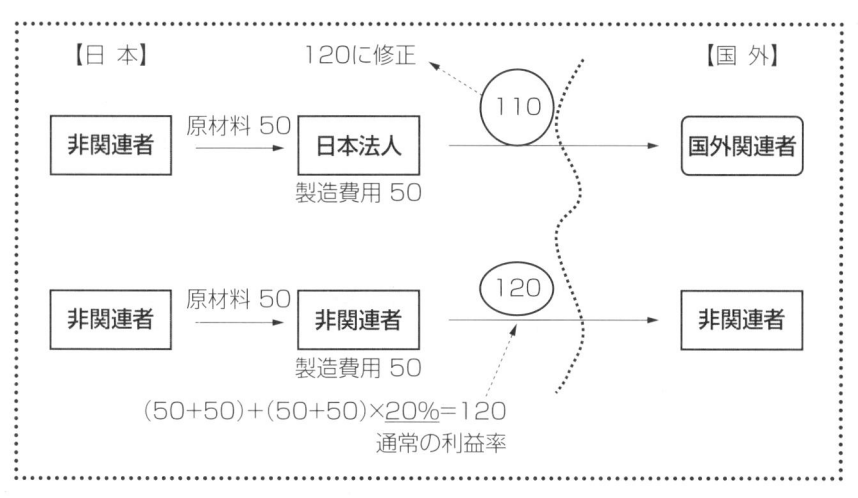

```
【日本】                    120に修正      【国外】
                              (110)
[非関連者] →原材料50→ [日本法人] ─────→ [国外関連者]
                    製造費用50

                              (120)
[非関連者] →原材料50→ [非関連者] ─────→ [非関連者]
                    製造費用50
(50+50)+(50+50)×20%=120
              通常の利益率
```

2．長 所

① 比較対象の範囲が「同種または類似」とされており、独立価格比準法における比較対象の範囲である「同種」よりも緩和されている（比較するものが価格そのものではなく、売上総利益率のため）。

② 企業データが公開データ等から入手できる可能性が比較的高い。

3．短所

価格そのものではなく利益率を比較するため、独立価格比準法に比べ厳密性に欠ける部分がある。

4．OECD 移転価格ガイドライン

OECD 移転価格ガイドラインでは、関連者である購入者に販売された資産または提供された役務に係る関連者間取引における資産（または役務）のサプライヤーの原価を出発点とし、果たされた機能及び市場の状況に照らした適正な利益を得るため、この原価に適正な原価プラスマークアップを加えた後の金額は、当初の関連者間取引における独立企業間価格とみなされるとされています。

なおこの方法は、半製品が関連者間で販売される場合、関連者同士が共同支援契約または長期売買契約を締結した場合、あるいは関連者間取引が役務の提供である場合に恐らく最も有効な方法であるとされています[3]。

また再販売価格基準法同様、差異の調整についても言及があり、独立価格比準法による場合よりも棚卸資産の差異を補正するために必要な調整の数は少なくなるとした上で、機能の性質における差異等原価プラスマークアップに重大な影響を与える差異がある場合には調整が必要とし、この調整の範囲及び信頼性が原価基準法に基づく分析の相対的信頼性に影響を与えるとしています[4]。

3　OECD 移転価格ガイドライン 2.32
4　OECD 移転価格ガイドライン 2.34

V-10　利益分割法 (PS=Profit Sprit method)

ポイント

- グループ全体で稼いだ営業利益を、一定の分割要因及び分割方法に基づいて各社に分割し、そこから導き出される価格をもって独立企業間価格とする方法をいいます。
- 基本三法（独立価格比準法、再販売価格基準法及び原価基準法）を用いることができない場合に限り、採用することができる方法です。
- 取引単位営業利益法との優劣関係はありません。
- 利益分割法のうち、代表的なものとして比較利益分割法と残余利益分割法があります。

1．利益分割法

　法人または国外関連者による棚卸資産の購入、製造、販売その他の行為に係る所得が、これらの者が支出した費用の額、使用した固定資産の価額その他これらの者が当該所得の発生に寄与した程度を推測するに足りる要因に応じて、法人及び国外関連者に帰属するものとして計算した金額をもって取引の対価の額とする方法をいいます[1]。

1　措令39の12⑧一

2．分割の対象となる利益

分割する対象となるものは、原則として営業利益の合計額となります[2]。

3．分割要因

分割対象利益の配分に用いる分割要因は、国外関連取引の内容に応じて法人または国外関連者が支出した下記のものを用います[3]。

① 人件費等の費用の額
② 投下資本の額
③ その他分割対象利益の発生に寄与した程度を推測するにふさわしいもの

なお、上記の分割要因が複数ある場合には、それぞれの要因が分割対象利益の発生に寄与した程度に応じて合理的に計算します。

4．比較利益分割法

「比較利益分割法」とは、合算営業利益を国外関連取引と類似の状況下で行われた非関連者間取引における利益の配分割合を用いて分割する方法です[4]。

つまり、同じような取引を行っている他社同士の利益配分割合を用いて利益を配分しようというものです。

2　措通66の4(4)-1
3　措通66の4(4)-2
4　措通66の4(4)-4

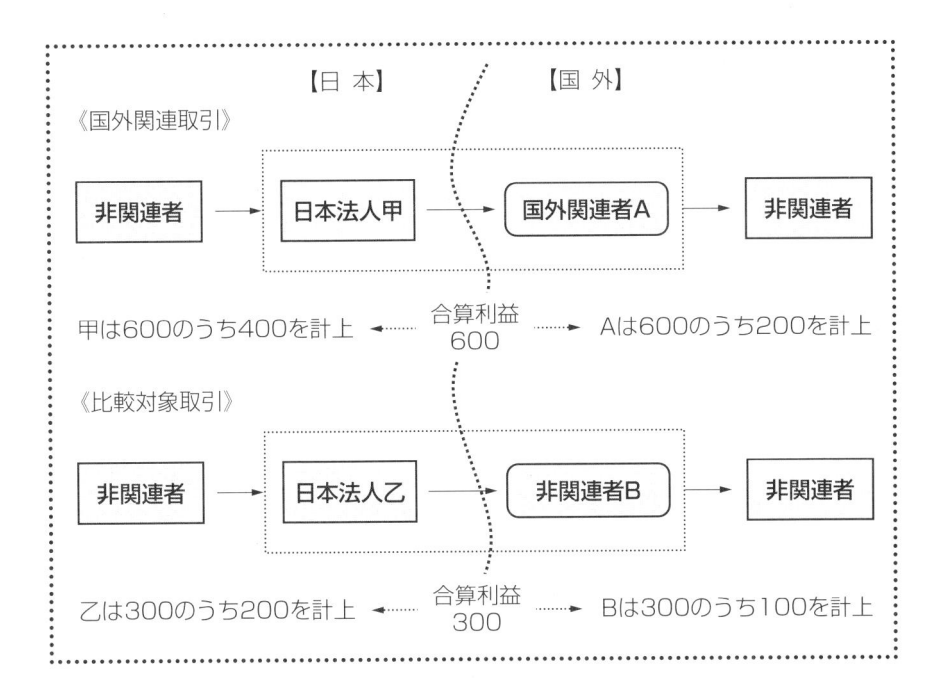

```
┌─────────────────────────────────────────────────────────┐
│              【日本】    ┊   【国外】                    │
│  《国外関連取引》         ┊                              │
│   ┌─────┐   ┌──────┐ ┊ ┌────────┐   ┌─────┐        │
│   │非関連者│→│日本法人甲│→│国外関連者A│→│非関連者│        │
│   └─────┘   └──────┘ ┊ └────────┘   └─────┘        │
│                    合算利益                              │
│   甲は600のうち400を計上 ← 600 → Aは600のうち200を計上    │
│                                                          │
│  《比較対象取引》                                        │
│   ┌─────┐   ┌──────┐ ┊ ┌──────┐   ┌─────┐         │
│   │非関連者│→│日本法人乙│→│非関連者B│→│非関連者│         │
│   └─────┘   └──────┘ ┊ └──────┘   └─────┘         │
│                    合算利益                              │
│   乙は300のうち200を計上 ← 300 → Bは300のうち100を計上    │
└─────────────────────────────────────────────────────────┘
```

5．残余利益分割法

　「残余利益分割法」とは、法人または国外関連者が重要な無形資産を有する場合に有効な分割方法で、合算営業利益を下記のように二段階に分けて分割する方法です[5]。

①　第一段階では、各関連者に非関連者間取引において通常得られる利益が配分されます。この段階では、各関連者が無形資産を保有することによる超過利益（または損失）の配分は行われません。つまり、無形資産によって得た利益を除いたところで、いったん各社で利益を配分するということです。

5　措通66の4(4)-5

《分割前》

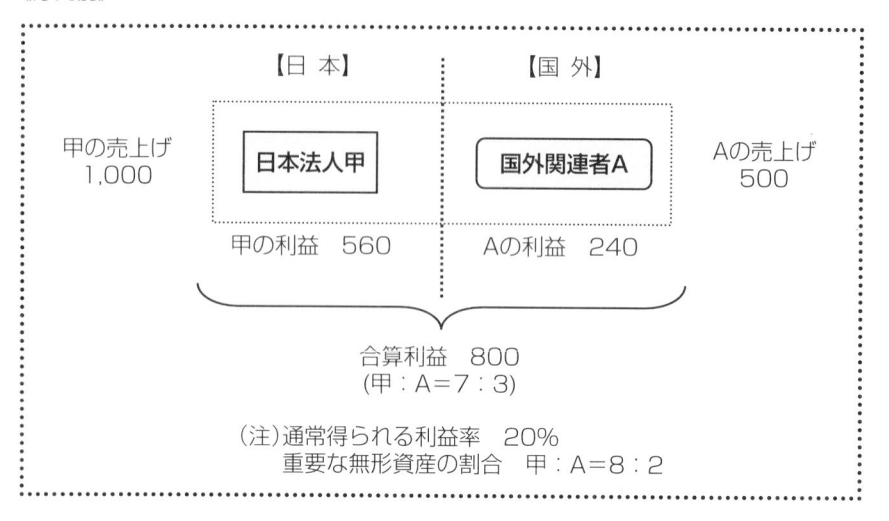

```
         【日 本】    │   【国 外】
                    │
甲の売上げ ┌─────────┐ │ ┌─────────┐  Aの売上げ
 1,000   │ 日本法人甲 │ │ │ 国外関連者A │    500
         └─────────┘ │ └─────────┘
          甲の利益 560 │  Aの利益 240
```

合算利益 800
(甲：A＝7：3)

(注)通常得られる利益率　20％
　　重要な無形資産の割合　甲：A＝8：2

※第一段階の利益振分

　甲＝1,000×20％（通常得られる利益率）＝200

　A＝500×20％（通常得られる利益率）＝100

② 　第二段階では、合算営業利益のうち第一段階で配分した利益の残りを、各関連者が保有する特殊な無形資産（例：特許権、商標権、製造ノウハウ等）の割合に基づいて配分することになります。この無形資産の保有割合を測定するのは一般的には困難であり、運用上は何らかの代替的方法を採用することが多いとされます。

※第二段階

　第二段階で分割する利益は800−(200＋100)＝500

　甲＝$500 \times \frac{8}{10}$（無形資産割合）＝400

　A＝$500 \times \frac{2}{10}$（無形資産割合）＝100

《分割後》

```
           【日本】        【国外】
甲の売上げ  ┌─────────┐ ┌─────────┐  Aの売上げ
1,000      │ 日本法人甲 │ │ 国外関連者A│   500
           └─────────┘ └─────────┘
            甲の利益 600   Aの利益 200
           └─────────┬─────────┘
                合算利益 800
```

6．長 所

① 柔軟性がある（比較対象取引等がないユニークな無形資産取引等に対しても、それらの特性を勘案した処理が可能となる）。
② 取引の当事者双方が評価の対象とされるため、いずれか一方の当事者に極端な利益が残るという結果になる可能性が低い。

7．短 所

① 各関連者への配分が主観的なものとなりやすい。
② 取引に関連する適正営業費用の額を把握し、コストをその取引と他の取引とに配分することが難しい（損益の「切り出し」が困難）。

8．OECD移転価格ガイドライン

　OECD移転価格ガイドラインでは、利益分割法は、関連者間取引において独立企業が実現を期待したであろう利益を分割することにより、その関

連者間取引において設定または課された特別の条件が利益に与える影響を排除しようとするものであるとしています[6]。

まず初めに分割対象利益を把握し、次にその利益を経済的に合理的な基準により各関連者に分割します。

なおOECD移転価格ガイドラインでは、営業利益のみならず粗利益を分割することが適切な場合もあるとしています。

---

6 OECD移転価格ガイドライン3.5

V-11　取引単位営業利益法
(TNMM=Transactional Net Margin Method)

ポイント

- 比較対象取引の営業利益率を基準として国外関連取引の独立企業間価格を求める方法であり、比較対象取引の営業利益率と同水準の利益率を得ていれば、その国外関連取引は独立企業間価格で行われていると考えます。
- この方法は利益分割法と同様に、基本三法を用いることができない場合に限り採用することができる方法です。
- 利益分割法との優劣関係はありません。

1．取引単位営業利益法

1 法人が国外関連者から棚卸資産を購入し、非関連者へ販売する場合

　国外関連者から棚卸資産を購入した法人が非関連者に対して棚卸資産を販売した再販売価格から、次の金額の合計額を控除した金額を国外関連取引の対価の額とする方法をいいます[1]。
　① 上記再販売価格に次のa÷bの割合（売上高営業利益率）を乗じて計算した金額
　　a　比較対象取引に係る棚卸資産の販売による営業利益の額の合計額

---

[1] 措令39の12⑧二

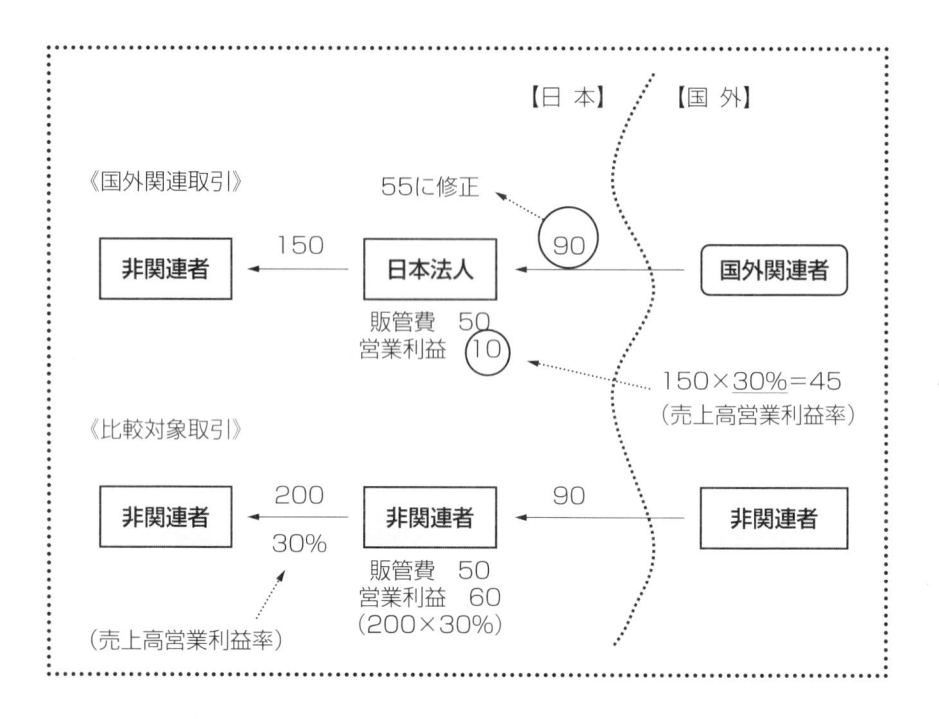

```
┌─────────────────────────────────────────────────────────┐
│                          【日本】 【国外】                │
│                                                         │
│ 《国外関連取引》      55に修正                           │
│                          ↘                              │
│  ┌──────┐    150    ┌──────┐   ⑨⓪   ┌────────┐        │
│  │非関連者│ ←─────── │日本法人│ ←────── │国外関連者│      │
│  └──────┘           └──────┘          └────────┘        │
│                     販管費  50                          │
│                     営業利益 ⑩                          │
│                                 150×30%＝45             │
│                                 （売上高営業利益率）      │
│                                                         │
│ 《比較対象取引》                                         │
│                      200                                │
│  ┌──────┐  ←─────── ┌──────┐   90    ┌──────┐          │
│  │非関連者│           │非関連者│ ←────── │非関連者│        │
│  └──────┘   30%      └──────┘          └──────┘         │
│                     販管費  50                          │
│                     営業利益 60                         │
│  （売上高営業利益率）  （200×30%）                       │
└─────────────────────────────────────────────────────────┘
```

　　b　比較対象取引に係る棚卸資産の販売による収入金額の合計額
　②　棚卸資産の販売のために要した販売費及び一般管理費の額

2 法人が非関連者から棚卸資産を購入し、国外関連者に販売する場合

　非関連者から棚卸資産を購入した法人の取得原価の額に、次の金額の合計額を加算した金額を国外関連取引の対価の額とする方法をいいます[2]。
　①　次のaの金額にb÷cの割合（総費用営業利益率）を乗じて計算した金額
　　a　次の金額の合計額
　　　(a)　取得原価の額

2　措令39の12⑧三

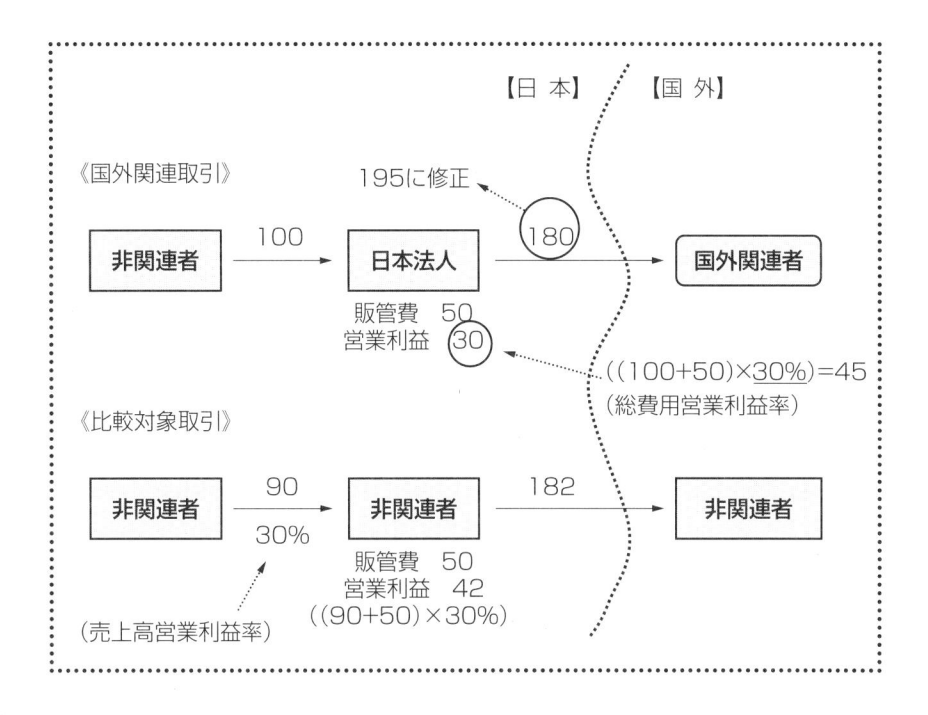

```
《国外関連取引》                    【日 本】 【国 外】
                         195に修正
  非関連者  ──100──▶  日本法人  ──180──▶  国外関連者
                      販管費  50
                      営業利益 30  ◀┈┈ ((100+50)×30%)=45
                                       (総費用営業利益率)

《比較対象取引》
  非関連者  ──90──▶  非関連者  ──182──▶  非関連者
           30%         販管費  50
                      営業利益 42
                      ((90+50)×30%)
  (売上高営業利益率)
```

  (b) 国外関連取引に係る棚卸資産の販売のために要した販売費及び一般管理費の額
  b 比較対象取引に係る棚卸資産の販売による営業利益の額の合計額
  c 比較対象取引に係る棚卸資産の販売による収入金額の合計額からbの金額を控除した金額
② 上記a(b)の金額

なお、12いずれの場合の割合であっても、比較対象取引との間に機能その他の差異があるときは、その差異により生ずる割合の差について必要な調整を加えた後の割合を用いることとなります。

2．長 所

① 営業利益指標は独立価格比準法の下で用いられる価格に比べて取引上の差異による影響が少ない。
② 再販売価格基準法や原価基準法で用いられる指標と比べても機能差異の影響を受けにくい。
③ 複数の関連者が果たした機能や担った責任を判定する必要がない。

3．短 所

① 営業利益は商品や製品の価格以外の要因（販売費及び一般管理費の内容）により影響を受ける可能性がある。
② 関連者の一方の利益率に対して適用されるため、相手方の関連者における利益率が適正ではないケースがある。

4．OECD移転価格ガイドライン

　OECD移転価格ガイドラインでは、取引単位営業利益法は、納税者が一つの関連取引（または一括されるのが適当である複数の取引）から実現する適切な基準（例えば、原価、売上げ、資産）に対する営業利益を調べるものであるとされています。そして納税者の関連取引に係る営業利益は、理想的には、比較可能な非関連者間取引において同じ納税者が得る営業利益を参考にして決定されるべきであるとされています[3]。

3　OECD移転価格ガイドライン3.26

V-12　移転価格調査

> **ポイント**
> - 形式的な検討ではなく、個々の取引実態に即した検討を行うという調査の方針が出されています。
> - 課税当局には推定課税が認められています。
> - 移転価格による更正期間は6年です。

1．調査の方針

　移転価格の税務調査は、原則として通常の法人税調査時に行われることとなっていますが、取引の内容、取引条件等の分析に多大な時間を要するほか、国外の関係会社などからの情報収集も必要となるため、一般に長期間に及ぶ傾向があります。

　移転価格事務運営指針において調査の方針が打ち出されており[1]、その方針によれば、調査にあたっては移転価格税制上の問題の有無を的確に判断するために、例えば次の事項に配意して国外関連取引を検討するとあります。また、形式的な検討に陥ることなく個々の取引実態に即した検討を行うことに配意すべきとも記載されています。

① 内部比較対象取引との利益率比較

　法人の国外関連取引に係る売上総利益率または営業利益率等（「利益率等」）が、同様の市場で法人が非関連者と行う取引のうち、規模、取引段

---

[1] 事務運営指針2-1

階その他の内容が類似する取引に係る利益率等に比べて過少となっていないかどうか。

2 外部比較対象取引との利益率比較

　法人の国外関連取引に係る利益率等が、その国外関連取引に係る事業と同種で、規模、取引段階その他の内容が類似する事業を営む非関連者である他の法人のその事業に係る利益率等に比べて過少となっていないかどうか。

3 法人と国外関連者の利益額比較

　法人及び国外関連者が国外関連取引において果たす機能または負担するリスク等を勘案した結果、法人のその国外関連取引に係る利益が、その国外関連者のその国外関連取引に係る利益に比べて相対的に過少となっていないかどうか。

　実務上、1の内部比較対象取引が存在するケースはあまり見られません。2の外部比較対象取引も適切な対象取引を選択することは非常に困難です。したがって3にあるように、法人と国外関連者の果たす機能や負っているリスク等を勘案した上で適正な利益額等を計算するケースが多い傾向にあります。

2．推定課税

　「推定課税」とは、調査に際し当局より独立企業間価格の算定に必要と認められる帳簿書類等の提示または提出を求められたにもかかわらず、法人がその帳簿書類等を遅滞なく提示または提出をしなかった場合に、課税当局が同業他社等から入手した資料を基に算定した金額を、独立企業間価格と推定して課税することをいいます[2]。

2　措法66の4⑦

上記のとおり「独立企業間価格の算定に必要と認められる帳簿書類等」を提示または提出しなければならないのですが、中にはこの帳簿書類等の内容について当局と意見の相違が生まれ、納税者側としては提出したと認識しているにもかかわらず、当局としては該当書類等の提出がないとして推定課税が行われてしまうケースも存在します。

 このような問題に対処するためにも、やはり移転価格の文書化を行うことが大切です（文書化については、V-15を参照下さい）。

 当局には同業他社等からの情報を入手するため質問検査権という権利が与えられており[3]、この権利を行使して入手する第三者間で行われた比較対象取引のことを俗に「シークレットコンパラ」と呼んでいます。

 このシークレットコンパラに係る取引当事者を特定できるような情報は、当局に課せられた守秘義務のため調査対象法人へは開示されません。

 なお、推定課税が行われた場合には、納税者側から調査対象の取引が独立企業間価格で行われていることを証明しない限り、当局の算定した価格が独立企業間価格となります。

3．移転価格による更正期間

 移転価格による更正期間は通常の法人税と異なり6年です[4]。

 移転価格の調査にあたっては、取引の内容、取引条件等の分析に多大な時間を要するほか、国外の関係会社などからの情報収集も必要となります。

 したがって、課税当局は、海外の関係会社の有する情報の提供を求めることができるようにされており、また、租税条約に基づく課税当局間の情報交換の途も開かれています。

---

[3] 措法66の4⑨
[4] 措法66の4⑯

しかしながら、課税当局がいかに効率的な調査を実施しようとしても、海外企業あるいは租税条約締結国の協力いかんにより調査が長引くことは避けられないという事情があります。
　このような事情から、移転価格による更正期間は6年とされています。

V-13　課税件数・課税金額 (参考)

> **ポイント**
> ◎ 移転価格調査による課税件数及び課税金額は、ともに増加傾向にあります。

1. 推移

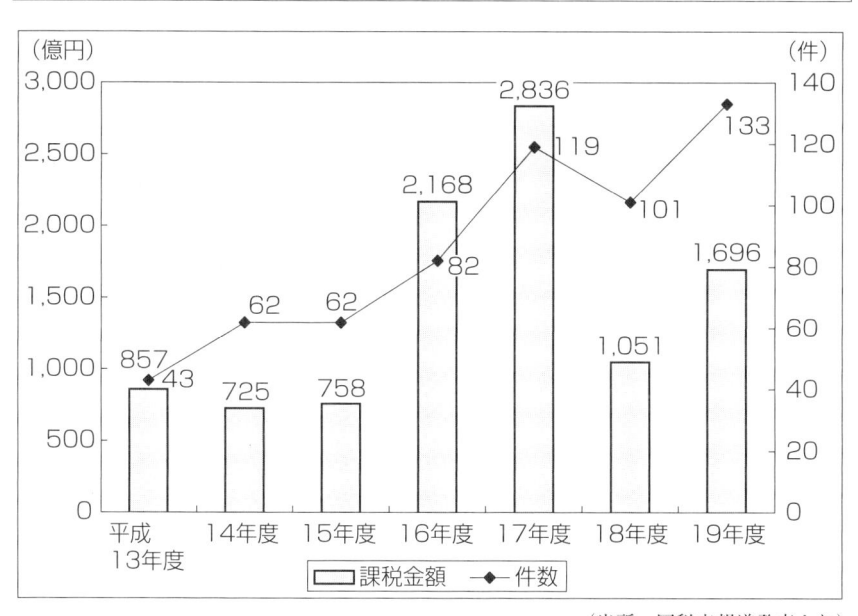

年度	課税金額（億円）	件数（件）
平成13年度	857	43
14年度	725	62
15年度	758	62
16年度	2,168	82
17年度	2,836	119
18年度	1,051	101
19年度	1,696	133

（出所：国税庁報道発表より）

　上記の推移表のとおり、移転価格調査の件数及び課税金額は右肩上がりの傾向にあります。

なお、平成16年度（平成16年7月1日～平成17年6月30日）及び平成17年度（平成17年7月1日～平成18年6月30日）の課税金額が突出しているのは、いくつかの大型案件があったためです。
　課税件数に衰えは見られませんので、今後も増加する傾向にあると思われます。

V-14　調査担当者推移(参考)

> **ポイント**
> ◎移転価格の調査担当者は増加傾向にあります。

1．推 移

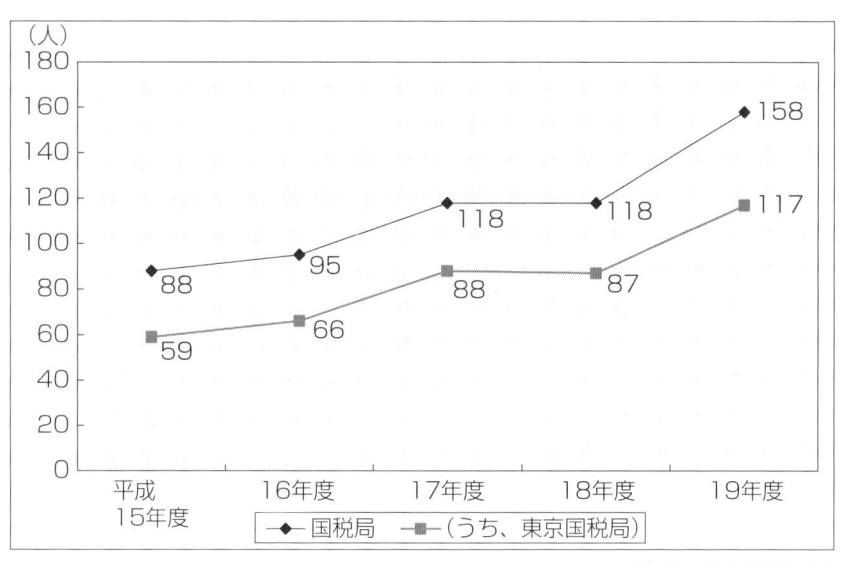

	平成15年度	16年度	17年度	18年度	19年度
国税局	88	95	118	118	158
(うち、東京国税局)	59	66	88	87	117

（出所：税務職員録より）

　上記の推移表のとおり、国税局における移転価格の調査担当者数は右肩上がりの傾向にあります。
　平成15年度から平成19年度の5年間で、およそ2倍の人数になっていることが見てとれます。

なお、全体の調査担当者のうちおよそ7割が東京国税局に在籍しています。

　移転価格税制の調査担当者が増加しているのは日本だけではありません。例えば米国は、移転価格税制の調査担当者を大幅に増やす計画を発表していますし、中国では移転価格の文書化が原則義務化されたことに伴い、移転価格税制に携わる担当者が増加するものと考えられます。

　このように、全世界的に移転価格税制への対応が強化されている傾向が見られます。

V-15　文書化

> **ポイント**
> - 移転価格でいう文書化（ドキュメンテーション：Documentation）とは、法人が国外関連者と行う国外関連取引について、その取引価格が独立企業間価格で行われていることを証明する文書を作成することです。
> - 文書化を行う前に、移転価格ポリシーを構築することが重要です。

1．日本における文書化

　平成21年7月現在、日本において文書化は義務化されていません。しかし、国外関連者を有する法人は法人税の確定申告書に別表17(3)を添付しなければならないことになっています。

　この別表17(3)では国外関連者の情報はもちろんのこと、独立企業間価格の算定方法のうちどの方法を用いて国外関連取引に係る取引価格を算定しているかを記載することとなっており、そのためには国外関連者との取引価格について検証を行う必要があります。

　さらに税務調査の際には、上記の検証を行った際に利用した書類等を基に税務当局が移転価格税制上の問題があるかどうかを判断することとされており、結果として一定の文書を準備する必要があります。

2．海外等における文書化

　欧米をはじめとした諸外国では文書化を義務化している国が多く、それらの国々に国外関連者を有する場合には注意が必要です。

　隣国の中国においても2008年度より一定の規模以上の国外関連取引を行う現地法人等に対して移転価格の文書化が義務化されるなど、文書化義務化の動きは徐々に広まっており、今後も増加していくものと予想されています。

　なお、OECD移転価格ガイドラインにおいても、納税者が国外関連取引について独立企業原則を満たしていることを示すために、最も有用な文書を特定するにあたって納税者に支援を与え、その結果、移転価格問題の解決と税務調査を円滑ならしめるための指針を、納税者に提供するための考慮すべき一般的な指針と規定しており[1]、文書化の重要性の高さがうかがえます。

3．移転価格ポリシーの構築

　「移転価格ポリシー」とは、移転価格に関する方針のことです。

　換言すれば「国外関連者との取引価格は、このような理由に基づいてこのような方法で決めています」という会社としての考え方のことです。

　移転価格ポリシーを構築することは、各関連者の利益配分を決定することに繋がり、グループ全体の実効税率等にも大きな影響を与えます。

　以下は、移転価格ポリシー構築の一般的な流れです。

① 関連会社間取引の把握
② 取引規模の把握（取引規模が大きいほうが一般的にリスクは高くなり

1　OECD移転価格ガイドライン5.1

ます)
③　取引の分類（無形資産の有無や各社の機能・リスクに応じた分類）
④　移転価格税制の更正リスクの把握
⑤　ビジネス上の目的の検証
⑥　移転価格ポリシーの構築（独立企業間価格の算定方法の選定）

　価格設定の際、移転価格税制のみを考慮して設定することはあまりなく、他のビジネス上の目的（この子会社では研究開発を行うため多くのキャッシュを残したい等）も考慮した上で設定されるのが通常です。

　ビジネス上の目的に沿った価格と移転価格税制を考慮した価格とは必ずしも一致しないケースもあり、いずれか一方のみを考慮したポリシーの構築にはリスクが伴います。

　したがって、移転価格ポリシー構築の際には会社内部だけではなく、外部の専門家を交えて検討を行うのもリスクを軽減する一つの手段です。

V-16　独立企業間価格との差額の取扱い

ポイント
- 国外関連取引における取引価格が独立企業間価格と異なる場合、それらの取引は独立企業間価格で行われたものとみなされます。
- 国外関連者に対する寄附金は、支出した全額が損金不算入となります。

1．独立企業間価格との差額

取引価格と独立企業間価格との差額（寄附金に該当するものは除きます）は、法人の益金の額に算入するまたは損金の額に算入しないこととなります[1]。

1 低額譲渡の例

《前提》

① 法人の所得金額　　　　　　　　　700（移転価格課税前）
② 国外関連者から支払われた対価の額　100
③ 独立企業間価格　　　　　　　　　300

この場合、②と③の差額200が益金算入とされ、所得金額は700＋200＝900となります。

1　措法66の4①

2 高価買入の例

《前提》

① 法人の所得金額　　　　　　　　700（移転価格課税前）
② 国外関連者に支払った対価の額　300
③ 独立企業間価格　　　　　　　　100

この場合、②と③の差額200が損金不算入とされ、所得金額は700＋200＝900となります。

2．損金不算入となる金額

損金不算入となる金額は、差額の全部または一部について国外関連者から返還を受けているかどうかにかかわらず差額の全額となります[2]。

なお、この差額の調整が寄附金の損金算入限度額や外国税額控除の控除限度額計算等に影響を与える場合には、それらについても再計算することになります。

3．国外関連者から返還を受けた場合

国外関連者から差額の全部または一部について返還を受けた場合には、その返還を受けた金額は原則として法人の益金の額に算入されます。

しかし、取引価格と独立企業間価格との差額が法人において益金算入または損金不算入として取り扱われることを考慮し、合理的な期間内に国外関連者から返還を受ける場合には、一定の事項を記載した書面を所轄税務署長または所轄国税局長に提出することによって返還を受けた金額を益金の額に算入しないこととすることができます[3]。

---

[2] 措通66の4(8)-1
[3] 措通66の4(8)-2

4．国外関連者に対する寄附金

　移転価格税制の適用対象となる国外関連取引は、対価の定めのある有償取引を前提としており、対価の授受を伴わない金銭の贈与や債務免除などの寄附行為は移転価格税制の対象にはならず、寄附金課税の対象になります。また、法人が寄附を行った場合、寄附金の種類にもよりますが、原則として全額が損金算入または一定の方法により計算した限度額に達するまでの金額が損金の額に算入されます[4]。

　仮に国外関連者に対する寄附金について、他の寄附金同様損金算入が認められる場合には、有償取引ではなく単なる金銭の贈与や債務免除といった行為によって所得が海外に移転し、さらに国内では損金算入されるといった事態が生じかねません。

　そこで、平成3年の税制改正によって、国外関連者に対する寄附金は全額が損金不算入として取り扱われるようになりました[5]。

4　法法37
5　措法66の4③

V-17　相互協議

> **ポイント**
> ○ 国際的二重課税を排除するために行われる協議のことです。

1．相互協議とは

「相互協議」とは、租税条約の規定に適合しない課税等により生じた国際的二重課税を排除するために行われる、2国間または多国間の協議のことです。

相互協議は日本が租税条約を締結している国としか行うことができないため、租税条約を締結していない、例えば香港や台湾とは行うことができない（平成21年7月末日現在）ので注意が必要です。

なお、相互協議は移転価格課税による場合のみならず、租税条約の解釈について両国間の見解に相違がある場合等においても行われます。

2．移転価格課税による場合の相互協議に係る納税猶予

平成19年度の税制改正で、移転価格税制におけるわが国と取引相手国との国際的な二重課税に伴う企業負担を軽減するため、更正または決定を受けた納税者が租税条約の相手国との相互協議の申立てをした上で申請をしたときは、その相互協議の期間中は、その協議に係る納税を猶予するという制度が導入されました[1]。

具体的には、移転価格税制による更正または決定を受けた者が、租税条

約の相手国との相互協議の申立てをした上で申請をしたときは、更正または決定に係る国税（相互協議の対象となるものに限ります）及びその加算税の額につき、納期限（申請の日が納期限よりも遅い場合には申請の日）から相互協議の合意に基づく更正があった日（合意に至らず相互協議が終了した場合には、国税庁長官がその旨を通知した日）の翌日から1月を経過する日までの期間、納税が猶予されます。

また税務署長等は、納税の猶予をする場合には、猶予する金額に相当する担保を徴することとなっています。

なお、納税の猶予をした国税に係る延滞税のうち猶予期間（申請の日が、猶予した国税の納期限以前の日である場合には、申請の日から納期限までの期間を含む）に対応する部分の金額は免除されます。

1　措法66の4の2

V-18　事前確認

> **ポイント**
> - 独立企業間価格の算定方法等が適正か否かについて、当局に事前に確認をする制度です。
> - 当局が確認を与えた場合には、納税者がその確認を受けた内容に基づいて申告を行っている限り移転価格課税は行われません。

1．事前確認制度とは

「事前確認」とは、税務署長または国税局長が、法人が採用する最も合理的と認められる独立企業間価格の算定方法及びその具体的内容等について確認を行うことをいいます。

事前確認の内容に適合した申告を行っている場合には、確認の対象となった取引は独立企業間価格で行われたものとして取り扱われます。なお、確認通知の前になされた確認の対象となった事業年度（「確認対象事業年度」）に係る申告が確認を受けた内容に適合していなかったため、当該確認対象事業年度に係る修正申告を要することになっても、当該修正申告には加算税は賦課されません。

なぜなら事前確認の目的は、移転価格課税に関する納税者の予測可能性を確保し、移転価格税制の適正・円滑な執行を図ることにあるからです。

2．事前確認の種類

　事前確認には、ユニラテラルの事前確認（自国のみによる確認）及び相互協議を伴う事前確認（自国及び相手国両方による確認）があります。

　「ユニラテラルの事前確認」は、日本国内において納税者が日本の税務当局に対して独立企業間価格の算定方法等について確認を求めるもので、この場合は国外関連取引の相手方が外国の税務当局に移転価格課税を受けるリスクは残りますが、相互協議を伴う事前確認に比べ、通常、確認に至るまでの処理が早くなります。

　一方、「相互協議を伴う事前確認」は、日本及び外国において、対象となるそれぞれの納税者が独立企業間価格の算定方法等について確認を求めると同時に、これらの内容について税務当局間での合意を求めるものであり、移転価格課税についての予測可能性を確保すると同時に二重課税のリスクを回避することを目的とします。

　相互協議を伴う事前確認では双方の国で移転価格課税のリスクが排除されることから、日本を含む多くの国で推奨されています。

《ユニラテラルの事前確認》

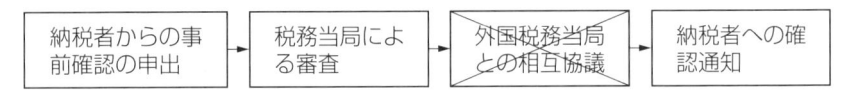

| 納税者からの事前確認の申出 | → | 税務当局による審査 | → | ~~外国税務当局との相互協議~~ | → | 納税者への確認通知 |

《相互協議を伴う事前確認》

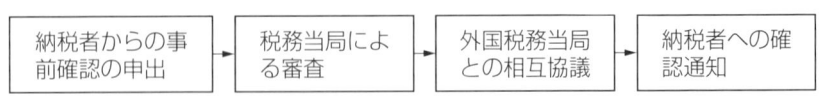

| 納税者からの事前確認の申出 | → | 税務当局による審査 | → | 外国税務当局との相互協議 | → | 納税者への確認通知 |

3．事前相談

　「事前相談」とは、事前確認を受けようとする納税者が、事前確認の申

出前に、事前確認を申し出ようとする独立企業間価格の算定方法等について局担当課と行う相談をいいます。なお、税理士等の代理人を通じた匿名での相談も可能です。

　事前相談においては、納税者と局担当課の双方が事前確認の申出に係る基本的な理解を共有することにより、資料の作成等に係る納税者の事務の軽減や申出後に事前確認審査を行う局担当課における審査事務の円滑化・迅速化といった効果が期待できます。

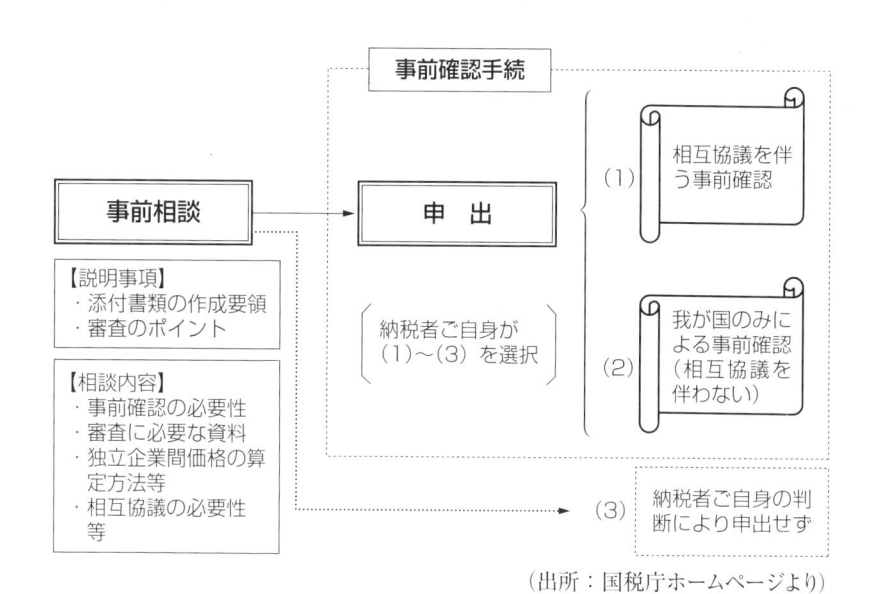

```
                            ┌─ 事前確認手続 ─────────────┐
                            │                              │
                            │                    (1) 相互協議を伴
                            │                        う事前確認
  ┌─────────┐              │    ┌─────┐
  │ 事前相談 │─────────────│───▶│ 申 出│
  └─────────┘              │    └─────┘   (2) 我が国のみに
  【説明事項】               │                  よる事前確認
  ・添付書類の作成要領       │   納税者ご自身が  （相互協議を
  ・審査のポイント           │   (1)～(3)を選択    伴わない）
                            │                              │
  【相談内容】               └──────────────────────────────┘
  ・事前確認の必要性
  ・審査に必要な資料
  ・独立企業間価格の算
    定方法等                                (3) 納税者ご自身の判
  ・相互協議の必要性                            断により申出せず
    等
```

（出所：国税庁ホームページより）

V-19 合意事案における独立企業間価格算定方法

ポイント

- 相互協議を伴う事前確認の合意事案では、取引単位営業利益法の件数が顕著となっています。

1．独立企業間価格算定方法別内訳

　次ページのグラフは、相互協議を伴う事前確認の合意事案における各算定方法の内訳です。

　取引単位営業利益法は平成16年度税制改正で導入されたため、平成13事務年度ではゼロとなっています。

　いずれの方法も採用はありますが、特に取引単位営業利益法の件数が顕著となっています。

　このことから、独立企業間価格の算定方法が「取引」そのものよりも「利益率（特に営業利益率）」に着目したものになってきている傾向が伺えます。

　このことから、独立企業間価格の算定方法が、取引される棚卸資産等そのものの「取引価格」よりも「利益率（特に営業利益率）」に着目したものに移行している傾向が伺えます。これは、取引価格に着目した算定方法では、取引される棚卸資産等が同種のものに限られるなど、その適用の難しさが理由の一つと考えられます。

　利益率に着目した算定方法の利用が増加していることから、取引される

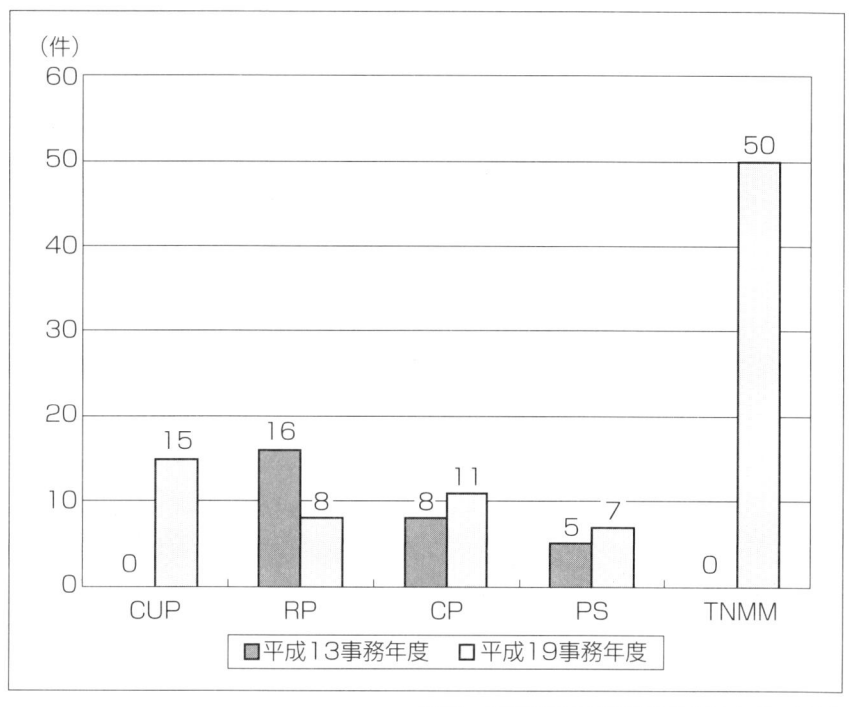

(出所：国税庁平成19事務年度APAレポートより)

※各算定方法の名称
　CUP＝独立価格比準法
　RP＝再販売価格基準法
　CP＝原価基準法
　PS＝利益分割法
　TNMM＝取引単位営業利益法

棚卸資産等そのものの価格よりも、その棚卸資産等の利益率を正確に把握する重要性が増しています。

V-20　OECD 移転価格ガイドライン

ポイント
- 移転価格課税に関する国際的な規範となるガイドラインです。
- 法的拘束力はありません。

1．内　容

　正式には、Transfer Pricing Guidelines for Multinational Enterprises and Tax Administrations（多国籍企業と税務当局のための移転価格算定に関する指針）といいます。

　OECD内の委員会組織である租税委員会が、多国籍企業に関する移転価格及びそれに関連する税務上の問題について、各国の税務当局と多国籍企業双方にとっての解決の方策を示したものです。最新のものは1999年（平成11年）に発表されたものです。

　このガイドライン自体は法的拘束力を持つものではありませんが、国際的な規範として機能しています。

　日本においても、移転価格税制及びその執行において当該ガイドラインを尊重しており、税制の内容も当該ガイドラインとほぼ整合するものとなっています。

第Ⅵ章
外国子会社合算税制

Ⅵ-1　外国子会社合算税制の概要

ポイント

- 租税負担が著しく低い国にペーパーカンパニーを設立し、日本の税金を免れている法人等に適用される制度です。
- この制度の対象となる外国子会社等がある場合には、その外国子会社等の税引後所得金額に相当する金額は、内国法人等の所得に合算されます。
- ただし、事業実体がある等の適用除外要件を満たす場合には、この制度は適用されません。

1．外国子会社合算税制（タックス・ヘイブン対策税制）とは

　「タックス・ヘイブン」とは「税の回避地」という意味で、所得税や法人税が全く存在しないか、税負担割合が著しく低い国または地域のことをいいます。経済の国際化の進展に伴い、このタックス・ヘイブンを利用して租税負担を不当に軽減する行為が行われるようになりました。具体的には、タックス・ヘイブンに子会社等を設立し、この子会社等に利益が計上されるようなスキームを構築、さらに、この子会社等の利益を留保するといった方法が採られます。代表的なタックス・ヘイブンとしてはケイマン、パナマ、香港等があげられます。

　このような租税回避行為に対処するために、日本においては、昭和53年に外国子会社合算税制（タックス・ヘイブン対策税制）が創設されました。

2．制度の概要

　この制度は、日本の居住者及び内国法人等によって、その発行済株式等の50％を超える株式等を直接及び間接に保有されている外国法人（これを「外国関係会社」といいます）で、その本店または主たる事務所の所在地におけるその法人の所得に対する税の負担が、日本において課される税の負担に比して著しく低いもの（これを「特定外国子会社等」といいます）について、その税引後所得金額に相当する金額のうち、内国法人の保有する株式等に対応する部分の金額（これを「課税対象金額」といいます）については、その内国法人の所得に合算して課税するものです[1]。

　なお、この制度は法人だけでなく、個人も対象とされます。

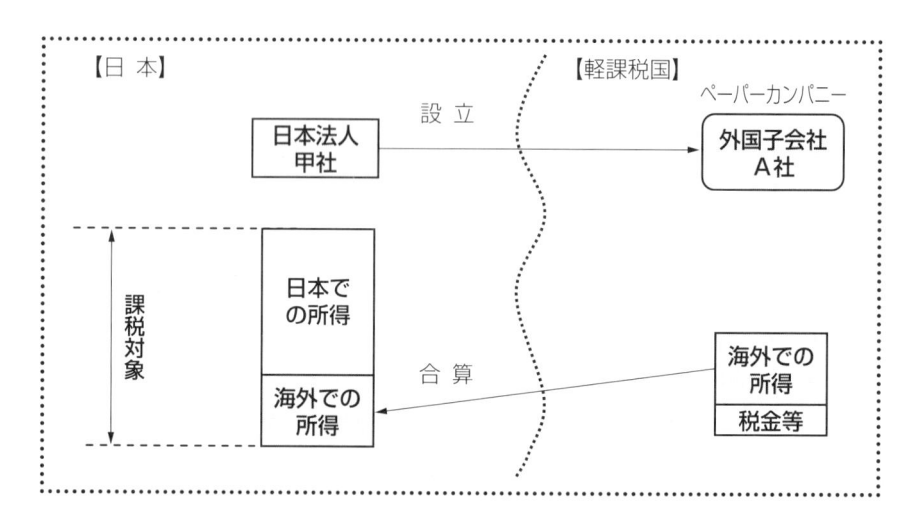

1　措法66の6①

3．適用除外

　この制度は、軽課税国に所在するペーパーカンパニーを利用した租税回避行為を防止するために設けられているものですので、租税回避を意図していない外国子会社等に対しては、適用対象としていません。

　つまり、当該特定外国子会社等が独立企業としての実体を備え、かつ、その本店または主たる事務所の所在地において事業活動を行うことについて十分な経済合理性があると認められる等の一定の要件に該当する場合には、この合算課税は行わないことになります。

　具体的には、①事業基準、②実体基準、③管理支配基準、④非関連者基準または所在国基準のすべての要件を満たすか否かで判定することになります。なお、これらの基準についてはⅥ-4を参照して下さい。

Ⅵ-2　適用対象となる法人及び個人

> **ポイント**
> - 居住者及び内国法人等によって、50％超の株式等を保有されている外国法人の株式等を5％以上保有している法人及び個人が、外国子会社合算税制の適用対象となります。
> - 議決権及び配当請求権について、特別の定めがある株式等を発行している場合には、特殊な割合計算が行われます。
> - 適用対象となるかどうかの判定は、その外国法人の各事業年度終了の時の現況により行われます。

1．適用対象となる内国法人

　外国子会社合算税制が適用されるのは、外国関係会社（日本の居住者及び内国法人ならびに特殊関係非居住者によって、その発行済株式等の50％を超える株式等を直接及び間接に保有されている外国法人）の発行済株式等の5％以上を単独で保有している内国法人と、同一の株主グループとして5％以上を保有しているそのグループに属する内国法人です。

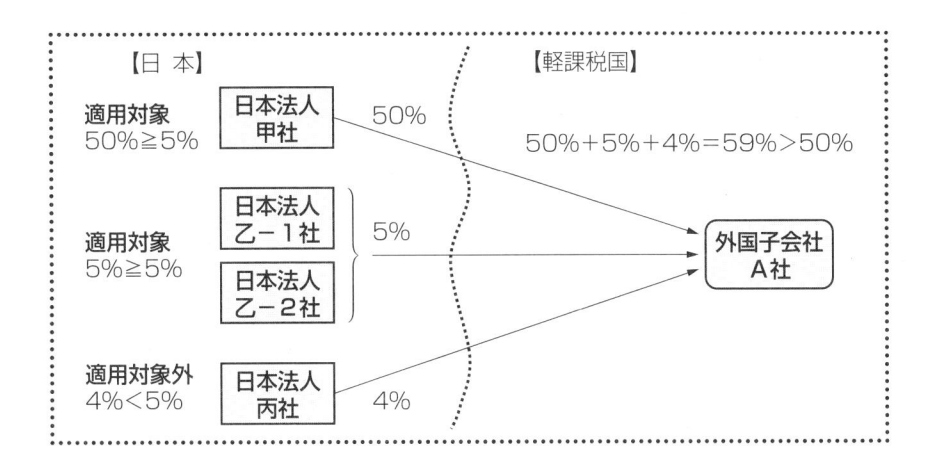

```
┌─────────────────────────────────────────────────────────────┐
│  【日 本】                    【軽課税国】                    │
│ 適用対象   ┌──────┐                                          │
│ 50%≧5%   │日本法人│ 50%                                      │
│          │ 甲社  │──────  50%+5%+4%=59%＞50%                │
│          └──────┘                                           │
│          ┌──────┐                                           │
│ 適用対象   │日本法人│                                          │
│ 5%≧5%    │ 乙-1社│┐ 5%                    ┌──────┐          │
│          └──────┘├─────────────────────→│外国子会社│         │
│          ┌──────┐│                       │ A社   │          │
│          │日本法人│┘                      └──────┘          │
│          │ 乙-2社│                                          │
│          └──────┘                                           │
│          ┌──────┐                                           │
│ 適用対象外 │日本法人│                                          │
│ 4%＜5%    │ 丙社  │ 4%                                       │
│          └──────┘                                           │
└─────────────────────────────────────────────────────────────┘
```

　ただし、その外国関係会社の発行する株式等のうちに議決権の数が1個でない株式等がある場合には、その保有割合と次の区分に応じたそれぞれの割合のいずれか高い割合で判定することになります[1]。

	株式等の種類	割合の算定方法
①	議決権の数が1個でない株式等を発行している法人（③の法人を除きます）	内国法人または内国法人の属する同族グループが有する外国関係会社の直接及び間接保有の議決権の数 / 外国関係会社の議決権の総数
②	請求権の内容が異なる株式等を発行している法人（③の法人を除きます）	内国法人または内国法人の属する同族グループが有する外国関係会社の直接及び間接保有の請求権に基づく剰余金の配当等の額 / 外国関係会社の株式等の請求権に基づき受けることができる剰余金の配当等の総額
③	議決権の数が1個でない株式等及び請求権の内容が異なる株式等を発行している法人	①または②のいずれか高い割合

1　措法66の6①一

2．特殊関係非居住者

1に規定する「特殊関係非居住者」とは、次に掲げる者をいいます[2]。
① 居住者の親族
② 居住者と婚姻の届出をしていないが、事実上婚姻関係と同様の事情にある者
③ 居住者の使用人
④ ①から③以外の者で、居住者から受ける金銭その他の資産によって生計を維持しているもの
⑤ ①から③の者と生計を一にするこれらの親族
⑥ 内国法人の役員及びその役員に係る特殊関係使用人

3．適用対象となる個人

この制度は、法人だけでなく個人についても適用されます。**1**と同様に外国関係会社の発行済株式等の5％以上を保有している居住者と同一の株主グループとして5％以上を保有しているそのグループに属する居住者は外国子会社合算税制が適用されます[3]。

制度の内容は、法人と同様に考えて下さい。

4．直接及び間接保有の割合計算

直接及び間接保有の割合は、直接の保有割合に他の会社を通じて間接的に保有する割合を合算することにより計算されます。間接的に保有する場合で、その関係が連鎖的になっている場合には、それぞれの段階において

---

2 措令39の14③
3 措法40の4〜6

保有割合を順次乗じて計算した割合となります。具体的には、下図を参照して下さい。

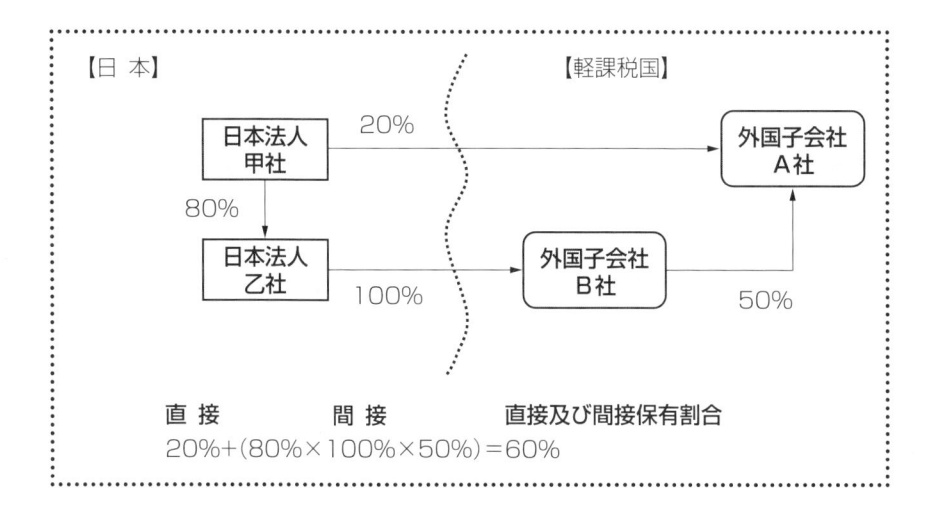

```
【日本】                          【軽課税国】
  ┌─────────┐      20%        ┌─────────┐
  │日本法人 │ ───────────────→│外国子会社│
  │ 甲社    │                  │  A社    │
  └────┬────┘                  └─────────┘
       │80%                         ↑
       ↓                            │50%
  ┌─────────┐     100%         ┌─────────┐
  │日本法人 │ ────────────────→│外国子会社│
  │ 乙社    │                  │  B社    │
  └─────────┘                  └─────────┘

    直接        間接       直接及び間接保有割合
    20%＋(80%×100%×50%)＝60%
```

5．判定時期

　外国法人が外国関係会社に該当するかどうかの判定及び内国法人が外国子会社合算税制の適用を受ける納税義務者に該当するかどうかの判定は、いずれも、その外国法人の各事業年度終了の時の現況によることとされています[4]。

4　措令39の20①

Ⅵ-3　特定外国子会社等

> **ポイント**
> - 外国子会社合算税制の対象となる軽課税国に所在する法人を「特定外国子会社等」といいます。
> - 特定外国子会社等とは、外国関係会社のうち軽課税国に所在するものをいいます。
> - 税率25%以下の国が軽課税国に該当します。

1．特定外国子会社等

　外国子会社合算税制の対象となる軽課税国に所在する法人は、「特定外国子会社等」と呼ばれ、外国関係会社のうち下記の①または②のいずれかの要件を満たすものをいいます[1]。

① 法人の所得に対して課される税が存在しない国または地域に本店または主たる事務所を有するもの

② その各事業年度の所得に対して課される租税の額が、当該所得金額の25%以下であるもの

1　措令39の14①

【特定外国子会社等のイメージ図】

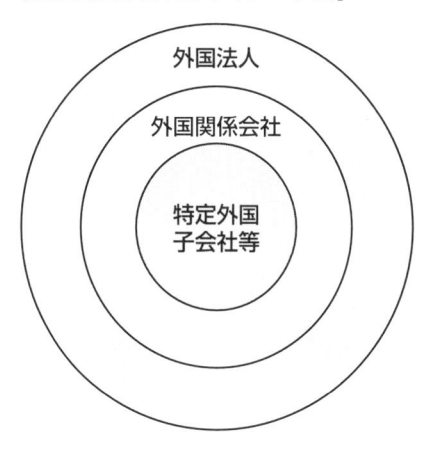

外国法人
外国関係会社
特定外国子会社等

2．外国関係会社

「外国関係会社」とは、外国法人の発行済株式等（自己株式を除きます）のうちに居住者及び内国法人ならびに特殊関係非居住者が有する直接及び間接の保有割合が50％を超えるものをいいます。

ただし、その外国法人の発行する株式等のうちに議決権の数が1個でない株式等がある場合には、その保有割合と次ページ表の区分に応じたそれぞれの割合のいずれか高い割合で判定することになります[2]。

3．特殊関係非居住者

2における「特殊関係非居住者」とは、次に掲げる者をいいます[3]。

① 居住者の親族
② 居住者と婚姻の届出をしていないが、事実上婚姻関係と同様の事情

2　措法66の6②

	株式等の種類	割合の算定方法
①	議決権の数が1個でない株式等を発行している法人（③の法人を除きます）	居住者及び内国法人ならびに特殊関係非居住者が有する外国法人の直接及び間接保有の議決権の数の合計額 / 外国法人の議決権の総数
②	請求権の内容が異なる株式等を発行している法人（③の法人を除きます）	居住者及び内国法人ならびに特殊関係非居住者が有する外国法人の直接及び間接保有の請求権に基づく剰余金の配当等の額の合計額 / 外国法人の株式等の請求権に基づき受けることができる剰余金の配当等の総額
③	議決権の数が1個でない株式等及び請求権の内容が異なる株式等を発行している法人	①または②のいずれか高い割合

にある者
③ 居住者の使用人
④ ①から③に掲げる者以外の者で、居住者から受ける金銭その他の資産によって生計を維持しているもの
⑤ ①から③の者と生計を一にするこれらの者の親族
⑥ 内国法人の役員及びその役員に係る特殊関係使用人

4．租税負担が25％以下の判定

　特定外国子会社等に該当するか否かの判定の要件である「その各事業年度の所得に対して課される租税の額が、当該所得金額の25％以下であるもの」における25％は、基本的には、外国法人税の額÷所得金額で計算されますが、厳密には、各事業年度ごとに下記の算式によって判定します[4]。

3　措令39の14③
4　措令39の14②

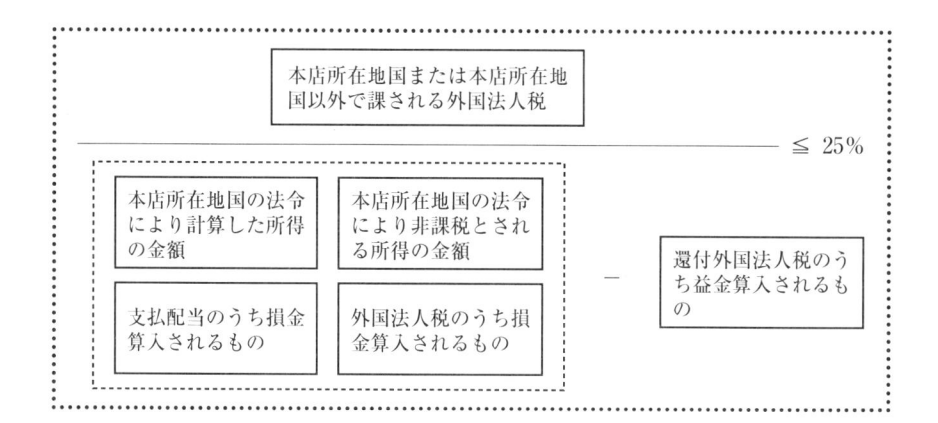

```
          本店所在地国または本店所在地
          国以外で課される外国法人税
─────────────────────────────────────── ≦ 25%
 ┌─────────────┬─────────────┐
 │本店所在地国の法令│本店所在地国の法令│      ┌─────────────┐
 │により計算した所得│により非課税とされ│      │還付外国法人税のう│
 │の金額      │る所得の金額   │      │ち益金算入されるも│
 ├─────────────┼─────────────┤  −   │の        │
 │支払配当のうち損金│外国法人税のうち損│      └─────────────┘
 │算入されるもの  │金算入されるもの │
 └─────────────┴─────────────┘
```

 なお、外国法人税の税率が所得の額に応じて高くなる場合には、上記の算式における分子の外国法人税の額を、その税率のうち最も高い税率で算定した外国法人税の額とすることができます。

Ⅵ-4　適用除外

> **ポイント**
> - 特定外国子会社等がペーパーカンパニーではなく、独立企業としての実体を備えているような場合には、外国子会社合算税制は適用除外となります。
> - 適用除外の適用を受けるには、①事業基準、②実体基準、③管理支配基準、④非関連者基準・所在地国基準の4つの基準すべてを満たす必要があります。
> - 適用除外の適用を受ける場合には、確定申告書にその旨を記載した書類を添付しなければなりません。

1．適用除外規定が設けられている理由

「外国子会社合算税制」は、軽課税国に実体のない子会社等を設立し、その子会社等に利益を計上することにより日本の課税を免れるといった租税回避行為に対処するために設けられた制度です。

したがって、その子会社等が独立企業としての実体を備え、かつ、その国において事業活動を行うことについて十分な経済的合理性がある場合には、外国子会社合算税制を適用する必要がないことから、その子会社等が一定の要件を満たす場合には、外国子会社合算税制を適用しないという適用除外規定が設けられています。

2．適用除外規定

特定外国子会社等が次に掲げる基準のすべてを満たす場合には、外国子会社合算税制の適用はありません[1]。

① 事業基準
② 実体基準
③ 管理支配基準
④ 非関連者基準・所在地国基準

3．事業基準

特定外国子会社等の主たる事業が、次の①から③以外の事業であること。

① 株式（出資を含みます）または債権の保有
② 工業所有権その他の技術に関する権利、特別の技術による生産方式またはこれらに準ずる（これらの権利に関する使用権を含みます）または著作権（出版権及び著作隣接権その他これに準ずるものを含みます）の提供
③ 船舶または航空機の貸付（裸用船・機に限ります）

4．実体基準

特定外国子会社等が本店または主たる事務所の所在する国または地域において、その主たる事業を行うに必要と認められる事務所、店舗、工場その他の固定施設を有していること。

1　措法66の6③、④

5．管理支配基準

　特定外国子会社等が、本店所在地国において、事業の管理、支配及び運営を自ら行っていること。

　事業の管理、支配及び運営を自ら行っているかどうかは、以下の基準により総合的に勘案して判断されます。

　① 特定外国子会社等の株主総会及び取締役会等の開催場所
　② 役員としての職務執行場所
　③ 会計帳簿の作成及び保管等が行われている場所
　④ その他の状況

6．非関連者基準・所在地国基準

　特定外国子会社等の主たる事業が卸売業、銀行業、信託業、金融商品取引業、保険業、水運業または航空運送業である場合…非関連者基準を満たす必要があります。

　特定外国子会社等の主たる事業が上記の事業以外の事業である場合…所在地国基準を満たす必要があります。

1 非関連者基準

　特定外国子会社等の主たる事業を、主として非関連者との間で行っていること。

　主たる事業を主として非関連者との間で行っているか否かの判断は、次に掲げる事業の区分に応じて行われます[2]。

　① 卸売業
　　各事業年度の売上高または仕入高のいずれかの50％超を非関連者との

2　措令39の17②

取引で占める場合
② 銀行業
　各事業年度の受取利息または支払利息のいずれかの50％超を非関連者との取引で占める場合
③ 信託業
　各事業年度の信託報酬の50％超を非関連者との取引で占める場合
④ 金融商品取引業
　各事業年度の受取手数料の50％超を非関連者との取引で占める場合
⑤ 保険業
　各事業年度の収入保険料の50％超を非関連者との取引で占める場合
⑥ 水運業または航空運送業
　各事業年度の船舶または航空機の運航及び貸付による収入金額の50％超を非関連者との取引で占める場合

なお、「非関連者基準における非関連者」とは、本税制の適用を受ける内国法人、居住者及びその同族関係者等以外の者をいいます。

2 所在地国基準

特定外国子会社等の主たる事業を、本店所在地国において行っていること。

　主たる事業を本店所在地国で行っているか否かの判断は、次に掲げる事業の区分に応じて行われます[3]。
① 不動産業
　主として本店所在地国にある不動産（不動産の上に存する権利を含みます）の売買、貸付、当該不動産の売買または貸付の代理または媒介及び当該不動産の管理を行っている場合
② 物品賃貸業

3　措令39の17⑤

主として本店所在地国において使用に供される物品の貸付を行っている場合
　③　その他の事業（非関連者基準が適用される事業は除きます）
　　主として本店所在地国において行っている場合

7．適用除外である旨の証明

　適用除外を受けようとする内国法人は、確定申告書にその旨を記載した書類を添付し、かつ、その旨を明らかにする書類その他の資料を保存しなければなりません[4]。

　具体的には、別表17(2)を確定申告書に添付することになります。

4　措法66の6⑥

VI-5　課税対象金額の計算

> **ポイント**
> - 内国法人の所得に合算する課税対象金額は、特定外国子会社等の有する適用対象金額に直接及び間接の保有割合を乗ずる方法により計算します。
> - 課税対象金額を内国法人の所得に合算するタイミングは、特定外国子会社等の各事業年度終了の日の翌日から2か月を経過する日を含む内国法人の事業年度となります。
> - 課税対象金額の換算レートは、特定外国子会社等の各事業年度終了の日の翌日から2か月を経過する日のTTM、または内国法人の事業年度終了の日のTTMとなります。

1．課税対象金額の計算プロセス

　特定外国子会社等が、各事業年度において、1適用対象金額を有する場合には、その適用対象金額のうち、内国法人の有する特定外国子会社等の直接及び間接保有の株式等の請求権に対応するものとして計算される2課税対象金額に相当する金額を、その内国法人の収益の額とみなして、その各事業年度終了の日の翌日から2か月を経過する日を含むその内国法人の各事業年度の所得の金額の計算上、益金の額に算入されます[1]。

1　措法66の6①

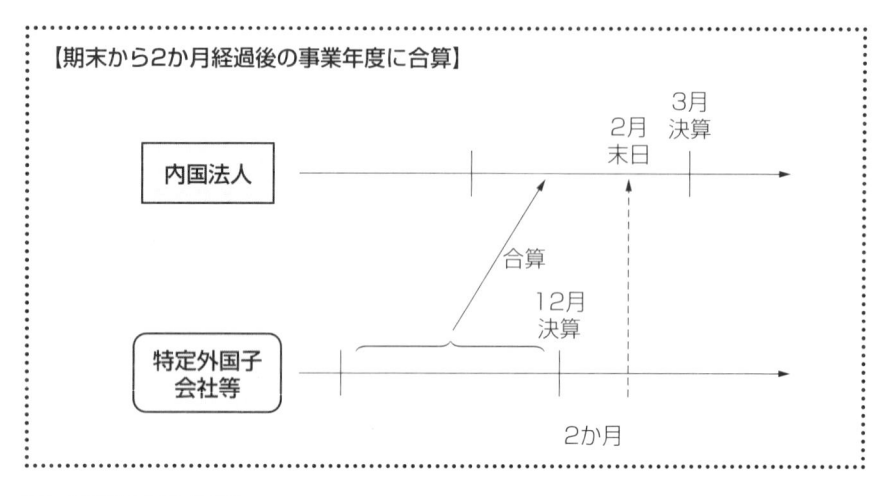

```
┌┄┄┄┄┄┄┄┄┄┄┄┄┄┄┄┄┄┄┄┄┄┄┄┄┄┄┄┄┄┄┄┄┄┄┄┄┄┄┄┄┄┐
│ 【期末から2か月経過後の事業年度に合算】              │
│                                    3月      │
│                               2月   決算     │
│                               末   │
│    ┌──────┐              │    日  │
│    │ 内国法人 │──────────┼────┼──→  │
│    └──────┘           ↗   │    │
│                     合算   │          │
│                   ↗       12月        │
│                  ↗        決算        │
│    ┌──────┐    ⌒⌒⌒⌒⌒      │
│    │特定外国子│────┼──────┼────┼──→  │
│    │ 会社等 │    │      │    │
│    └──────┘    │      │    │
│                 ←── 2か月 ──→            │
└┄┄┄┄┄┄┄┄┄┄┄┄┄┄┄┄┄┄┄┄┄┄┄┄┄┄┄┄┄┄┄┄┄┄┄┄┄┄┄┄┄┘
```

1 適用対象金額

「適用対象金額」とは、特定外国子会社等の各事業年度の決算に基づく所得の金額に法人税法等の基準により計算した金額（これを「基準所得金額」といいます）から前7年以内の繰越欠損金額及び特定外国子会社等が納付することとなる法人所得税の額を控除した金額をいいます[2]。

なお、「Ⅵ-4　適用除外」における「非関連者基準・所在地国基準」を満たさなかった場合においても、「事業基準」、「実体基準」、「管理支配基準」のいずれかの要件を満たした場合には、上記の基準所得金額から特定外国子会社の事業に従事する者の人件費の10％相当額を控除することができます[3]。

2 課税対象金額

「課税対象金額」とは、適用対象金額に、特定外国子会社等の各事業年度終了の時における発行済株式等のうちに、内国法人の有する請求権勘案保有株式等の占める割合を乗じて計算した金額をいいます。

なお、「請求権勘案保有株式等の占める割合」とは、剰余金の配当につ

2　措法66の6②二、措令39の15⑤
3　措法66の6③

【課税対象金額の計算の流れ】

特定外国子会社等の各事業年度の所得の金額	基準所得金額	繰越欠損金 / 法人所得税 / 適用対象金額		課税対象金額
100	120	40 / 30 / 50	× 60% =	30

法人税法等の基準により計算　　　　　　請求権勘案株式等の占める割合

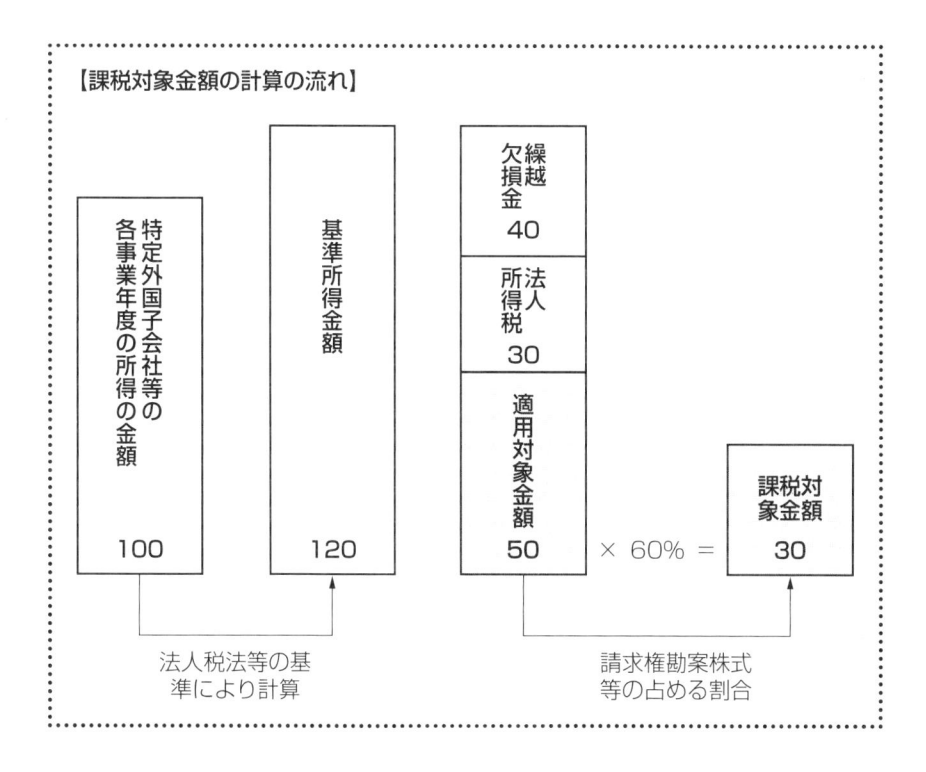

き請求権の内容が異なる株式等が発行されている場合には、剰余金の配当総額のうち当該配当請求権の占める割合をいいます[4]。

2．基準所得金額の計算

　適用対象金額の計算の根拠となる「基準所得金額」とは、特定外国子会社等の各事業年度の決算に基づく所得の金額につき法人税法及び租税特別措置法による各事業年度の所得の金額の計算に準ずる一定の基準により計算した金額となります。

4　措令39の16

一定の基準による計算には、日本の法人税法等の基準に従って行うのが原則とされています[5]が、本店所在地国の法令に基づき計算した金額に一定の調整を行う方法を採用することもできます[6]。

　いずれの方法を採用するかは任意となりますが、継続適用が要求されています。また、一度、採用した方法を変更する場合には、あらかじめ納税地の所轄税務署長に承認を受ける必要があります[7]。

1　日本の法人税法等の基準に従って計算する場合

　次の算式（Ⓐ－Ⓑ）により計算した金額となります。

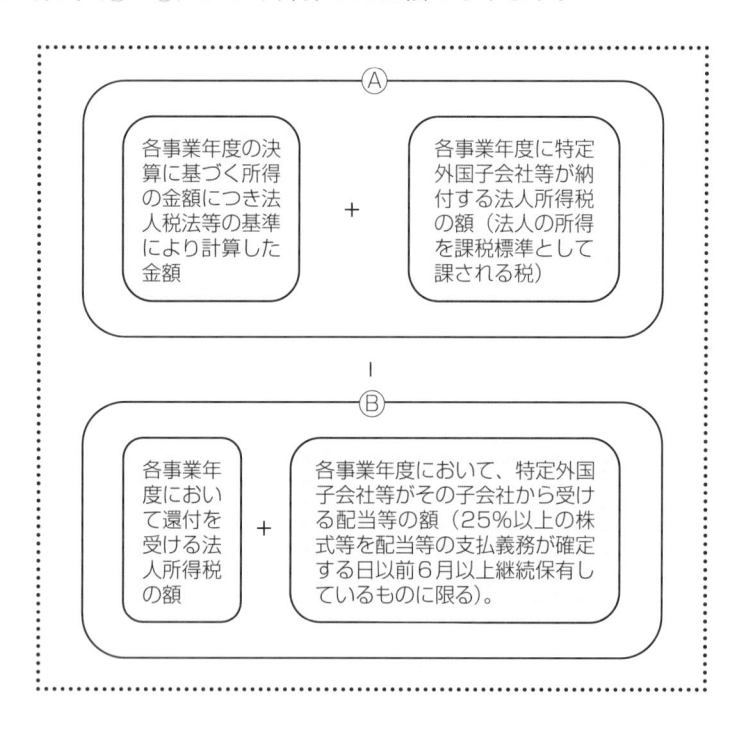

Ⓐ
各事業年度の決算に基づく所得の金額につき法人税法等の基準により計算した金額
＋
各事業年度に特定外国子会社等が納付する法人所得税の額（法人の所得を課税標準として課される税）

－

Ⓑ
各事業年度において還付を受ける法人所得税の額
＋
各事業年度において、特定外国子会社等がその子会社から受ける配当等の額（25％以上の株式等を配当等の支払義務が確定する日以前6月以上継続保有しているものに限る）。

5　措令39の15①
6　措令39の15②
7　措令39の15⑨

2 特定外国子会社等の本店所在地国の法令に基づき計算する場合

次の算式（Ⓐ＋Ⓑ－Ⓒ）により計算した金額となります。

Ⓐ 特定外国子会社等の各事業年度の決算に基づく所得の金額につき、本店所在地国の法令により計算した金額

＋

Ⓑ
① 本店所在地国の法令により課税標準に含まれないこととされる所得の金額
② 損金算入されている支払配当等の額
③ 日本の法人税法の規定による減価償却超過額
④ 法人税法33条の規定により損金不算入とされた資産の評価損の額
⑤ 役員給与のうち法人税法34、35条の規定により損金不算入とされた金額
⑥ 特殊関係使用人への給与のうち法人税法36条の規定により損金不算入とされた金額
⑦ 損金算入されている寄附金の額のうち日本の法人税法の規定により損金不算入とされる金額
⑧ 納付する法人所得税の額で損金算入されている金額
⑨ 損金算入された繰越欠損金の金額
⑩ 損金算入された保険準備金の積立額のうち日本の措置法の規定により損金不算入とされる金額
⑪ 益金算入された保険準備金の取崩額のうち日本の措置法の規定により益金不算入とされる金額
⑫ 支出した交際費のうち日本の措置法の規定により損金不算入とされる金額
⑬ 組合事業に係る損失の額で日本の措置法の規定により損金不算入とされる金額

－

Ⓒ
① 組合事業に係る損失超過額のうち日本の措置法の規定により損金算入される金額
② 還付された法人所得税の額で益金算入されている金額
③ 法人税法25条の規定により益金不算入とされた資産の評価益の額
④ 各事業年度において、特定外国子会社等がその子会社から受ける配当等の額（25％以上の株式等を配当等の支払義務が確定する日以前６月以上継続保有しているものに限る）

3．課税対象金額の円換算

　内国法人が特定外国子会社等に係る課税対象金額に相当する金額を益金の額に算入する場合におけるその課税対象金額の円換算は、その特定外国子会社等の当該事業年度終了の日の翌日から２月を経過する日における電信売買相場の仲値（TTM）によります。ただし、継続適用を条件として、

その内国法人の同日を含む事業年度終了の日の電信売買相場の仲値（TTM）によることもできます[8]。

---

8 措通66の6 −14

Ⅵ-6　特定外国子会社等から受ける配当等の益金不算入

ポイント

- 内国法人が、特定外国子会社等から合算課税された課税対象金額からの配当等を受けた場合には、その全額が益金不算入とされます。
- 配当等から控除された源泉所得税についても、損金算入または外国税額控除の適用を受けることができます。
- この制度の対象となる配当等は、その配当等を受けた事業年度及びその事業年度開始の日前10年以内に開始した事業年度において合算課税された課税対象金額を配当原資としているものに限ります。

１．特定外国子会社等から受ける配当等の益金不算入が設けられた趣旨

　平成21年度税制改正により、外国子会社から受ける一定の配当等を益金不算入とする制度が導入されました。この制度が単純に導入されてしまうと、従来、外国子会社合算税制の適用を受けていた特定外国子会社等の留保金額の全額を配当することにより、外国子会社合算税制の適用を回避することができ、かつ、その配当等についてもこの制度により益金不算入とされることになり、軽課税国を利用した租税回避行為を横行させる原因になります。

　そこで、外国子会社合算税制では、軽課税国に所在する特定外国子会社等が配当等を行ったとしても、その配当相当額を合算税制の対象金額から

除外できないといった改正が行われました。この改正により、特定外国子会社等の税引後利益相当額は、合算税制の対象とされることになったことから、合算税制の対象となった課税対象金額から配当等が行われた場合には、その配当等の全額を益金不算入とし、その配当等から控除された源泉所得税についても外国税額控除の対象とするといった改正が行われました。

2．特定外国子会社等から受ける配当等の益金不算入

　内国法人が、特定外国子会社等から受ける剰余金の配当等の額がある場合には、その剰余金の配当等の額のうちその特定外国子会社等に係る特定課税対象金額に達するまでの金額は、その内国法人の各事業年度の所得の金額の計算上、益金の額に算入されません。

　また、外国源泉税等の額についても損金の額に算入することができます[1]。

　配当の区分ごとの課税関係を図にすると次のようになります。

＜配当を受けた場合の課税関係区分表＞

特定外国子会社等からの配当等のうち特定課税対象金額	左記以外からの配当等	
＜配当等＞ 全額益金不算入 ＜源泉所得税＞ 損金算入または 外国税額控除の適用あり	＜配当等＞ 95％益金不算入 ＜源泉所得税＞ 損金不算入 外国税額控除の適用なし	25％以上の株式等を配当等の支払義務が確定する日以前6月以上継続保有
＜配当等＞ 全額益金不算入 ＜源泉所得税＞ 損金算入または 外国税額控除の適用あり	＜配当等＞ 益金算入 ＜源泉所得税＞ 損金算入または 外国税額控除の適用あり	上記以外

3．特定課税対象金額

「特定課税対象金額」とは、次に掲げる金額の合計額です。
① 特定外国子会社等から剰余金の配当等を受けた事業年度において、外国子会社合算税制により内国法人の所得に合算された金額のうち、その内国法人の直接保有株式に対応する金額
② 特定外国子会社等から剰余金の配当等を受けた日を含む事業年度開

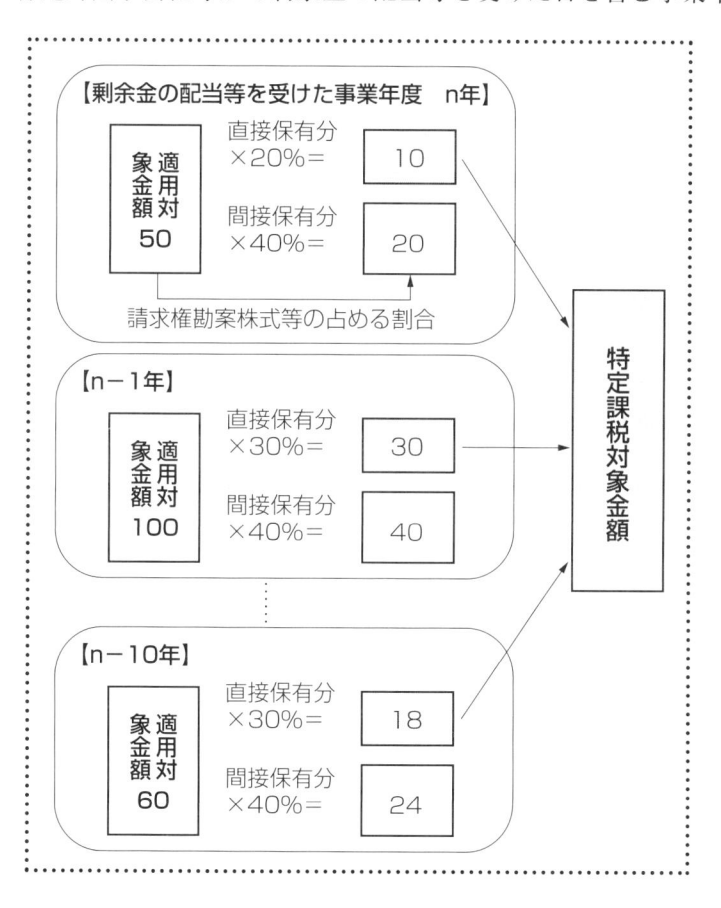

【剰余金の配当等を受けた事業年度　n年】
適用対象金額　50
直接保有分 ×20％＝ 10
間接保有分 ×40％＝ 20
請求権勘案株式等の占める割合

【n−1年】
適用対象金額　100
直接保有分 ×30％＝ 30
間接保有分 ×40％＝ 40

【n−10年】
適用対象金額　60
直接保有分 ×30％＝ 18
間接保有分 ×40％＝ 24

→ 特定課税対象金額

1　措法66の8①、②

始前10年以内に開始した事業年度において、外国子会社合算税制により内国法人の所得に合算された金額のうち、その内国法人の直接保有株式に対応する金額（すでに、この規定により益金不算入とされた金額を除く）

4．配当等に係る費用相当額（5％）の益金不算入

　平成21年度税制改正により導入された「外国子会社配当金益金不算入制度」においては、海外子会社からの配当金のうち95％相当額が益金不算入とされますが、残りの5％相当額は益金の額に算入されることになります。しかしながら、特定外国子会社等からの配当等のうち特定課税対象金額に達するまでの金額については、当該5％相当額についても益金不算入とされますので、結果として、当該配当等の全額が益金不算入とされることになります[2]。

2　措法66の8②

Ⅵ-7 特定外国子会社等の課税対象金額に係る外国税額控除

ポイント

- 外国子会社合算課税の適用を受けた場合には、その特定外国子会社等が納付した一定の外国法人税の額をその内国法人が納付したものとみなして、外国税額控除の適用を受けることができます。

1．外国税額控除

　内国法人が外国子会社合算税制の適用を受ける場合には、その内国法人に係る特定外国子会社等の所得に対して課される外国法人税の額のうち、

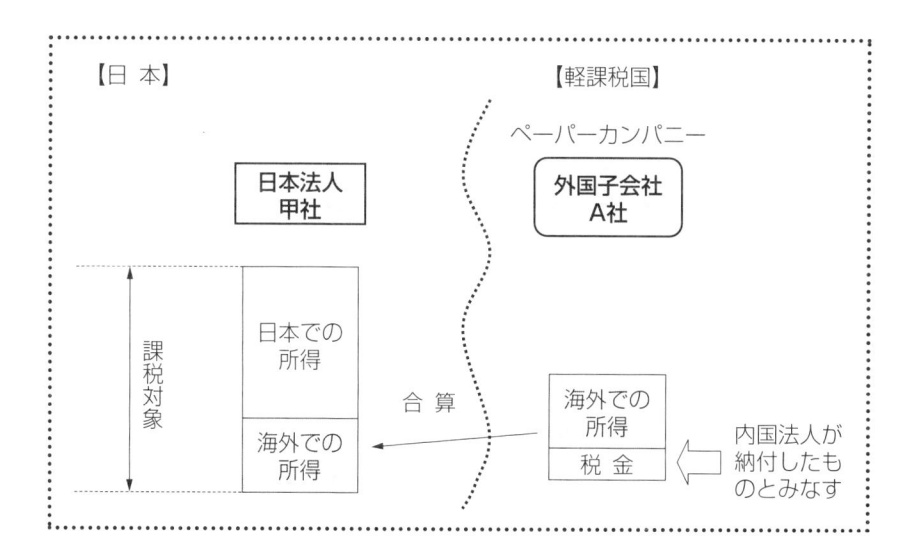

その特定外国子会社等の課税対象金額に対応する金額は、その内国法人が納付する控除対象外国法人税の額とみなして、外国税額控除の適用を受けることができます[1]。

2．納付したとみなされる外国法人税の額

納付したとみなされる外国法人税の額は、次の算式により計算した金額です[2]。

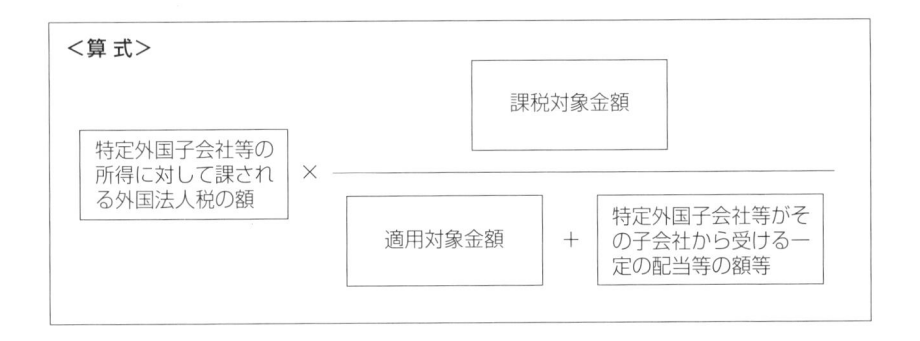

<算式>

$$\text{特定外国子会社等の所得に対して課される外国法人税の額} \times \frac{\text{課税対象金額}}{\text{適用対象金額} + \text{特定外国子会社等がその子会社から受ける一定の配当等の額等}}$$

---

1 措法66の7①
2 措令39の18①

VI-8 平成21年度税制改正の外国子会社合算税制への影響

ポイント
- 外国子会社から受ける配当等の益金不算入規定が創設されたことにより、外国子会社合算税制については多くの改正がありました。
- 経過措置により、特定外国子会社等からの配当については、益金算入規定が適用されず、間接税額控除を適用することがあるので注意が必要です。

1．課税済留保金額から配当等があった場合の損金算入の廃止

　特定外国子会社等が配当を支払った場合において、その配当が益金算入された課税済留保金額からなされたものであるときは、その配当を益金算入してしまうと二重課税が生じてしまいます。そこで、その配当支払日を含む内国法人の事業年度開始の日前10年以内に開始した各事業年度において益金算入された課税済留保金額相当額に限り、これを損金の額に算入するという規定が設けられていました[1]。

　平成21年度の税制改正で「外国子会社から受ける配当等の益金不算入」が創設されたことから、二重課税が生じないこととなりましたので、この規定は廃止されることになりました。

1　旧措法66の8

2．適用対象（留保）金額の対象範囲の変更

　旧法令における「適用対象留保金額」の計算では、未処分所得金額から特定外国子会社等が支払う配当等の金額を控除することができました[2]が、平成21年度の税制改正により、配当等の金額を控除することができなくなり、また、特定外国子会社等がその子会社から受けた配当等の額を控除することができるようになりました。

　名称についても「留保」という文言が削除され、「適用対象金額」に変更されることになりました。これに伴い、「課税対象留保金額」も「課税対象金額」に名称変更されました。

3．特定外国子会社等から受ける配当等の益金不算入の創設

　Ⅵ-6を参照して下さい。

4．経過措置[3]

① 　Ⅵ-5で説明した課税対象金額の計算方法については、平成21年4月1日以後に開始した特定外国子会社等の事業年度から適用されます。平成21年4月1日前に開始した事業年度においては、従前の規定が適用されます。

② 　Ⅵ-6で説明した「特定外国子会社等から受ける配当等の益金不算入」の規定は、平成21年4月1日以後に開始した特定外国子会社等の事業年度に係る配当等に適用されます。平成21年4月1日前に開始し

2　旧措令39の16①二
3　措法附則平成21年3月31日

た事業年度に係る配当等については、従前の規定が適用され、配当等の額は益金算入されますので注意が必要です。また、配当等が益金算入された場合には、従来どおり間接外国税額控除の適用を受けることができます。

③　Ⅵ-7で説明した「特定外国子会社等の課税対象金額に係る外国税額控除」の規定は、平成21年4月1日以後に開始した特定外国子会社等の事業年度の課税対象金額に係る外国法人税の額に適用されます。平成21年4月1日前に開始した事業年度においては、従前の規定が適用されます。

Ⅵ-9　確定申告書への添付書類

> **ポイント**
> - 特定外国子会社等を有する場合には、各事業年度の確定申告書に一定の書類を添付しなければなりません。
> - 外国子会社合算税制の適用除外を受ける場合には、確定申告書にその旨を記載した書類（別表17(2)）を添付しなければなりません。
> - 別表17(2)を添付しない場合には、適用除外の要件を満たしていても、外国子会社合算税制が適用される可能性がありますので注意が必要です。

1．特定外国子会社等を有する場合の添付書類

　内国法人は、特定外国子会社等を有している場合には各事業年度の確定申告書に次に掲げる書類を添付しなければなりません[1]。

① 　特定外国子会社等の貸借対照表及び損益計算書
② 　特定外国子会社等の各事業年度の株主資本等変動計算書、損益金の処分に関する計算書その他これらに類するもの
③ 　①に掲げるものに係る勘定科目内訳明細書
④ 　特定外国子会社等の本店所在地国の法令により課される税に関する申告書で各事業年度に係るものの写し
⑤ 　特定外国子会社等の各事業年度終了の日における株主等の氏名及び

1　措規22の11②

住所または名称及び本店もしくは主たる事務所の所在地ならびにその有する株式または出資の数または金額を記載した書類
⑥ 間接保有により複数の法人が介在する場合には、その外国法人の株主等の氏名、住所及びその有する株式の数または出資の金額を記載した書類

2．適用除外を受ける場合の添付書類

　特定外国子会社等を有する内国法人が外国子会社合算税制の適用除外を受ける場合には、確定申告書にその旨を記載した書類を添付し、かつ、その旨を明らかにする書類、その他の資料を保存しなければなりません[2]。

　具体的には、別表17(2)を確定申告書に添付することになります。

2　措法66の6⑥

第VII章

過少資本税制

Ⅶ-1　過少資本税制の概要

> **ポイント**
> ○ 過少資本税制とは、親会社からの借入金が親会社からの出資金に比較して多額の場合に、その借入金について支払う負債利子の一部を損金算入することを制限するために設けられた制度です。

1．制度が導入された経緯

　法人（外資系企業などの外国法人の子会社）が外国親会社から資金調達を行う場合には、出資により調達する方法と借入金により調達する方法があります。出資により調達した場合には、その出資の見返りとして親会社に対し配当金を支払いますが、借入金として調達した場合には、その見返りとして利息を支払うことになります。見返りとして同額を支払った場合でも、配当は損金の額に算入できませんが、利息は損金の額に算入することができます。

　このように出資による調達と借入による調達では、資金調達という効果は同じでも、見返りである対価の支払いという面では、所得計算上の差異が生じます。したがって、租税負担の軽減を図る目的から、出資による調達を著しく制限し、ほとんどの資金を借入により調達するという租税回避行為が行われるようになりました。

　このような租税回避行為を防止するために、わが国では平成4年に「過少資本税制」が導入されました。

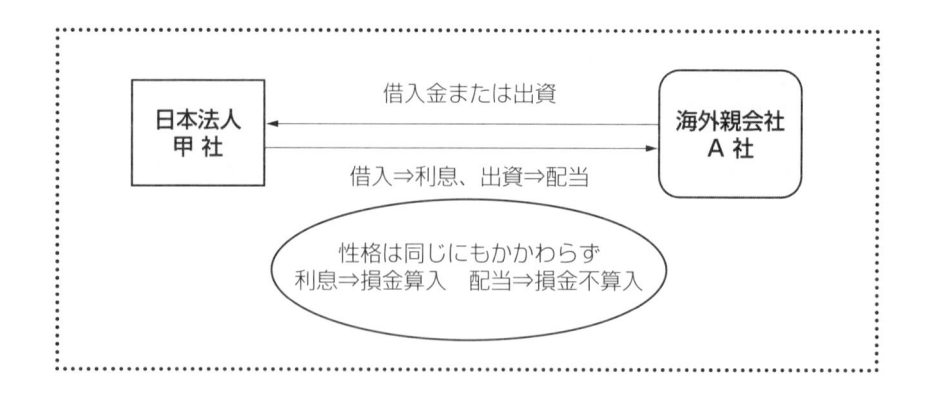

```
┌─────────────────────────────────────────────────────┐
│  ┌──────────┐   借入金または出資   ┌──────────┐     │
│  │日本法人  │←──────────────────│海外親会社│     │
│  │甲 社     │──────────────────→│A 社      │     │
│  └──────────┘   借入⇒利息、出資⇒配当   └──────────┘ │
│              ╭──────────────────────╮              │
│              │ 性格は同じにもかかわらず │              │
│              │ 利息⇒損金算入  配当⇒損金不算入│      │
│              ╰──────────────────────╯              │
└─────────────────────────────────────────────────────┘
```

2．内 容

　内国法人が、各事業年度において、国外支配株主等または資金供与者等に借入利息等を支払う場合において、その国外支配株主等または資金供与者等の貸付残高がその国外支配株主等の資本持分の3倍を超えるときは、その超える部分に対応する借入利息等は損金不算入となります[1]。

1 損金不算入額

　内国法人に係る国外支配株主等や資金供与者等からの借入金のうち、国外支配株主等の資本持分の3倍を超える部分に対応するこれらの者の利子保証料等のうち、一定の算式で計算した金額を損金不算入とします（具体的計算方法はⅦ-5 損金不算入額の項を参照して下さい）。

2 負債利子の範囲

　「負債利子」とは、国外支配株主等に対する利子、割引料、保証料その他経済的性質が利子に準ずる一定のものをいいます。

3 国外支配株主等の意義

　「国外支配株主等」とは、非居住者等で内国法人との間に次に掲げる関

1　措法66の5①

係がある者をいいます[2]。

① 内国法人の発行済株式等の50%以上を直接または間接に保有する関係
② 内国法人と外国法人が同一の者によって、それぞれその発行済株式等の50%以上を直接または間接に保有される関係

4 資金供与者等の意義

「資金供与者等」とは、内国法人に資金を供与する者及びその資金の供与に関係のある者をいいます[3]。

（例：国外支配株主等から第三者を通じて内国法人に資金供与をした場合のその第三者）

5 平均負債残高

期末残高ではなく、期中残高を平均した数値です。

---

2 措法66の5④一
3 措法66の5④二

Ⅶ-2　国外支配株主等

> **ポイント**
> - 国外支配株主等とは、内国法人の発行済株式等の50％以上を直接または間接に保有する関係その他特殊の関係のある非居住者等をいいます。

1．国外支配株主等の意義

「国外支配株主等」とは、非居住者または外国法人で、内国法人との間に次に掲げる関係があるものをいいます[1]。

① 発行済株式等の50％以上を直接または間接に保有される関係…いわゆる外資系企業のように外国法人に支配されている内国法人が該当します。

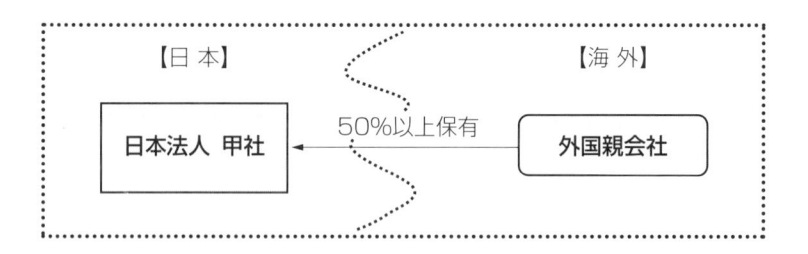

```
【日本】                          【海外】
日本法人 甲社  ←50％以上保有─  外国親会社
```

② 外国法人と内国法人がそれぞれ同一の者によって発行済株式等の50％以上を直接または間接に保有されている関係…外国法人と兄弟会

1　措法66の5④一、措令39の13⑪、措通66の5-4

社にある場合に該当します。

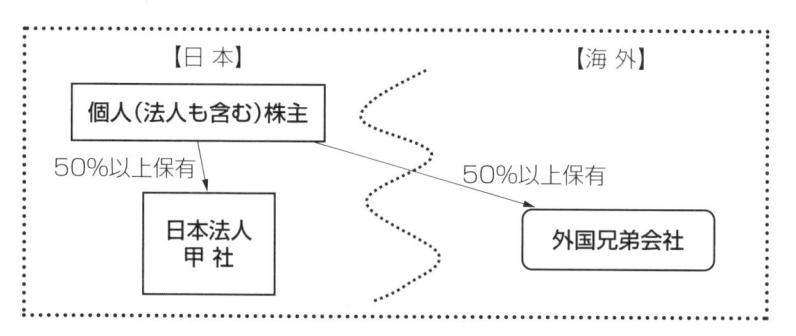

```
┌─────────────────────────────────────────────┐
│      【日本】              【海外】            │
│   個人(法人も含む)株主                         │
│    │                                         │
│ 50%以上保有         50%以上保有               │
│    ↓                    ↓                   │
│  日本法人              外国兄弟会社            │
│   甲社                                       │
└─────────────────────────────────────────────┘
```

③ 内国法人と外国法人との間に次の事実が存在することにより、内国法人の事業の方針の全部または一部について外国法人が実質的に決定できる関係

　　a　内国法人がその事業の活動の相当部分を当該非居住者等との取引に依存して行っていること

　　b　内国法人がその事業活動に必要とされる資金の相当部分を当該非居住者等からの借入により、またはその非居住者等の保証を受けて調達していること

　　c　内国法人の役員の2分の1以上または代表する権限を有する役員が、外国法人の役員もしくは使用人を兼務している者または過去にその外国法人の役員もしくは使用人であった者であること

　　d　内国法人がその非居住者等から提供される事業活動の基本となる工業所有権、ノウハウ等に依存してその事業活動を行っていること

　　e　内国法人の役員の2分の1以上または代表する権限を有する役員が非居住者等によって実質的に決定されていると認められる事実があること

Ⅶ-3　資金供与者等

> **ポイント**
> - 資金供与者等とは、内国法人に資金を供与する者及びその資金の供与に関係のある者をいいます。

1．資金供与者等の意義

「資金供与者等」とは、内国法人に資金を供与する者及びその資金の供与に関係のある者をいい、次に掲げる者をいいます[1]。

① 国外支配株主等が第三者を通じて内国法人に対して資金を供与したと認められる場合におけるその第三者

② 内国法人に係る国外支配株主等が第三者に対して債務保証をすることにより、第三者が内国法人に資金を供与したと認められる場合におけるその第三者

③ 国外支配株主等から内国法人に貸し付けられた債権（国外支配株主等が内国法人に対して債務保証をすることにより、第三者から内国法人に貸し付けられた債権を含みます）が他の第三者に担保提供され、債券現先取引等で譲渡され、または現金担保付債権貸借取引で貸し付けられることにより、その他の第三者が内国法人に対して資金を供与したと認められる場合におけるその第三者及び他の第三者

1　措法66の5④二、措令39の13⑬

Ⅶ-4　適用要件

> **ポイント**
>
> ● 国外支配株主等及び資金提供者等に対する負債残高が、国外支配株主等の資本持分の3倍相当額を超える場合に過少資本税制が適用されます。

1．過少資本税制が適用される場合

下記の比率がいずれも3を超える場合に適用されます[1]。

① $\dfrac{\text{その事業年度の国外支配株主等及び資金提供者に係る平均負債残高}}{\text{国外支配株主等の資本持分}}$

② $\dfrac{\text{その事業年度の総負債残高}}{\text{その事業年度の自己資本}}$

2．負債利子の範囲[2]

過少資本税制の対象となる負債利子は、以下に掲げるものをいいます。

① 負債利子、手形の割引料その他経済的な性質が利子に準ずるもの
② 内国法人が国外支配株主等に支払う債務の保証料
③ 内国法人が国外支配株主等に支払う債権の使用料もしくは債権の使

1　措法66の5①
2　措法66の5④三、措令39-13⑮、⑯

用料または第三者に支払う債権の使用料

3．平均負債残高[3]

「平均負債残高」とは、その事業年度の負債の帳簿価額の平均的な残高として合理的な方法により計算した金額をいいます。具体的には、次に掲げる金額を用います。

① 負債の帳簿価額の日々の平均負債残高
② 負債の帳簿価額の各月末の平均負債残高
③ その事業年度を通じた負債の帳簿価額の平均的な残高

4．国外支配株主等の資本持分[4]

「国外支配株主等の資本持分」とは、次の算式により計算した金額をいいます。

国外支配株主等の資本持分	＝	内国法人の自己資本額	×	国外支配株主等の内国法人に対する直接及び間接の持分割合

5．自己資本の額[5]

4の算式における「内国法人の自己資本額」とは、次の算式により計算した金額となります。

---

3 措法66の5④五、措令39の13⑱
4 措法66の5④六、措令39の13⑲
5 措法66の5④七、措令39の13㉒

自己資本額 ＝ 内国法人の総資産の帳簿価額 － 内国法人の総負債の帳簿価額

　なお、上記の金額が法人税法に規定する資本金等の額に満たない場合には、上記の金額ではなく、資本金等の額が内国法人の自己資本額となります。
　また、上記算式中の総負債については、損金不算入の未払税金、各種引当金等を含みます[6]。

6．平成18年度税制改正による適用対象取引の改正

　過少資本税制が導入された当初は、国外支配株主等に係る借入のみが対象取引とされ、損金不算入額の計算における負債利子についても、国外支配株主等に係る負債利子の額のうち、国外支配株主等の負債が国外支配株主等の資本持分の3倍相当額を超える部分に対応するものとする内容でしたが、平成18年度の改正によって国外支配株主等からの借入に限らず、第三者からの借入で国外支配株主等が保証したものも対象取引に含め、また、一定の特定債権現先取引等については、対象取引から除かれることになりました。

---

[6] 措通66の5-14

Ⅶ-5　損金不算入額

> **ポイント**
>
> ○過少資本税制による損金不算入額は、内国法人の国外支配株主等に対する負債残高に応じて、次の2つの算式により計算します。

1．損金不算入額の計算

　内国法人が国外支配株主等に支払う負債利子等のうち、下記の算式に基づいて計算された金額が損金不算入額となります[1]。

　税務申告上は加算、社外流出となります。

① 基準平均負債残高が国外支配株主等の資本持分の3倍以下の場合

　「基準平均負債残高」とは、国外支配株主等及び資金供与者等に対する負債に係る平均負債残高から国内の資金供与者等に対する負債に係る平均負債残高を控除した金額です。

$$\text{国内の資金供与者等に対する負債に係る保証料等の額(A)} \times \frac{\text{平均負債残高超過額(B)}}{\text{国内の資金供与者等に対する負債に係る平均負債残高(C)}}$$

　「平均負債残高超過額(B)」とは、国内外の資金供与者及び国外支配株主等に係る平均負債残高から国外支配株主等の資本持分の3倍相当額を控

1　措令39の13①

第Ⅶ章　過少資本税制

除した金額をいいます。

2 基準平均負債残高が国外支配株主等の資本持分の3倍を超える場合

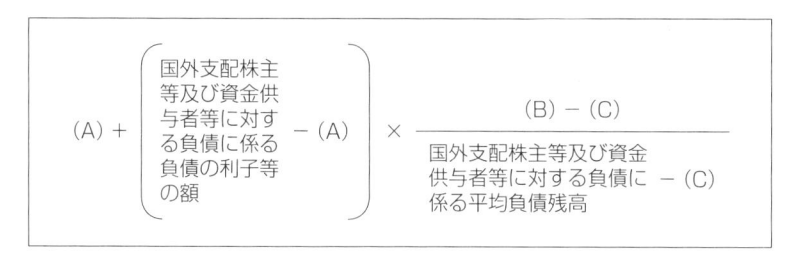

$$(A) + \left(\begin{array}{c}\text{国外支配株主}\\\text{等及び資金供}\\\text{与者等に対す}\\\text{る負債に係る}\\\text{負債の利子等}\\\text{の額}\end{array} - (A)\right) \times \frac{(B) - (C)}{\text{国外支配株主等及び資金供与者等に対する負債に係る平均負債残高} - (C)}$$

【1、2の図解】

負債残高

利子保証料等	国外負債	基準平均負債残高	1 国外支配株主等の資本持分の3倍	2 国外支配株主等の資本持分の3倍
	国外資金供与			
保証料等A	国外資金供与 C		B	平均負債残高超過 B

損金不算入額

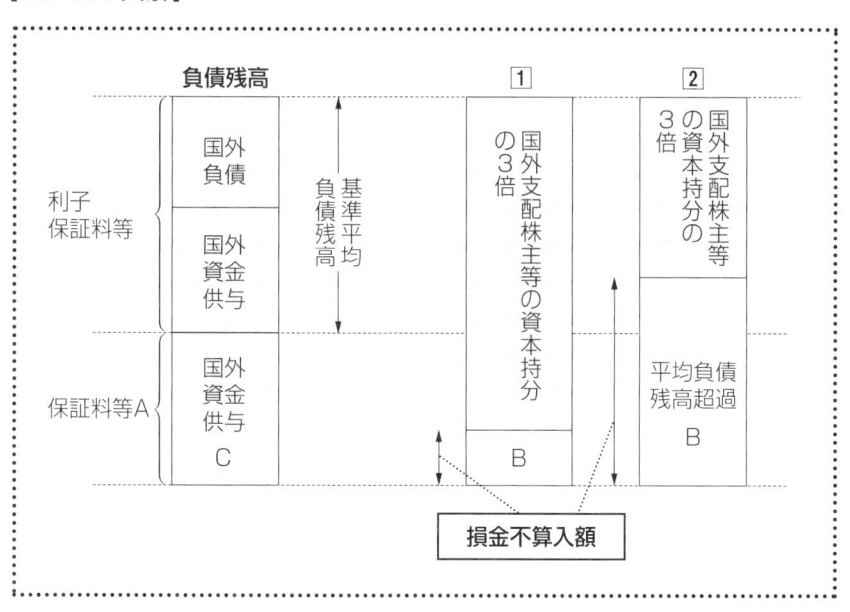

※上記12の算式における「国外支配株主等に係る資本持分」とは、国外支配株主等の内国法人に対する直接及び間接の保有割合を資本に乗じたものです[2]。

2　措令39の13⑲、⑳

※ 上記1 2の算式における国外支配株主等に係る資本持分に乗じている倍数3に替えて、類似法人の総負債の額の純資産に対する比率に照らし妥当と認められる倍数を使用することができます[3]。

（参考）直接及び間接の保有割合の例

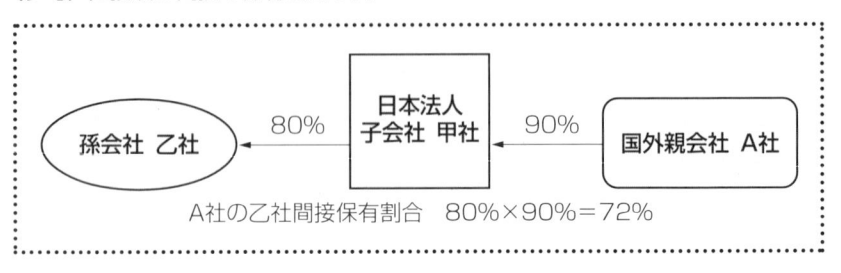

孫会社 乙社 ←80%― 日本法人 子会社 甲社 ←90%― 国外親会社 A社

A社の乙社間接保有割合　80%×90%＝72%

---

[3] 措法66の5③

Ⅶ-6 その他の留意点

> **ポイント**
> - 過少資本税制は特定現先取引等について除外規定があります。
> - 外国法人の国内事業に係る負債利子については、過少資本税制の適用があります。
> - 清算所得金額の計算上、過少資本税制の損金不算入額は残余財産の額に算入します。

1．特定現先取引等に負債がある場合の特例

1 特定現先取引等

「特定現先取引」とは、金融機関を通して債権を一定期間経過した後に売り戻す（買い戻す）ことを約束して債権を買い付け（売り付け）る売買取引をいいます。

2 過少資本税制との関係

在日外資系金融機関が、特定現先取引によって借り入れた資金を国内金融機関に貸し付ける取引があり、以前はこれらに係る負債利子も過少資本税制の対象となっていました。しかし、平成18年度の税制改正によって、借入と貸付の対応関係が明らかなものについては過少資本税制の対象外とする規定が設けられました。

3 計算上の留意点

上記2によって国外支配株主等からの負債利子のうち、除外したものがある場合は、Ⅶ-4の適用要件及びⅦ-5の損金不算入額に使用する「3

倍」の倍数を「2倍」として判定します[1]。

また、類似法人の負債、自己資本比率に照らし妥当な倍数を用いることができます[2]。

2．外国法人に対する適用

過少資本税制は、国内において事業を行う外国法人が支払う負債利子についても適用されます。ただし、負債や自己資本は国内に係るものに限ります[3]。

なお、対象となる外国法人には、恒久的施設の有無は関係ありません。

3．原価に算入した負債の利子

負債の利子を固定資産その他の資産の取得価額に算入した場合でも、国外支配株主等または資金提供者等に対して支払うものは、過少資本税制の対象となる負債利子に該当するので注意が必要です[4]。

4．清算所得との関係

過少資本税制の損金不算入額は、清算所得金額の計算上、残余財産の額に算入します[5]。

1 　措法66の5②
2 　措令39の13⑩
3 　措法66の5⑩
4 　措通66の5-8
5 　措法66の5⑤

第VIII章

組織再編に係る国際税務

Ⅷ-1　三角合併とその適格要件の留意点

ポイント

- 三角合併では、被合併会社の株主に対して合併会社の株式ではなく、親会社の株式を交付することになります。
- 三角合併の適格要件では、他の合併の場合の適格要件の他に、合併会社とその親会社との間に完全支配関係があることが要件となります。
- 軽課税国に所在する外国親法人の株式を合併の対価とする三角合併において、合併会社と被合併会社との間に特定支配関係があるときは、その三角合併は適格合併の範囲から除かれます。

1．三角合併解禁の経緯

　グローバリゼーションが急速に進み、クロスボーダーのM&Aが世界各地で繰り広げられるようになる中、合併等対価の柔軟化の一貫として親会社株式を合併対価とする三角合併が解禁されました。三角合併の手法を使うことにより外国企業が現金なしで（自社の株式を対価にして）日本企業を買収できるようになったため、主に外国企業にM&Aの門戸を開いた改正であるといえます。

　当初、三角合併の解禁は、会社法が施行された平成18年からスタートする予定でしたが、ライブドアによるニッポン放送株式の取得事件等により産業界が買収に危機を募らせ、買収防衛策検討のための猶予期間1年間が設けられました。そして、平成19年より解禁しています。

2．三角合併とは

　合併の対価として株式のみが交付される場合、一般的には被合併会社（消滅会社）の株主に対して合併会社（存続会社）の株式を交付することになりますが、三角合併の場合には、合併会社の株式に代えて合併会社の親会社の株式を交付することになります。

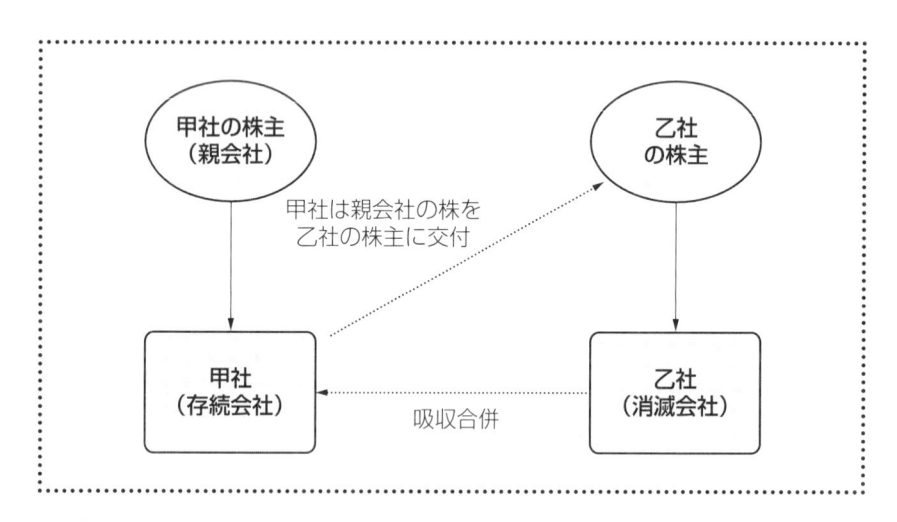

```
       甲社の株主              乙社
       （親会社）             の株主
           │                     ↑
           │   甲社は親会社の株を  │
           │   乙社の株主に交付    │
           ↓                     │
         甲社   ←············   乙社
       （存続会社）    吸収合併   （消滅会社）
```

　上記の図を用いて説明すると、甲社と乙社が合併する際に、甲社は乙社の株主に対し、合併の対価として自社の株式に代えて親会社の株式を交付することになります。

3．適格合併の範囲に関する特例

　クロスボーダーの三角合併では、軽課税国に所在する実態のない親会社を利用して三角合併を行うことにより、タックス・ヘイブン対策税制の適用を免れるという組織再編成等が出てくる可能性があります。

　そのような国際的租税回避を目的とした組織再編成を防止するため、軽

《三角合併時》

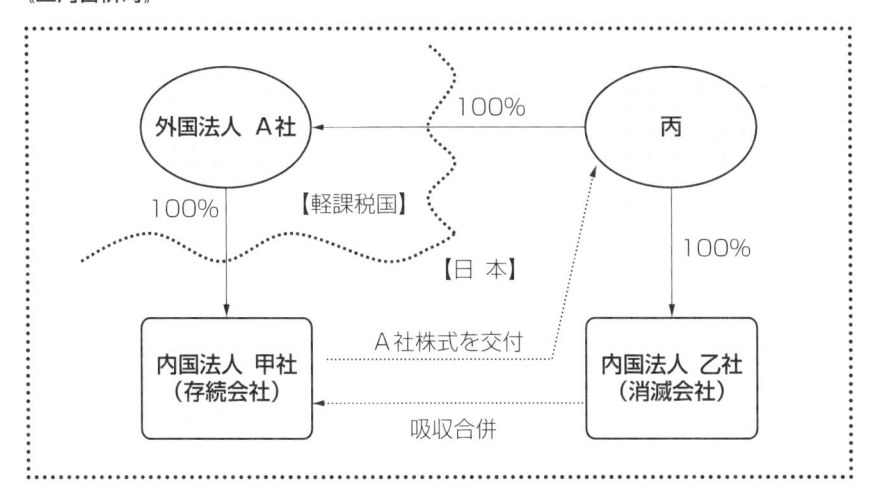

外国法人 A社 ←100%― 丙
【軽課税国】
100%↓ 　　　　　　　　　100%↓
【日本】
内国法人 甲社 ……A社株式を交付……→ 内国法人 乙社
（存続会社） ←―――吸収合併――― （消滅会社）

※A社と甲社はペーパーカンパニーであり、実際に事業を行っているのは乙社。

《三角合併後》

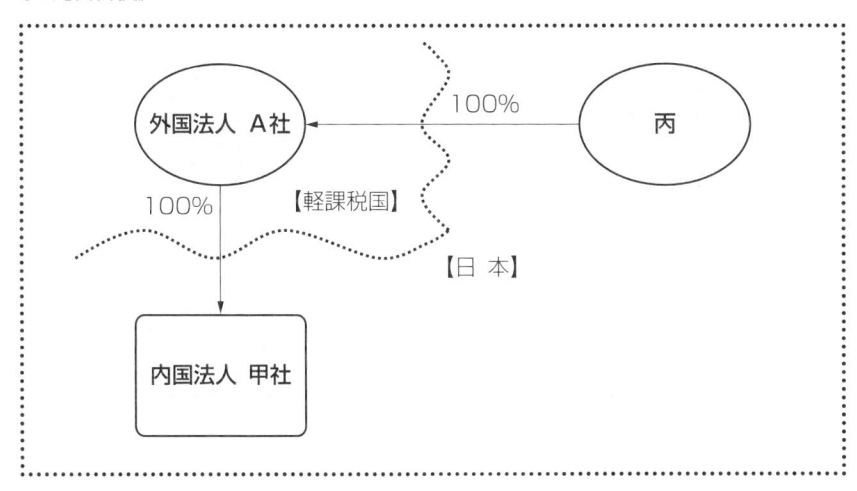

外国法人 A社 ←100%― 丙
【軽課税国】
100%↓
【日本】
内国法人 甲社

※A社はペーパーカンパニー。

課税国に所在する外国親法人の株式を合併の対価とする三角合併において、合併会社と被合併会社との間に特定支配関係（発行済株式の50％超を直接または間接に保有する関係）があるときは、その三角合併は適格合併に該当しないこととされています[1]。

例えば、丙が1人または1社の株主ではなく、すべて5％未満の株式保有者、かつ同族株主グループの存在しない株主の集団（以下「丙株主集団」）だとした場合には、A社がペーパーカンパニーであったとしてもタックス・ヘイブン対策税制の適用はありません。

したがって、三角合併後の甲社からA社に対してロイヤリティー等の支払いがされたとしてもA社では低税率での課税、かつ丙株主集団においてもタックス・ヘイブン対策税制が適用されず、軽課税国であるA社に利益を留保することが可能になります。

さらに、三角合併前は日本の居住者の子会社であった乙社が、その経済的な実態や実質的な株主構成を変えることなく外国法人の子会社（甲社）となることができ、上記のロイヤリティーのように甲社からA社に対して何らかの支払いをした場合には日本での課税機会を逸失する可能性があります。

加えて、丙株主集団が日本の非居住者となった場合には、A社株式を譲渡したとしても日本での課税関係が生じません。

このように、国際的な租税回避行為を行うことを目的としたクロスボーダーの組織再編成が行われることを防止するため、軽課税国に所在する外国親法人の株式を合併の対価とする三角合併において、合併会社と被合併会社との間に特定支配関係があるときは、その三角合併は適格合併の範囲から除くこととし、課税の繰り延べをしないこととされているのです。

1　措法68の2の3①

Ⅷ-2　日本の課税権確保の措置

ポイント

- 日本の課税権を確保するため、一定の三角合併において事業譲渡類似株式や不動産関連法人の株式を交付した場合には、課税の繰り延べを認めないこととされています。
- 事業譲渡類似株式や不動産関連法人の株式の譲渡による所得は、日本の国内源泉所得に該当します。
- 非居住者または外国法人による事業譲渡類似株式や不動産関連法人の株式の譲渡に係る所得は、日本で課税されることになります。

1．クロスボーダーの三角合併

　被合併会社（消滅会社）の株主が日本の非居住者であり、合併会社（存続会社）の親会社が外国法人であるようなクロスボーダーの三角合併においては、合併の対価として非居住者が外国法人の株式を取得する場合が出てきます。

　適格要件を満たした三角合併においては、被合併会社の株主が合併会社の親会社株式を対価として旧株式を譲渡しても譲渡損益は認識されず、親会社株式を譲渡するまで課税が繰り延べられます。したがって、その非居住者が取得した外国法人株式についても、その株式を譲渡するまで課税が繰り延べられることになってしまいます。

　仮に、その非居住者が日本に恒久的施設を有しない状況でその外国法人の株式を譲渡した場合には、その譲渡により生じた所得を日本で課税する

ことができません。

そこで、その外国法人の所有していた旧株式が事業譲渡類似株式や不動産化体株式である場合には、その旧株式の譲渡益に対して課税の繰り延べを認めず、株式が交付された時点で課税することとしています。

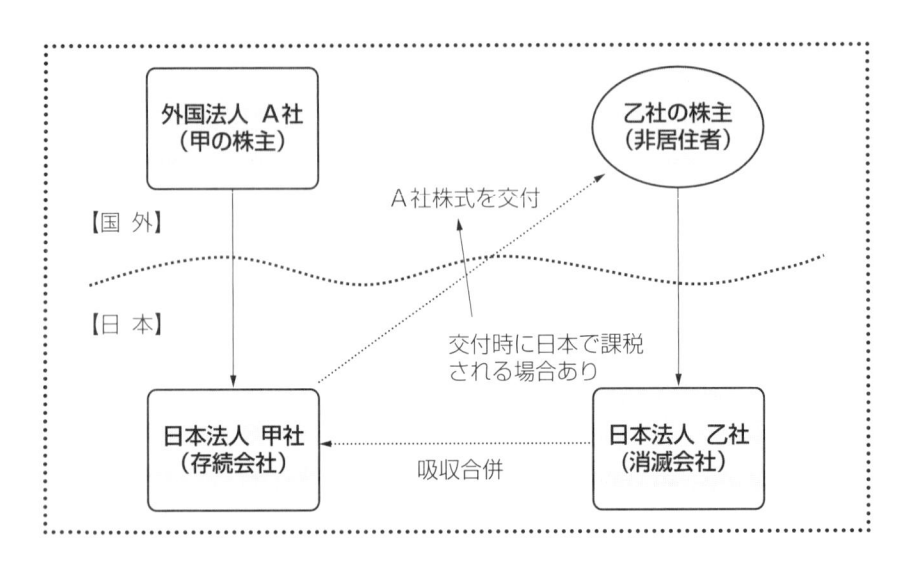

```
【国外】
  外国法人 A社
  （甲の株主）  ————A社株式を交付———→  乙社の株主
        │                                （非居住者）
        │                                    │
【日本】  │          交付時に日本で課税         │
        │          される場合あり              │
        ▼                                    ▼
  日本法人 甲社  ←————————————————  日本法人 乙社
  （存続会社）         吸収合併           （消滅会社）
```

2．事業譲渡類似株式の譲渡

譲渡した年（または事業年度終了の日）以前3年内のいずれかの時において譲渡株式の発行法人の発行済株式の25％以上を所有し、かつ、発行済株式の5％以上を譲渡した非居住者（または外国法人）については、その譲渡による所得は日本の国内源泉所得に該当すると規定されています[1]。

---

1 所令291①三ロ、所令291⑥、法令187①三ロ、法令187⑥

3．不動産関連法人の株式の譲渡

　非居住者（または外国法人）が、不動産関連法人の株式の譲渡によって得た所得は日本の国内源泉所得に該当すると規定されています[2]。

　「不動産関連法人」とは、総資産のうちに国内にある土地等の占める割合が50％以上である法人をいいます[3]。

4．非居住者が恒久的施設を有している場合の取扱い

　非居住者等株主が、国内において行う事業に係る資産として国内に有する恒久的施設（支店等）において旧株を管理する場合、取得した外国親会社株式を譲渡した際に当該譲渡益に対して日本で課税することができます。

　恒久的施設が存在することにより、非居住者であったとしても、課税のもれが生じないので、将来に外国親会社株式を譲渡するまで課税が繰り延べられることとなります。

　ただし、非居住者等株主が合併等により交付を受けた外国親会社の株式を国内において行う事業に係る資産として国内の恒久的施設において管理しなくなったときは、外国親会社の株式を譲渡したものとして課税されることとなります。

---

[2] 所令291①四、法令187①四
[3] 所令291⑧、法令187⑧

Ⅷ-3　コーポレート・インバージョン対策税制
(Corporate inversion)

ポイント

- 組織再編成等を利用して親子関係を逆転させることにより、外国子会社合算税制の適用を免れるという租税回避行為を防止するために設けられた制度です。
- この制度の内容は、外国子会社合算税制に類似しています。
- 外国子会社合算税制との重複適用となる場合には、外国子会社合算税制が優先適用されることから、この制度の対象は、株式の保有割合が5％未満の少数株主グループのみです。

1．コーポレート・インバージョン対策税制が設けられた趣旨

　外国子会社合算税制は、軽課税国に子会社等を設立して、その子会社等に利益を留保することにより日本の租税を免れるという租税回避行為を防止するために設けられた制度です。

　この親子関係を組織再編成等の手法を用いて逆転させ、軽課税国に親会社、日本に子会社という資本関係を構築することにより、外国子会社合算税制の適用を受けずに軽課税国に利益を留保するという租税回避行為が行われるようになりました。この新たな租税回避行為を防止するために、平成19年度の税制改正においてコーポレート・インバージョン対策税制が導入されました。

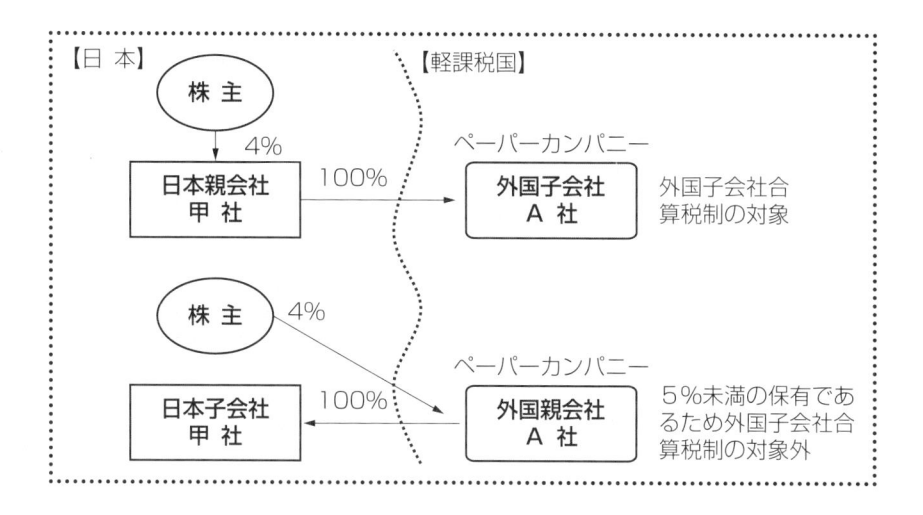

```
【日本】                【軽課税国】
  株主
   ↓4%           ペーパーカンパニー
 日本親会社  100%    外国子会社      外国子会社合
  甲社    ─────→    A 社         算税制の対象

  株主  4%
      ╲           ペーパーカンパニー
 日本子会社  100%   外国親会社      5％未満の保有であ
  甲社   ←─────    A 社         るため外国子会社合
                              算税制の対象外
```

2．コーポレート・インバージョン対策税制

　この制度は、内国法人の株主（特殊関係株主等）が、三角合併等の組織再編成により、軽課税国に所在する外国法人（特定外国法人）を通じてその内国法人（特殊関係内国法人）の発行済株式等の80％以上を間接保有することとなった場合には、その特定外国法人が各事業年度において留保した所得をその持株割合に応じて、その特定外国法人の特殊関係株主等である内国法人の収益の額とみなして、益金の額に算入します[1]。

　次ページの図解で見てみましょう。

1　措法66の9の2①

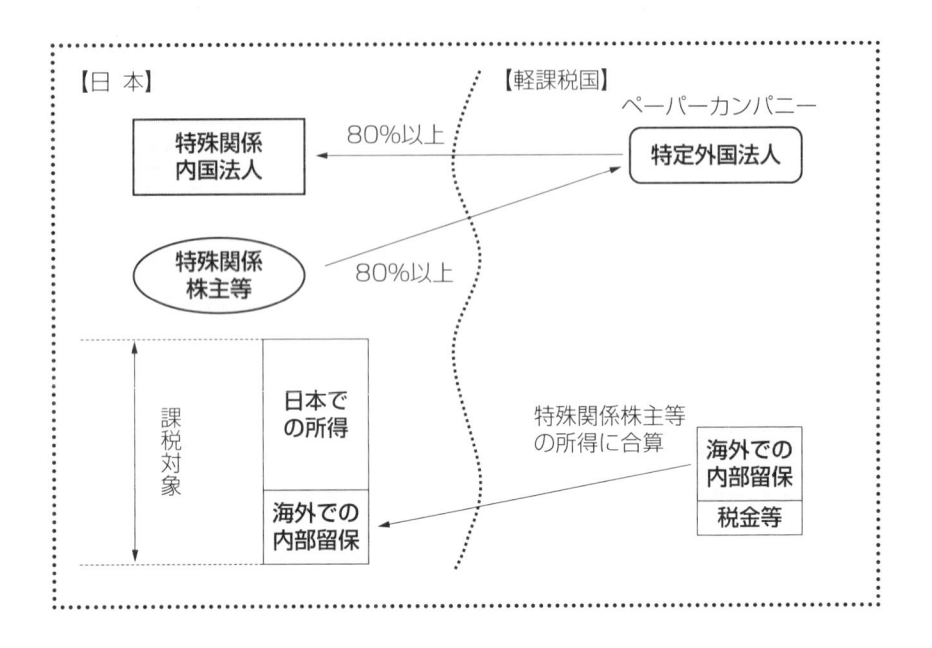

```
【日本】                      【軽課税国】        ペーパーカンパニー
   ┌──────────┐   80%以上   ┌──────────┐
   │特殊関係  │◄───────────│特定外国法人│
   │内国法人  │            └──────────┘
   └──────────┘                    ▲
                                    │
   ┌──────┐     80%以上            │
   │特殊関係│───────────────────────┘
   │株主等 │
   └──────┘
              ┌──────┐
              │日本で │
     課       │の所得 │
     税       ├──────┤    特殊関係株主等   ┌──────┐
     対       │海外での│    の所得に合算    │海外での│
     象       │内部留保│◄──────────────────│内部留保│
              └──────┘                    ├──────┤
                                          │税金等 │
                                          └──────┘
```

3．用語の意義

1 特殊関係株主等

　「特殊関係株主等」とは、特定関係（特殊関係株主等が特殊関係内国法人の発行済株式等の80％以上を間接保有する関係）が生ずることとなる直前における特定内国法人のすべての株主ならびにこれらの者と特殊の関係のある個人及び法人をいいます。

　なお、「特定内国法人」とは、特定関係が生ずることとなる直前に5人以下の株主グループによって発行済株式等の80％以上を保有されている内国法人をいいます。

2 特殊関係内国法人

　「特殊関係内国法人」とは、特定内国法人または合併・分割等の組織再編成により特定内国法人の資産及び負債の大部分の移転を受けた内国法人

をいいます。

3 特定外国法人

「特定外国法人」とは、特殊関係株主等と特殊関係内国法人との間に株式の保有を通じて介在する外国法人のうち軽課税国に所在するものをいいます。

4．適用除外

この制度には、外国子会社合算税制と同様に適用除外規定が設けられています[2]。

5．外国子会社合算税制の優先適用

特定外国法人が、外国子会社合算税制の対象となる場合には、外国子会社合算税制が優先して適用されることとなり、この制度は適用されません[3]。

---

2 措法66の9の2③、④
3 措法66の9の2⑦

第IX章

外国子会社配当金益金不算入制度

IX-1　制度の概要

ポイント

- 外国子会社から支払いを受ける配当等については、その配当等のうち95％部分が益金不算入、残りの5％部分が益金算入となります。
- この制度は、平成21年4月1日以後に開始する事業年度において、支払いを受ける配当等の額について適用されます。

1．概　要

　平成21年度の税制改正により、従前の間接外国税額控除制度に代わる制度として、「外国子会社からの配当の益金不算入」制度が創設されました。

　この制度は、日本の親会社が外国子会社から支払いを受ける配当等の額のうち95％部分を、日本の親会社の各事業年度の所得の計算上、益金不算入とするものです（残りの5％部分については、益金の額に算入されることになります）[1]。

　なお、配当等の額に係る外国源泉税等について、日本の親会社の各事業年度の所得の計算上、損金の額に算入されないばかりか、直接外国税額控除制度の対象にもなりません[2]。

1　法法23の2、法令22の3②
2　法法39の2

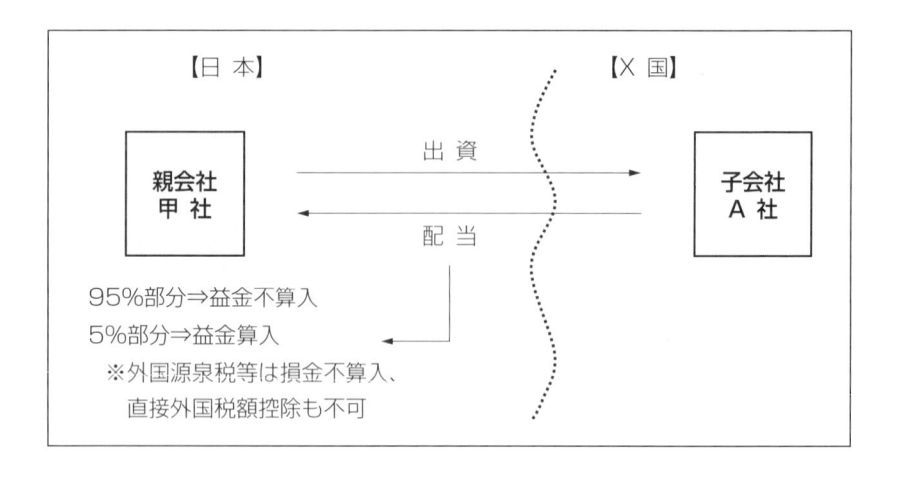

```
【日本】                    【X国】

  親会社   ――出資――→    子会社
   甲社   ←――配当――     A社

 95%部分⇒益金不算入
 5%部分⇒益金算入
  ※外国源泉税等は損金不算入、
    直接外国税額控除も不可
```

2．適用開始時期

　平成21年4月1日以後に開始する事業年度において、支払いを受ける外国子会社からの配当等について適用があります。

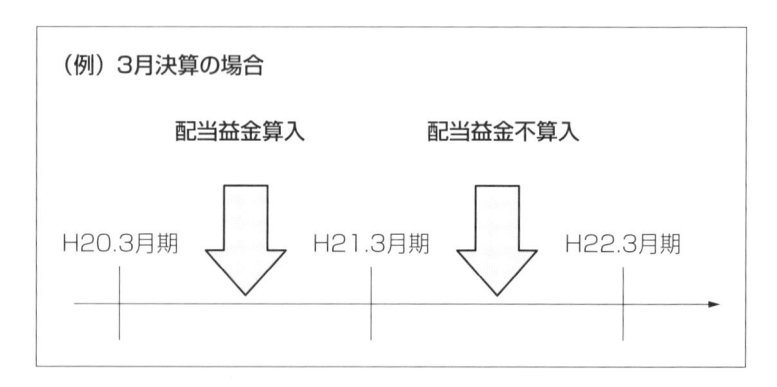

```
（例）3月決算の場合

         配当益金算入        配当益金不算入
            ↓                   ↓
  ―|―――――――|―――――――|――→
  H20.3月期   H21.3月期    H22.3月期
```

IX-2　適用要件

> **ポイント**
> - 日本の親会社の出資比率が25％以上（配当等の支払義務が確定する日以前6か月以上継続して保有している場合に限ります）である外国子会社からの配当等が、「外国子会社からの配当の益金不算入」制度の対象になります。
> - 普通株式だけでなく、優先株式等の種類株式に係る配当等も、「外国子会社からの配当の益金不算入」制度の対象になります。

１．適用要件

「外国子会社からの配当の益金不算入」制度の適用を受けるためには、以下の要件を満たす必要があります[1]。

① 外国子会社に対する日本の親会社の出資比率が25％以上であること
　　ただし、租税条約の「二重課税の排除」に関する条項において、外国子会社に対する持株割合について異なる割合が定められているときは、その割合を基に判定します[2]（例：米国の場合➡10％以上、フランスの場合➡15％以上）

② 日本の親会社が、配当等の支払義務が確定する日以前6か月以上継続して、外国子会社の株式等を保有していること
　　なお、外国子会社が配当等の支払義務が確定する日以前6か月以内

1　法法23の2、法令22の3①
2　法令22の3④

に設立された法人である場合には、その設立の日以後、配当等の支払義務が確定する日まで継続して保有していること
③ 確定申告書に益金の額に算入されない配当等の額及びその計算に関する明細の記載があること
④ 日本の親会社が、財務省令で定める一定の書類を保存していること
　※1　「外国子会社からの配当の益金不算入」制度は、普通株式に限らず、優先株式等の種類株式に係る配当等についても適用があります。
　※2　外国子会社が外国子会社合算税制（タックス・ヘイブン対策税制）における特定外国子会社等に該当する場合であっても、その外国子会社からの配当については、配当の益金不算入制度の対象となります。

IX-3 特定外国子会社等からの配当等について

> **ポイント**
> ◎ 特定外国子会社等からの配当等については、その配当等が生じた事業年度の開始日が平成21年4月1日以後であれば、「外国子会社からの配当の益金不算入」制度の対象となり、平成21年4月1日前であれば、「外国子会社からの配当の益金不算入」制度の対象となりません。
> ◎ 特定外国子会社等からの配当等について、「外国子会社からの配当の益金不算入」制度の適用がない場合には、従前の間接外国税額控除制度、課税済留保金額の損金算入制度の適用があります。

1.「外国子会社からの配当の益金不算入」制度の対象となる配当等

　特定外国子会社等からの配当等のうち、特定外国子会社等の平成21年4月1日以後開始する事業年度に生じた配当等が、「外国子会社からの配当の益金不算入」制度の対象になります[1]。

　つまり、日本の親会社の平成21年4月1日以後開始事業年度において、特定外国子会社等から受ける配当等であったとしても、その配当等が特定外国子会社等の平成21年4月1日より前に開始した事業年度から生じたものであるときは、「外国子会社からの配当の益金不算入」制度の対象にな

1　措法附則44⑤、措法附則44⑥

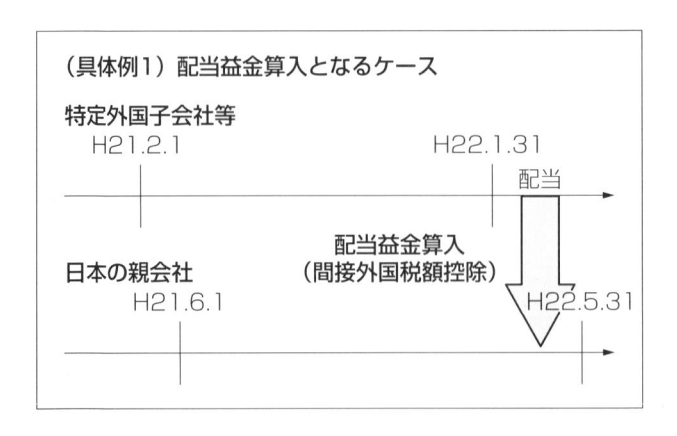

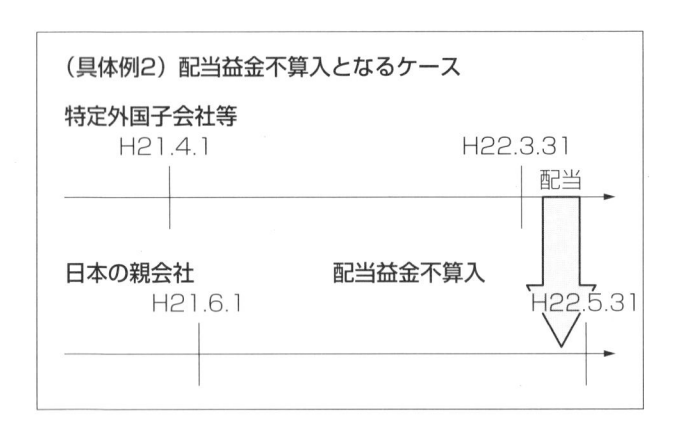

```
┌─────────────────────────────────────────────────┐
│ （具体例1）配当益金算入となるケース              │
│                                                 │
│  特定外国子会社等                                │
│    H21.2.1            H22.1.31                  │
│      ├──────────────────┤    配当              │
│                                ▼                │
│                         配当益金算入             │
│  日本の親会社          （間接外国税額控除）      │
│    H21.6.1                        H22.5.31      │
│      ├────────────────────────────┤             │
└─────────────────────────────────────────────────┘

※特定外国子会社等の平成21年4月1日以降開始する事業年度に生じた配当でないため、配当益金不算入の適用はありません。

┌─────────────────────────────────────────────────┐
│ （具体例2）配当益金不算入となるケース            │
│                                                 │
│  特定外国子会社等                                │
│    H21.4.1             H22.3.31                 │
│      ├──────────────────┤    配当              │
│                                ▼                │
│  日本の親会社         配当益金不算入             │
│    H21.6.1                        H22.5.31      │
│      ├────────────────────────────┤             │
└─────────────────────────────────────────────────┘

※特定外国子会社等の平成21年4月1日以降開始する事業年度に生じた配当であり、かつ、日本の親会社の平成21年4月1日以後開始する事業年度において支払いを受けた配当であるため、配当益金不算入の適用があります。

りません。

　この場合には、日本の親会社の各事業年度の所得の計算上、益金の額に算入され、従前の間接外国税額控除制度の対象になります。
```

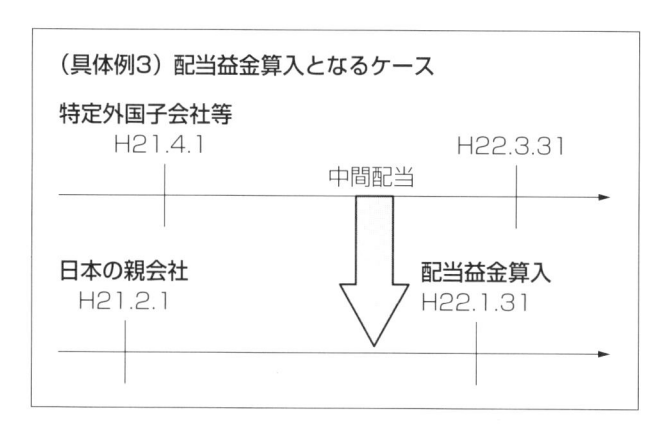

```
(具体例3) 配当益金算入となるケース

特定外国子会社等
  H21.4.1                    H22.3.31
  ├──────────中間配当─────────┤
                 ↓
日本の親会社                配当益金算入
  H21.2.1                    H22.1.31
  ├──────────────────────────┤
```

※特定外国子会社等の平成21年4月1日以降開始する事業年度に生じた配当であるが、日本の親会社の平成21年4月1日以後開始する事業年度において支払いを受けた配当でないため、配当益金不算入の適用はありません。

2．課税済留保金額の損金算入

「外国子会社からの配当の益金不算入」制度の対象とならない特定外国子会社等からの配当等については、課税済留保金額の損金算入制度の対象となります[2]。

2　措法66の8①

第X章

外国税額控除

X-1　外国税額控除の概要

ポイント

- 日本では、内国法人が得た所得について、全世界所得課税の考えを採用しているため、法人の所得に対して日本と海外の2国で課税される問題が生じます。こういった二重課税の排除を目的に、外国税額控除制度が導入されています。
- 内国法人が直接納付した外国税額を、国内の税金から控除する制度を「直接税額控除」といいます。
- 「間接税額控除」は、平成21年度税制改正により廃止されました。
- その他、「みなし外国税額控除」や「課税済留保金額の損金算入制度」も二重課税排除の考え方からは外国税額控除に含まれます。

1．直接税額控除

「直接税額控除」とは、日本国内にある内国法人が、その支店や取引先等がその海外居住地国において課税された外国税額を、日本国内で納付する税額から直接控除して税金を納付できる制度をいいます。

この場合に発生する外国税額は、例えば、国内法人の支店等が納付した外国法人税や取引先との間でやり取りをしている使用料や受取利息、配当等の支払時に源泉徴収される外国源泉所得税などがこれに該当します。

すなわち、所得の源泉地国と居住地国との二重課税を排除することが可能となります。

2．間接税額控除

「間接税額控除」とは、外国に設立等した一定の要件を満たす外国子会社が納付した外国税額控除のうち、国内法人が受ける配当に対応する部分を国内の法人税等から控除して税金を納付する制度をいいます。

なお、この間接税額控除は平成21年度税制改正により廃止され、別途、「外国子会社配当金益金不算入制度」が創設されました。

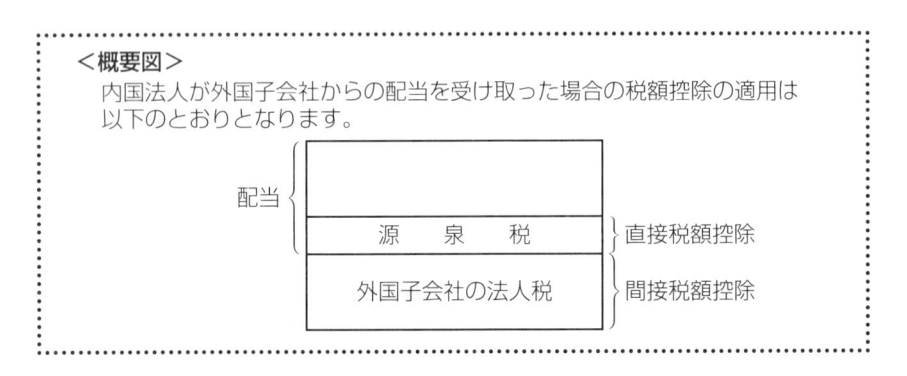

<概要図>
内国法人が外国子会社からの配当を受け取った場合の税額控除の適用は以下のとおりとなります。

配当 { 　　　　　　　　　　　　　
　　　　源　泉　税　　　 } 直接税額控除
　　　　外国子会社の法人税 } 間接税額控除

3．みなし外国税額控除

「みなし外国税額控除」とは、別名「タックス・スペアリング・クレジット：Tax sparing credit」と呼ばれ、発展途上国との租税条約において、その発展途上国の税額につき減免されている法人税額等がある場合には、その減免された法人税額等につき、発展途上国において実際に納付したものとみなして外国税額控除の適用を認める制度をいいます。

なお、一般的に、大部分の発展途上国では、自国の経済発展を進めるため外国からの企業や工場の誘致に尽力し、その誘致手段の一環として税制上各種の減免等優遇措置を設けています。

こういった状況を考慮し、これらの発展途上国向けの投資を行っている

先進国で、上記の減免措置を無視して課税を行うことはその発展途上国における減免措置の効果が半減してしまうことは明らかです。

したがって、この「みなし外国税額控除」は、租税条約によりその減免がなかったとした場合に納付したであろう法人税等を外国法人税とみなして、この制度を適用することができます。

こういった理由により、みなし外国税額控除（タックス・スペアリング・クレジット）制度が導入されています。

なお、現在では、シンガポールやフィリピン、ブラジルなどがその代表的な発展途上国とされています。

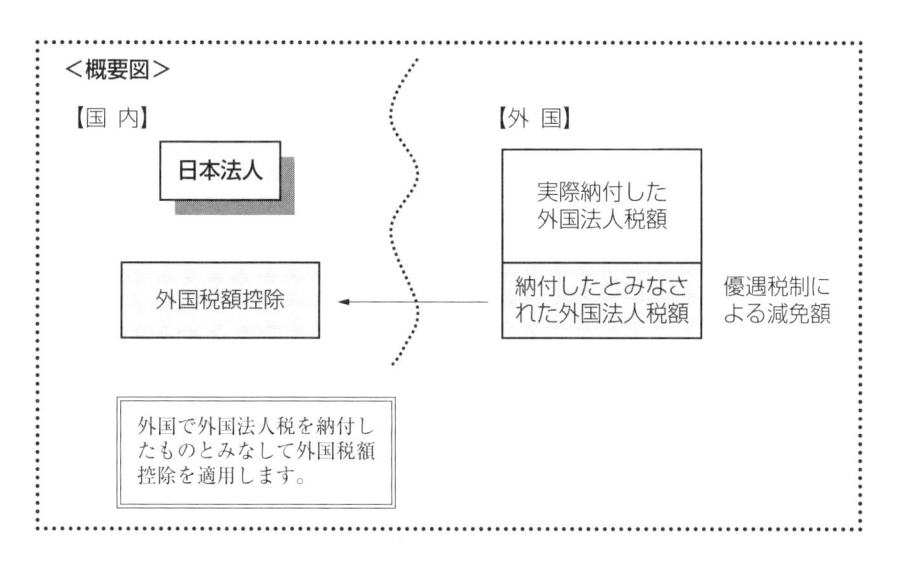

<概要図>

【国内】
日本法人
外国税額控除

【外国】
実際納付した外国法人税額
納付したとみなされた外国法人税額
優遇税制による減免額

外国で外国法人税を納付したものとみなして外国税額控除を適用します。

なお、タックス・スペアリング・クレジット制度については、**X-15**以降を参照して下さい。

X-2　外国法人税の範囲

> **ポイント**
> - 控除対象となる外国法人税は、どのような税金が対象になるのかを確認します。
> - 控除対象となる外国法人税のうち、中心となるものは課税標準に対して課される税となります。
> - 控除対象となる外国法人税には該当しない税金がありますので、注意が必要となります。
> - 控除対象となる外国法人税につき、主要各国の具体的例示を確認します。

1．控除対象となる外国法人税

「控除対象外国法人税」とは、「外国の法令に基づき外国又はその地方公共団体により法人の所得を課税標準として課される税」[1]のことをいいます。

外国またはその地方公共団体により課される税とは、以下のものとなります。

① 法人の所得を課税標準として課される税（法人税等が該当）
② 超過利潤税その他法人の所得の特定部分を課税標準として課される税

1　法令141①

③ ①または②に掲げる税の付加税

④ ①に掲げる税と同一の税目に属する税で、法人の特定所得につき、徴税上の便宜のため、所得に代えて収入金額等を課税標準として課されるもの（源泉所得税等が該当）

⑤ 法人の特定所得につき、①に掲げる税に代えて、法人の収入金額等を課税標準として課される税

2．法人の所得を課税標準とする税

　控除対象となる外国法人税のうち、最も代表的なものが、「法人の所得を課税標準として課される税」になります。

　これは、課税標準に税率を乗じて算出されるものであり、納税申告書や賦課決定通知書等でその金額と内容を確認する必要があります。

　税金とは、大別すると、所得税、消費税、流通税、財産税に分類することができますが、このうち所得を課税標準として課される税は所得税のみとなります。

　したがって、わが国でいえば、法人税、所得税、事業税等がこれに該当し、消費税や不動産取得税等はこれには該当しないこととなります。

3．控除不能外国法人税等[2]

　外国法人税といわれる税金であっても、下記のものは控除不能となります。

① 外国法人税にあわせて課される延滞税、利子税や加算税などの附帯税

2　法令141②

② 納税者が納付後、任意にその金額の全部または一部を還付請求できる税
③ 納付が猶予される期間を、その納税すべき者が任意に決めることができる税
④ みなし配当[3]の基因となる事由により交付される金銭その他の資産の価額に対して課される税
⑤ 移転価格課税の第2次調整として課されるみなし配当課税

4．控除対象となる外国法人税の具体的範囲

　主要国の税金につき、控除対象となる外国法人税の具体的範囲は次ページのとおりです。

　なお、「外国法人税に該当するもの」とは、原則として、事業所得の金額を基準として課されるものであり、売上等所得以外のものを基準に課税される税や社会保険制度の原資として徴収されるものは、税という名称を付しても、わが国の税体系からみて所得税に相当する税とはいえないため、外国法人税の対象となりませんので留意が必要となります。

3　法法24①、所法25①

国　名	該　当	非該当
米　　国	連邦所得税 連邦法人所得税 留保収益税 同族持株会社税 ミニマム・タックス 地方法人所得税	社会保障税 売上・使用税 会社設立税 資産税
イギリス	法人税 所得税 投資所得付加税 譲渡収益税 同族持株会社税 開発用地税 石油収入税	付加価値税 社会保障税 国民保険料付加税
ド イ ツ	法人税 資本収益税 営業収益税 使用料に対する源泉税 利札税	営業資本税 付加価値税 資本流通税 財産税
イ ン ド	法人税 超過利潤税	中央売上税 利息税
台　　湾	総合所得税 事業所得税	付加価値税 印花税 出品税 教育税
韓　　国	所得税 法人税	付加価値税 特別教育税 教育税
中　　国	合弁企業所得税 外国企業所得税	工商統一税（取引高税）

X-3　直接外国税額控除のしくみ

ポイント

- 内国法人が直接納付した外国法人税を、国内の法人税等から直接控除する制度です。
- 国際的二重課税を排除します。
- 住民税についても、一定限度範囲内で同様の取扱いが行われます。

1．直接税額控除の概要

　内国法人が、各事業年度において外国法人税を納付することになった場合に、その事業年度において生じた内国法人の所得金額に対して計算された法人税の金額のうち、その事業年度の所得のうち国外において発生したものに対する税額を、一定の限度額を基準にして、その外国法人税額を、その内国法人の事業年度の法人税額から控除することができる制度を「直接外国税額控除」といいます[1]。

1　法法69①

2．直接税額控除の概要図

直接税額控除のイメージを図示しておきます。

法人税法上の全世界課税所得

国内所得		国外所得
	外国税額	控除限度超過額
法　人　税		控除限度額

3．外国税額控除の制度のしくみ

　わが国においては、国外所得もいったん課税所得に含めて法人税を算出する全世界所得課税による課税方法が適用されています。この場合、外国で課税された法人税については、自国の法人税から控除することになります。

　この方法により計算をする場合には、無制限で外国法人税の控除が認められるケースと、一定の限度額を設けて控除するケースがあります。

　わが国においては、後者の限度付きの控除方法により二重課税を排除することとしています。

　また、この外国税額控除の方式によらず全額を損金算入する方法を採用することもできますので留意して下さい。

X-4　控除限度額の計算

> **ポイント**
> - 外国税額が控除される場合であっても、すべての税金、また、無制限に控除が認められるわけではありません。
> - 国内の法人税額等から控除される外国法人税額は、原則として、その外国法人税額が課された国外所得金額に対応する国内の法人税額の金額を限度としています。
> - 控除限度額の計算上、国外所得金額は、原則として全世界所得の90％以内に制限し、国外使用人割合を用いて算出した国外所得金額を採用することもできます。

1．控除限度額の概要と趣旨

1 控除限度額の概要

　外国税額控除の計算においては、当期に納付が確定した控除対象外国法人税額と、当期の外国税額の控除限度額とを比較して、いずれか低い金額をもって認められています[1]。

2 控除限度額の趣旨

　外国税額控除制度は、国際的二重課税排除を目的としてその制度が確立されているため、外国政府において日本国内よりも高い税率で課税した税額のすべてを控除する必要はありません。

1　法令142①

したがって、控除限度額を設けなければ国際的な二重課税排除の目的が達せられず、また、税率の高い国に進出した企業へ補助金等を交付するのと同等の不平等な結果となります。

2．控除限度額の計算

直接外国税額控除の計算上、その控除限度額の算定は以下の算式により計算されます[2]。

$$\text{全世界所得に対する法人税額} \times \frac{\text{その事業年度の国外所得}}{\text{その事業年度の全世界所得}}$$

① 法人税額は、所得金額に基本税率を乗じて計算した金額で算定することになります。したがって、法人税申告書別表1（1）における「差引法人税額4」の金額であることに注意が必要です。
② 全世界所得は、原則としてその事業年度の法人税の課税標準である所得金額となりますが、欠損金の繰越控除の適用を受けている場合には、適用を受けた繰越欠損金額を所得金額に加算した金額になることに注意が必要です。
③ 国外所得は、原則として当期中に実現した国外源泉所得について国内の法人税を課すものとした課税標準となるべき所得金額のことをいいます。

　ただし、国外所得の計算については、一定の調整等が必要となりますので注意が必要です。

---

[2] 法令142①〜③

X-5　直接外国税額控除の適用時期

ポイント
- 外国税額控除は、法人が外国法人税を納付することになった日の属する事業年度に適用されます。
- 税金の納税方法が、申告納税方式、源泉所得課税方式または賦課課税方式によって、納付することとなった日の時期の判断が変わります。
- したがって、国外所得金額とこれに対応する外国法人税が期間対応しないことがあります。

1．納付確定時期

　外国税額控除は、「外国法人税を納付することとなった日」に適用を受けることになります。

　したがって、外国法人税の納付の方法により適用を受けることができる時期が異なることとなります[1]。

① 申告納税方式により課される外国法人税

　申告納税方式により納付される外国法人税は、**納税申告書を提出した日**に外国税額控除の適用を受けることが可能となります。

　なお、更正または決定に係る税額については、その更正または決定の通知があった日となることに注意が必要です。

1　法基通16-3-5

2 源泉徴収方式により課される外国法人税

源泉徴収方式により納付される外国法人税は、**源泉徴収の対象となった利子・配当・ロイヤリティなどが支払われた日**に外国税額控除の適用を受けることが可能となります。

3 賦課課税方式により課される外国法人税

賦課課税方式により納付される外国法人税は、**賦課決定の通知があった日**に外国税額控除の適用を受けることが可能となります。

4 税額控除を受けるタイミングの具体例

例えば、使用料の源泉徴収がされた場合の税額控除の適用時期は以下のとおりとなります。

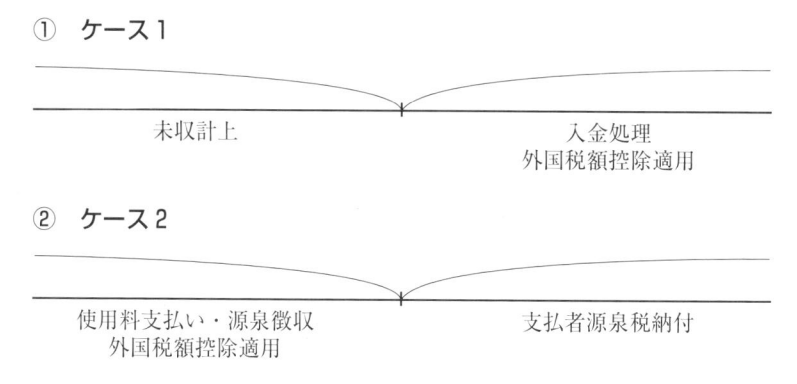

① ケース1

未収計上 | 入金処理
外国税額控除適用

② ケース2

使用料支払い・源泉徴収
外国税額控除適用 | 支払者源泉税納付

2．外国税額控除の適用時期の特例

外国税額控除の適用は、原則としては、先述1のとおり、「外国法人税を納付することとなった日」の属する事業年度とされていますが、「内国法人が継続してその納付することが確定した外国法人税の額を費用として計上した日」の属する事業年度において外国税額控除の適用を受けることとしている場合には、税務上もその計算を認められます。

この取扱いは、法人が任意に外国税額控除の適用時期を決められるので

はなく、外国法人税を費用として計上する時期が合理的な基準によっている場合に、継続的に同様の処理をしているときに限り、この方法が認められていることに留意する必要があります。

なお、外国法人税を費用として計上する時期の合理的な基準とは、例えば、「外国法人税の確定を知った日」や「その納付をした日」などが一定の合理的なルールといえます[2]。

---

2 法基通16-3-5

X-6　外貨換算に関する考え方

> **ポイント**
> - 外国法人税は、当然に日本円でなく現地通貨により納付金額が確定するため、為替換算が必要となり、その換算方法には一定のルールが存在します。
> - 為替換算は、源泉徴収の場合、国内から送金する場合または国外事業所等で納付する場合に応じ、それぞれの為替相場により換算することとなります。

1．源泉徴収方式の場合の換算方法[1]

1 外国法人税を費用計上している場合

利子・配当等に対して課された外国法人税で、その課された日の属する事業年度において費用の額として処理しているものについては、その費用の額の換算に適用する為替相場により換算します。

2 税引後の手取額を収益計上している場合

利子・配当等に対して課された外国法人税で、その利子・配当等を収益計上すべき日の属する事業年度終了の日までに課されたものは、その利子・配当等の収益計上に用いる為替相場と同一の為替相場を用いて換算します。

2. その他の場合の換算方法[1]

1 国内から送金する外国法人税

　納付することが確定した日の属する事業年度において、外貨建取引に関する費用の為替相場を用いて換算します。

2 国外事業所等において納付する外国法人税

　海外支店等の国外事業者が直接納付する外国法人税は、その納付することが確定した事業年度の本支店が損益計算書の作成の基準とする為替相場により換算します。

3 租税条約により納付したものとみなされる外国法人税

　租税条約によるみなし外国税額控除（タックス・スペアリング・クレジットの適用金額）は、態様に応じて、それぞれ上記と同様の方法を用いて換算します。

4 間接控除の場合のみなし外国法人税

　配当受領年度末までに外国子会社に課されたものについては、その配当等の円換算と同一の為替相場を用いて換算します。

　しかし、その後に課されたものについては、事業年度ごとに別々に換算するという考え方によりその課された日を含む事業年度末の為替相場を用いて換算することになります。この場合の換算レートは、原則としてTTM（仲値）を用い、継続適用を条件として配当等と同一の換算レートを用いることが可能となります。

---

[1] 法基通16-3-53

X-7　国外所得金額の概要

> **ポイント**
> - 控除限度額の計算上、国外所得金額の算定は重要なウェイトを占めます。
> - 国外所得金額は、その事業年度内に生じた国内源泉所得以外の所得に係る所得のみに対して法人税を課税する場合の課税標準となるべき所得金額をいいます。
> - 国外所得金額の計算上考慮しなければならないルールがありますので注意が必要です。

1．国外所得金額とは

「国外所得金額」とは、その事業年度において生じた国内源泉所得の規定による国内源泉所得以外の所得（国外源泉所得）に係る所得のみについて、各事業年度の所得に対する法人税を課するものとした場合に課税標準となるべきその事業年度の所得の金額をいいます[1]。

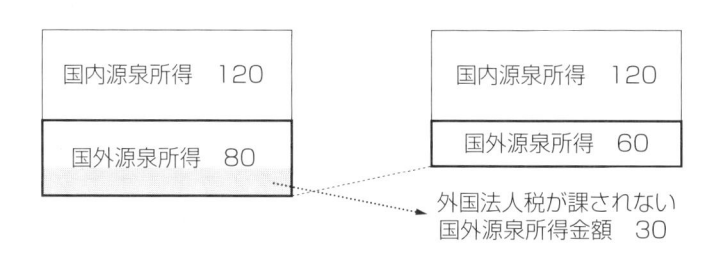

国内源泉所得　120	国内源泉所得　120
国外源泉所得　80	国外源泉所得　60

外国法人税が課されない
国外源泉所得金額　30

1　法令142③

ただし、国外源泉所得の中に外国法人税が課されないものがある場合には、国外源泉所得からその外国法人税が課されない国外源泉所得に係る所得金額の $\frac{2}{3}$ 相当額を控除することとなります。

よって、控除する金額は、

```
外国法人税が課されない
国外源泉所得金額  30  × 2/3 ＝20（国外所得金額から控除）
```

また、上記の金額が、以下の金額のうちいずれか多い金額を超える場合には、その多い金額に相当する金額になります。

① その事業年度の所得金額の $\frac{90}{100}$ に相当する金額
② その事業年度の所得金額に国外使用人割合（※1）を乗じた金額
　※1　期末時国外使用人／期末時使用人の総数
　※2　使用人には使用人兼務役員等一定の使用人は含まれません。

2．国外所得金額計算上の留意点[3]

国外所得金額の計算は、原則として、上記1の方法により算出することになりますが、下記の項目については注意が必要となります。

① 負債利子の取扱い
② 販売費、一般管理費の取扱い
③ 共通費用等の配賦
④ 評価損、貸倒損失の取扱い
⑤ 損金不算入の交際費・寄附金の取扱い

上記のうち主要な項目については、次項より解説をします。

2　法基通16－3－2
3　法基通16－3－2、16－3－13、16－3－14、16－3－15、16－3－17、16－3－19

また、その他の留意点として、外国法人の課税標準である国内源泉所得の算定基準と外国税額控除の国外所得金額の算定基準とは基本的には同様ですが、以下の場合には差異が生じます。

1 棚卸資産の譲渡

　外国税額控除限度額の算定における国外所得については、次のルールが適用されます。

① 棚卸資産の譲渡が国外事業所等を通じて行われた場合には、その棚卸資産は国外で譲渡されたものとなります。

② 棚卸資産の譲渡が国外事業所等を通じて行われなかった場合、国内源泉所得とされますが、その譲渡によって生ずる所得について外国法人税が課されるときは、法人の選択によりこれを国外所得とすることができます。

2 金銭の貸付、投資等

　国外の者に対する金銭の貸付及び外国への投資等によって生ずる所得は国外所得とされます。

X-8　国外所得金額に関する利子の取扱い

> **ポイント**
> - 利子は、国内業務と国外業務のいずれに該当するかを適正に配分しなければなりません。
> - 利子に該当するものは、借入利息のほか、社債発行差金の償却額や手形割引料などが含まれることに留意する必要があります。
> - 卸売・小売業、銀行業、その他の業種によって、配布の計算方法が異なりますので注意が必要です。

1．国外所得金額に関する利子の配賦方法[1]

　事業年度中に生じた負債利子のうち、国外事業所等における国外業務に直接関連する負債利子以外の利子（共通利子）について、内国法人が営む事業の内容に応じ、それぞれの配賦方法により国内業務と国外業務に適正に配分することとなります。

1　卸売業・小売業の場合

　共通利子を国外業務に係る総資産と会社全体の総資産の按分比率で国外所得に配賦することになります。

【算　式】

共通利子 × 当期末国外業務に係る資産簿価と前期末国外業務に係る資産簿価の合計額（借入金等利息元本を除き、海外向け貸付金・海外有価証券等を加算） / 当期末総資産簿価と前期末総資産簿価の合計額（借入金等利息元本を除く）

2 銀行業の場合

海外向け運用資産に平均調達コストを乗じた額を、共通利子の配賦額として国外所得から控除します。

【算式】

$$国外向け貸付金・有価証券等の期中平均残高 \text{※1} \times \frac{共通利子合計額}{預金借入金等の期中平均残高 \text{※2}} \times \left[\begin{array}{c} 前期・当期 \\ の自己資本 \\ の合計額 \end{array} - \begin{array}{c} 前期・当期 \\ の固定資産 \\ 簿価合計額 \end{array} \right] \times \frac{1}{2}$$

※1 国外事業所分を除き、該当事業年度に収入のない貸付金や有価証券は除外します。

※2 直接利子の元本負債は除外します。

3 その他の業種

その事業の性質に応じ、上記の算式に準じた方法により算出することとなります。

2．配賦方法の特例[2]

上記1の配賦方法に合致しない業種の場合には、どの業種であっても、あらかじめ所轄税務署長に確認を受けて、収入金額や使用人数等の合理的数値を基に計算し、所轄税務署長に認められた方法により配分することが可能となります。

---

1 法基通16-3-13
2 法基通16-3-14

X-9 国外所得金額に関する販売費及び一般管理費等の取扱い

ポイント
- 国外所得金額の計算は、全世界所得のうち国外のみに係るものを計算します。そのため、販売費及び一般管理費についても、国外所得金額部分に係るものを配分しなければなりません。
- 国外業務と国内業務の双方に係る費用(共通費用)を、どのような基準で適正に配分するかがポイントとなります。
- 原則は、それぞれの費目について合理的な基準を用いて適正に配分することになります。ただし、実務上の弊害を避けるため簡便的な方法が認められています。
- 共通費用のうち、負債利子や引当金の繰入れなど一定の項目については、他の配分方法により配賦することとなります。

1．国外所得金額に関する販売費及び一般管理費の原則的配賦方法[1]

　所得の金額の計算上、販売費及び一般管理費その他の費用で国内源泉所得を生ずる業務と国外源泉所得に係る所得を生ずる業務の双方に関連して生じたものがあるときは、その共通費用の額は、収入金額、資産の価額、使用人の数その他の基準のうちその内国法人の行う業務の内容及び費用の

---

[1] 法令142⑥

性質に照らして合理的と認められる基準により、国内源泉所得に係る所得と国外源泉所得に係る所得の計算上の損金の額として配分します。

2．簡便的な配賦方法[2]

上記1の原則的配賦による個々の費目ごとの計算が困難である場合には、共通費用を一括して、その事業年度の売上総利益の額のうちに国外業務に係る売上総利益の額の占める割合を用いて配分することとなります。

【算式】

共通費用 ※ × $\dfrac{国外事業所等の売上総利益＋海外からの受取利息・配当・使用料}{全世界の売上総利益＋全社の受取利息・配当・使用料}$

※共通費用には、引当金の繰入れ等、別の考え方により配賦する方法がある項目については含めません。

3．共通費用の配賦をしない場合

内国法人の国外業務に係る収入金額のほとんどが利子や配当、使用料等で、その事業年度の所得金額のうちに国外所得金額が占める割合が低いなど、課税上弊害がないと認められる場合には、その事業年度の販売費及び一般管理費その他の費用のうち国外業務に関連することが明らかである費用のみを共通費用として、国外源泉所得に係る所得の計算上の損金の額として配分します。

---

[2] 法基通16-3-12

4．配賦方法の特例[3]

上記 **1** ～ **3** の配賦方法に合致しない業種の場合には、どの業種であっても、あらかじめ所轄税務署長に確認を受けて、収入金額や使用人数等の合理的数値を基に計算し、所轄税務署長に認められた方法により配分することが可能となります。

3　法基通16-3-14

X-10　国外所得金額に関するその他の留意点

ポイント
- 国外所得金額の計算のうち、販売費及び一般管理費の配分方法で一般的な簡便方法を使わず、特別なルールがある項目があります。
- 原則は、それぞれの費目について合理的な基準を用いて適正に配分することになります。特別なルールがある項目としては、引当金繰入れ、負債利子、評価損益、寄附金・交際費などがあげられます。

1．引当金の繰入れ等の配賦方法[1]

損金算入が認められる引当金の繰入れや準備金の積立ては、他の販売費及び一般管理費とその性質を異にするため、その性質に応じた合理的な配賦方法が定められています。

1 個別評価金銭債権の貸倒引当金繰入額

国外事業所等に属する金銭債権（国内事業所に属する国外源泉所得に係る債権を含みます）に係る部分を直接減額します。

2 一括評価金銭債権の貸倒引当金繰入額

次の算式により計算した金額となります。

【算式】

一括評価による貸倒引当金繰入額 × （国外事業所等に属する金銭債権（国内事業所に属する国外源泉所得に係る債権を含みます））／（一括評価の対象となった金銭債権の合計額）

3 海外投資等損失準備金の積立額

国外事業所等に属する特定株式等（措法55①に規定する特定株式等をいいます）について、積み立てた金額を損金の額とします。

4 上記以外の引当金や準備金

その引当金や準備金の性質または目的に応じ、合理的な基準により計算した金額を損金の額とします。

2．評価損益の配賦方法[2]

国外事業所等に属する資産について資産の評価替えを行って生じた評価損益は、国外所得金額の益金、または損金として計算することとなります。

また、同様に、国外事業所等に属する外貨建債権債務の為替差損益や時価評価資産の評価損益、国外事業所等に属する貸金等の債権について生じた貸倒損失も国外所得金額の計算に加味することとします。

3．損金不算入の寄附金・交際費の配賦方法[3]

その事業年度において支出した寄附金の額のうち損金不算入となる金額がある場合、また、交際費の額のうち損金不算入となる金額がある場合には、それらの金額のうち国外業務に係る寄附金の額または交際費の額は、その事業年度の国外所得金額の計算上損金の額に算入しないこととなります。

1　法基通16-3-15
2　法基通16-3-17
3　法基通16-3-19

X-11　外国税額控除の繰越し

ポイント

- 控除対象外国法人税額と控除限度額とのいずれかを超えた部分を3年間繰り越して利用できます。
- 当期に控除対象外国法人税額があり、限度額がない場合でも過去の控除限度額の繰越しを行っておくことで、当期に外国税額控除の適用を受けることが可能となります。
- 一方、控除対象外国法人税額が控除限度額に満たない場合で、過年度から繰り越された限度超過額があるときも同様に、外国税額控除の適用を受けることが可能となります。
- 住民税についても同様の繰越しがそれぞれ適用されます。

1．繰越控除限度額

　内国法人が各事業年度において納付する控除対象外国法人税が、その事業年度の控除限度額と地方税控除限度額の合計額を超える場合において、その事業年度開始の日前3年以内に開始した事業年度の控除限度額のうち繰り越された金額（繰越控除限度額）があるときは、その繰越控除限度額を限度として、その超える部分の金額をその事業年度の法人税から控除することができます[1]。

　なお、地方税の繰越控除限度額は、次の金額を合計したものとなります。

1　法法69②

- 道府県民税 ➡ 国税の控除限度額 × 5％
- 市町村民税 ➡ 国税の控除限度額 × 12.3％

2. 繰越控除余裕額[2]

　内国法人が各事業年度において納付する控除対象外国法人税額が、その事業年度の国税の控除限度額に満たない場合において、次の算式で計算した金額を「繰越控除余裕額」といいます。

【算　式】
　国税の控除限度額 － 控除対象外国法人税額

　なお、地方税の繰越控除余裕額は、「控除対象外国法人税額＜国税の控除限度額」の場合には、その事業年度の地方税の控除限度額となり、「控除対象外国法人税額＞国税の控除限度額、かつ、控除対象外国法人税額－国税の控除限度額＜地方税の控除限度額」の場合には、その事業年度の地方税の控除限度額－（控除対象法人税額－国税の控除限度額）が、繰越控除余裕額となります[3]。

3. 繰越控除限度額と繰越控除余裕額

1 繰越控除限度額

| 控除対象外国法人税額 | 控除限度額 |
| | 繰越控除限度額 |

2　法令144⑤
3　法令144⑥

2 繰越控除余裕額

控除対象外国法人税額	控除限度額
繰越控除余裕額	

4．繰越控除対象外国法人税額の控除

1 控除余裕額が生じた場合の繰越控除対象外国法人税額の控除[4]

　内国法人が、各事業年度において納付する控除対象外国法人税額が、その事業年度の控除限度額に満たない場合において、その前3年内事業年度において納付することとなった控除対象外国法人税額のうち、その事業年度に繰り越される部分となった金額（繰越控除対象外国法人税額）があるときは、その控除限度額からその事業年度において納付する控除対象外国法人税額を控除した残額を限度として、その繰越控除対象外国法人税額をその事業年度の法人税から控除します。

2 繰越控除対象外国法人税額の計算[5]

　繰越控除対象外国法人税額は、その発生年度別の控除限度超過額ごとに区分して、その古いものから順に、まず国税の控除余裕額をもって充当し、なお充当しきれない控除限度超過額の残額は、地方税の控除余裕額によって順次充当されるものとして計算します。

　その結果充当しきれないものがあれば、さらに翌期へ繰り越すこととなります。

---

[4]　法法69③
[5]　法令145

X-12 外国法人税が変更になった場合の取扱い

ポイント

- 外国法人税は、原則として納付事業年度に税額控除が認められていますが、外国法人税が変更されて減額された場合には、還付を受ける場合があります。
- 還付を受けた場合に、過去に外国税額控除の対象としていた金額については、過年度修正をするのではなく、①当期の控除対象外国法人税額と相殺し、その残額は、②減額事業年度に繰り越された繰越控除対象外国法人税額から控除し、さらにその後の残額は、③その後の事業年度で発生する控除対象外国法人税額から控除し、なお相殺控除できない残額は、④2年経過時に益金へ算入します。

1．減額控除対象外国法人税額[1]

「減額控除対象外国法人税額」とは、減額後の外国法人税によって正しく計算された外国法人税額と当初申告した際に計算された控除対象外国法人税額との差額をいいます。

---

1 法令25

2．減額された控除対象外国法人税額の処理

1 外国法人税との相殺[2]

　内国法人が外国税額控除の規定の適用を受けた事業年度後の事業年度において、これらの規定による控除をされるべき金額の計算の基礎となった外国法人税額が減額された場合には、その減額されることとなった日の属する事業年度以後の各事業年度については、その減額に係る事業年度において、その内国法人が納付する控除対象外国法人税額から減額控除対象外国法人税額に相当する金額を控除し、その控除後の金額につき、外国税額控除の規定を適用します。

2 繰越控除対象外国法人税額からの控除[3]

　上記1の場合において、減額に係る事業年度の納付控除対象外国法人税額がないとき、またはその納付控除対象外国法人税額が減額対象外国法人税額に満たないときは、減額に係る事業年度開始の日前3年以内に開始した各事業年度の控除限度超過額から、それぞれその減額控除対象外国法人税額の全額またはその減額控除対象外国法人税額のうち納付控除対象外国法人税額を超える金額を控除し、その控除後の金額につき外国税額控除の規定を適用します。

　この場合、2以上の事業年度につき控除限度超過額があるときは、まず古い事業年度の控除限度超過額から控除を行い、なお控除しきれない金額があるときは順次新しい事業年度の控除限度超過額から控除します。

3 その後2年以内の事業年度で発生する控除対象外国法人税額からの控除[4]

　内国法人が各事業年度の納付控除対象外国法人税額につき、外国税額控

2　法令150①
3　法令150③
4　法令150④

除の規定の適用を受ける場合において、その事業年度開始の日前 2 年以内に開始した各事業年度において生じた減額控除対象外国法人税額のうち、上記①または②の規定に充てることができなかった金額は、その金額のうちその事業年度の納付控除対象外国法人税額に達するまでの金額を、その事業年度の減額控除対象外国法人税額とみなして、控除対象外国法人税額から控除します。

なお、その減額控除対象外国法人税額が前 2 年以内事業年度のうち、異なる事業年度において生じたものである場合には、古い事業年度において生じたものから順次、納付控除対象外国法人税額から控除することとなります。

④ 2 年経過時の益金算入について

上記①～③によってもなお控除しきれない金額がある場合には、 2 年経過時点で益金算入することとなります。

3．欠損金の繰戻還付による還付があった場合[5]

その事業年度前の事業年度において外国税額控除の規定の適用の対象とした外国法人税額の全部または一部につき、わが国の欠損金の繰戻還付制度に類する制度に基づいて還付された場合も、その還付されることとなった日の属する事業年度において、減額があったものとして還付金等の益金不算入制度[6]及び減額があった場合の控除対象外国法人税額の規定を適用することができます。

5 　法基通16-3-20
6 　法法26②

X-13　限度税率超過税額の取扱い

ポイント
- わが国と租税条約の締結をしている国に源泉のある所得につき、この取扱いが検討されます。
- 租税条約に定める限度税率を超えて外国法人税を課税された場合には、その超える部分の金額については外国税額控除の適用はないものとします。

1．租税条約による限度税率超過税額の取扱い[1]

　内国法人がわが国と租税条約を締結している国に源泉のある所得を有する場合において、その所得につき租税条約に定める限度税率を超える税率により外国法人税を課されたときは、その外国法人税の額のうち限度税率によって計算した税額を超える部分の金額については、原則としてその還付を受けるまでは仮払金等として損金の額に算入しないものとし、かつ、外国税額控除の規定の適用はないものとします。

2．限度税率超過税額の取扱いの趣旨

　租税条約は、そもそも国際間の二重課税を排除することを目的としています。

---
[1] 法基通16-3-8

そのため、利子、配当、使用料等の投資所得については、その所得の発生した国における課税を一定の制限税率にとどめる規定を設置するのが通例となっています。

　わが国においては、あらかじめ書類等の提出により当初より制限税率によって源泉徴収するため、原則として制限税率を超えて課税されることはありません。

　しかし、ヨーロッパ諸国等一定の国においては、支払段階ではいったん国内法の税率により源泉徴収しておき、その後一定の申請書等を提出させて条約締結国の居住者であることを確認した上で超過部分の還付を行うため、制度のバランスをとることからも、限度税率超過税額の取扱いを決めています。

3．例外的取扱い

　超過部分については、いずれ還付されることから一種の仮払金と考えられます。

　そのため、原則としてその還付を受けるまでは仮払金として処理し、損金算入や外国税額控除の対象とすることはできません。

　ただし、この取扱いは、還付手続をすることで常識的な期間内に還付を受けることが前提となっていますので、租税条約の適用の有無に疑義があるなどのため還付を受けられるかどうか判断できない場合には、当初の源泉徴収の段階において限度税率超過額を含む全体の税額を外国税額控除の対象とし、還付を受けた段階で外国法人税の減額の取扱いの適用をして調整することとなります。

X-14　外国税額控除適用のための申告手続

> **ポイント**
> - 外国税額控除の適用を受けるためには、①確定申告書に控除を受けるべき金額とその計算明細の記載があること、②控除対象外国法人税額が課税されたことを証する書類の添付があること、の2点を満たす必要があります。
> - 外国税額控除は申告要件となっているため、確定申告提出後に、記載金額が変更になったことによる控除限度額の増加等をして、追加での控除を行うことはできません。

1．確定申告書の記載要件[1]

　外国税額控除の適用にあたり、内国法人は確定申告書に、その控除を受けるべき金額及び計算に関する明細の記載をする必要があります。
　具体的には、
　申告書別表1、別表6(2)、6(2の2)、6(3)、6(3)付表、6(4)、6(4の2)、6(5)、6(5の2)、6(5の3)、17(3の2)等
の別表の記載を必要とし、これらを確定申告書に添付した場合に限り外国税額控除が適用されます。

1　法法69⑩

2．控除限度超過額及び控除余裕額の繰越し[2]

　前期以前の控除余裕額を当期の控除限度額に加えて使用する、または、前期以前の控除限度超過額を当期に繰り越して控除する場合には、次の要件をすべて満たさなければなりません。

① 　繰越控除限度額または繰越控除対象外国法人税額に係る事業年度のうち、最も古い事業年度以後の各事業年度について、その各事業年度の控除限度額及び納付することとなった控除対象外国法人税額を記載した確定申告書を提出しなければなりません。

② 　これらの規定の適用を受けようとする事業年度の確定申告書に控除を受けるべき金額を記載しなければなりません。

③ 　確定申告書に、繰越控除限度額または繰越控除対象外国法人税額の計算基礎事項を記載した書類等を添付しなければなりません。

　この場合に、これらの規定により控除されるべき金額は、各事業年度の確定申告書にその各事業年度の控除限度額及び納付することとなった控除対象外国法人税額として記載した金額を基礎として計算した金額を限度とします。

　この場合も控除できる金額は、確定申告書に記載された金額となりますので、税務調査等により結果的にこれらの金額が増額した場合であっても、税務署長の宥恕規定の適用がない限り、追加増額することはできません[3]。

3．添付書類[4]

　確定申告書の添付書類は、以下のとおりとなります。

2　法法69⑪
3　法法69⑫

1 直接税額控除

- 直接税額控除の適用を受けようとする外国法令により課される税が、外国税額控除の適用対象に該当する外国法人税であることについての説明
- 控除対象外国法人税額の計算に関する明細を記載した書類
- 外国法人税を課されたことを証する申告書の写し、またはこれに代わるべきその税に係る書類や納付されている場合には納付書

2 間接税額控除

- 配当等を支払う外国法人が、外国子会社に該当することについての説明
- 外国法人税に該当することについての説明
- 控除対象外国法人税額とみなされる金額の計算に関する明細を記載した書類
- 外国子会社の配当等の額に係る事業年度の貸借対照表、損益計算書、株主資本等変動計算書、損益金の処分に関する計算書その他これらに類する書類ならびにその事業年度につきその外国子会社に対して課された外国法人税に係る書類及びすでに納付されている場合には納付書

3 みなし外国税額控除

- その適用を受けることができる旨及びその金額の計算の明細を証明する書類

4　法規29の3

X-15　タックス・スペアリング・クレジット(Tax sparing credit)の概要

ポイント

- 主に発展途上国において、自国の経済発展を目的として、一定要件を満たしている外国からの投資について税制上の優遇措置を与えているケースがあります。これらの優遇措置を受けている場合にはタックス・スペアリング・クレジット（みなし外国税額控除制度）の適用がある場合があります。
- 具体的には、内国法人が、租税条約の相手国で所得を稼得したものの、その国が法人税の課税を減免している税額について、実際は納税していないが、外国税額控除の適用上、納付したものとみなして控除対象外国法人税額として外国税額控除の適用を受けるものがあります。

1．タックス・スペアリング・クレジットの趣旨

　発展途上国では、経済発展を目的として外国資本や外国技術の導入を図る目的で、進出企業へのインセンティブを税金の減免措置等により与えることが多く見受けられます。

　内国法人は、全世界所得課税として国内において法人税を納付しますが、進出した発展途上国では減免措置により外国法人としての納税は発生しません。したがって、控除される外国法人税はなく、発展途上国での減免措置は先進国においては税収増となり、その内国法人にとっては無意味

なものとなってしまいます。

そこで、外国税額控除の適用上、発展途上国の減免税額を支払ったものとみなすと、控除対象外国法人税が存在することとなり、控除額が増加します。この分だけ自国で納付する法人税の減額効果が生じることになるため、外国からの投資や進出に対しての誘引効果が与えられます。

2．タックス・スペアリング・クレジットの概要

タックス・スペアリング・クレジットを、具体的な計算例で見てみると次のとおりとなります。

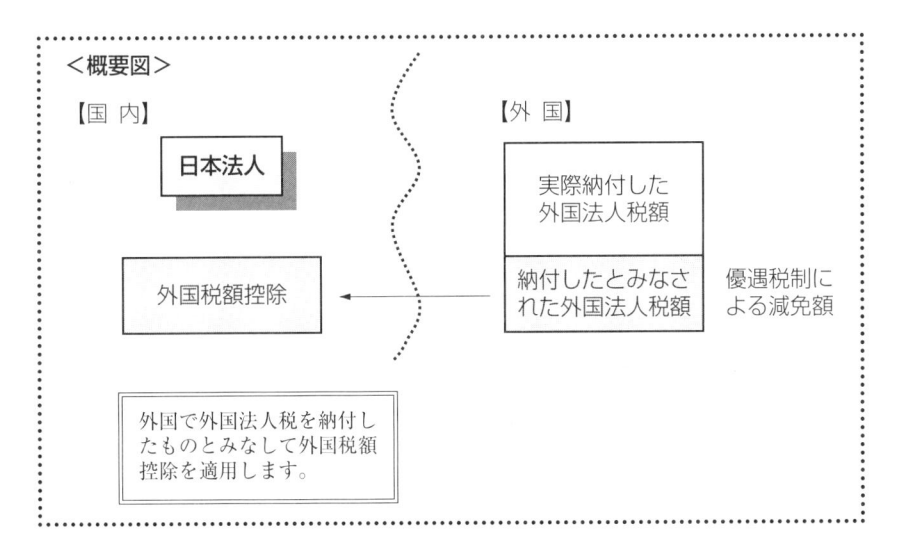

＜概要図＞

【国内】　日本法人

外国税額控除　←　納付したとみなされた外国法人税額

【外国】
実際納付した外国法人税額
納付したとみなされた外国法人税額
優遇税制による減免額

外国で外国法人税を納付したものとみなして外国税額控除を適用します。

【例】

内国法人に所得100、外国法人税率40％、免税措置により納付すべき法人税は0である場合の課税関係を見ます。なお、本国の税率も40％として検討します。

1 タックス・スペアリング・クレジットの適用がない場合

　タックス・スペアリング・クレジットを適用できない場合には、免税額がないため本国での納税額が発生してしまいます。そのため、発展途上国への進出を躊躇する可能性があります。

〈現地国での課税〉		〈本国での課税〉	
現地所得	100	所得金額	100
法人税	40	法人税	40
免税額	40	免税額	0
納付すべき額	0	納付すべき額	40

2 タックス・スペアリング・クレジットの適用がある場合

　タックス・スペアリング・クレジットを適用できる場合には、免税額が生じますので本国での納付税額も0となります。これにより発展途上国への積極的進出が実現されます。

〈現地国での課税〉		〈本国での課税〉	
現地所得	100	所得金額	100
法人税	40	法人税	40
免税額	40	免税額	40
納付すべき額	0	納付すべき額	0

　このように、発展途上国へ投資や進出をした場合には減税効果が明確に現れることとなります。

X-16 タックス・スペアリング・クレジットの適用時期

> **ポイント**
> - タックス・スペアリング・クレジットの適用を受けるタイミングは、直接外国税額控除・間接外国税額控除のそれぞれのタイミングに従うこととなります。
> - 直接外国税額控除は、内国法人が外国法人税を負担した日を含む事業年度に税額控除を適用します。
> - 間接外国税額控除は、配当の確定日と免税額の確定日のどちらか遅い日を含む事業年度に税額控除を適用します。

1．タックス・スペアリング・クレジットの控除時期

　直接納付による外国法人税の控除時期は、その納付すべき外国法人税の債務確定がされた事業年度とされています。

　しかし、そもそもみなし外国法人税額は減免されていることから、確定手続という考え方自体は存在しません。

　では、どのように考えることになるのでしょう。

　みなし外国法人税額の控除時期については、その減免が具体的に確定した日をもって、納付が確定した日と考えられることになります。すなわち、減免額が確定するということは、裏を返すと納付額が確定したということになります。

　例えば、申告納税方式を採用している外国法人税の場合において、減免

措置による減免金額が申告書を提出することにより確定することと規定されているときは、その申告書を提出した日が、このタックス・スペアリング・クレジットの適用時期となり、控除することができることとなります。

　賦課課税方式をとる外国法人税の場合において、減免措置が賦課通知書等により通知されることにより認められることと規定されているときは、その減免措置による減免金額は、その通知書を受領した日がこのタックス・スペアリング・クレジットの適用時期となり、控除することができることとなります。

X-17　住民税法人税割の外国税額控除

> **ポイント**
> - 地方税においても、外国税額控除を適用することができます。
> - 都道府県民税、市民税のうち法人税割から控除することができます。
> - 法人税の外国税額控除と同様に控除限度額があり、また、繰越制度があります。

1．地方税の外国税額控除の概要[1]

　内国法人が、外国にその源泉がある所得について、外国の法令により都道府県民税の法人税割・利子割もしくは市町村民税の法人税割に相当する税（以下「外国法人税額」）を課された場合には、国際的二重課税を排除する観点から、その外国法人税額をまず法人税から控除し、法人税から控除しきれない額があるときは都道府県民税法人税割から控除し、さらに控除できない場合には、市町村民税法人税割から控除することとされています。

1　都道府県民税

　外国法人税額のうち、法人税の控除限度額を超える額があるときは、都道府県民税の控除限度額として、その超える都道府県民税の法人税割額から控除されます。

1　地法53㉙、地法321の8㉙

2 市町村民税

　外国法人税額のうち、法人税の控除限度額及び都道府県民税の控除限度額を超える額があるときは、市町村民税の控除限度額を限度として、その超える額が市町村民税の法人税割額から控除されます。

3 概要図

　上記を図に示すと以下のようになります。

外国法人税額	（翌期へ繰越し）
	市町村民税の控除限度額
	都道府県民税の控除限度額
	法人税の控除限度額

2．外国法人税額及び控除対象外国法人税額の範囲[2]

1 外国法人税額の範囲

　法人住民税の外国法人税額の範囲は、法人税における外国法人税と同じとなります。

2 控除対象外国法人税額

　法人住民税の控除対象外国法人税額の範囲は、法人税における控除対象外国法人税額と同じとなります。

3．控除限度額[3]

　控除限度額の計算は、原則として標準税率により計算されますが、超過

2　地令9の7①、③、48の13①、③
3　地令9の7④、48の13⑤

税率で法人税割を算定する都道府県や市町村に事務所がある法人にあっては、選択により別途算定した金額によることができます。

① 都道府県民税

　　　法人税の控除限度額 × 5％（標準税率）

② 市町村民税

　　　法人税の控除限度額 × 12.3％（標準税率）

③ 超過税率による場合

　　　法人税の控除限度額 × その法人の法人税割に適用される税率に相当する割合

4．2以上の都道府県または市町村に事務所等を有する場合の控除限度額

　2以上の都道府県または市町村に事務所等を有する法人の事業所がある都道府県または市町村ごとに控除すべき外国法人税額は、次の算式により計算した金額となります。

① 標準税率による場合

$$\text{控除することができる外国法人税額} \times \frac{\text{その都道府県分または市町村分の従業者数}}{\text{当該法人の総従業者数}}$$

② 超過税率による場合

$$\text{控除することができる外国法人税額} \times \frac{\text{その都道府県分または市町村分の補正した従業者数}}{\text{当該法人の補正した総従業者数}}$$

　※補正した従業者＝（従業者数）×（適用税率：5％または12.3％）

5．繰越外国法人税額

　地方税において、過年度の繰越しを利用した外国税額控除が生じた場合において、その控除額がその年度の法人税割額を超えるときは、その期に還付が行われず、その権利は法人税と同様に3年間繰り越されて3年以内の法人税割から控除されることとなります。

　なお3年以内に控除できないものは、切捨てとなりますので注意して下さい。

　以下に、控除限度超過額と控除余裕額を示します。

1 控除限度超過額

控除対象外国法人税額	控除限度超過額	前3年内各事業年度で生じた控除限度超過額のうち、前期以前に控除余裕額に充当されずに繰り越されたものの
	市町村民税の控除限度額	繰越外国法人税額
	都道府県民税の控除限度額	
	法人税の控除限度額	

2 控除余裕額

都道府県民税の控除限度額	控除余裕額 法人税の限度超過額を超える控除対象外国法人税	市町村民税の控除限度額	控除余裕額 法人税・都道府県民税の限度超過額合計を超える控除対象外国法人税

都道府県民税の控除限度額	控除余裕額
	法人税の限度超過額を超える控除対象外国法人税

市町村民税の控除限度額	控除余裕額
	法人税・都道府県民税の限度超過額合計を超える控除対象外国法人税

X-18　事業税の取扱い

> **ポイント**
> - 内国法人の国外事業所に帰属する所得については、事業税は課税されません。
> - ただし、海外からの利息や配当、使用料等については国外源泉所得ですが、国外事業所に帰属する所得ではないため、事業税の課税標準の計算上は損金として処理します。

1．事業税の取扱いについて

　事業税は、各都道府県に事業所等を有している会社に対して、その会社が稼得した所得を課税標準として課税します。これは、その各都道府県に事業所等を有していることから、その都道府県より何らかの公共的サービスを受けているとの考え方から課税をし、事業税として納税することとなります。

　この考え方によれば、内国法人が国外事業所を有している場合には、その国外事業所に関しては、その各都道府県とはなんら関係がなく、公共的なサービスも受けていないことから、その国外事業所に帰属する所得については、事業税は課税されないこととなります。

　つまり、事業税については原則として、国外所得は免税として取り扱うこととなります。

　しかし、一方で、海外からの受取利息、受取配当金、受取使用料等は、国外源泉所得ではありますが、国外事業所に帰属する所得ではないことか

ら、事業税の課税対象となります。
　また、これらの国外源泉所得に課された外国法人税は、事業税の計算上損金として処理することとなります。

2．事業税の課税標準の算定

1 概　要

　国外事業所を有する法人は、その事業税の課税標準を算定する際には、その国外事業所に帰属する所得を把握して、その金額を課税標準から控除します。

　国外事業所の所得は、原則として、その国外事業所に個別に帰属する所得に、本社等で発生する共通経費を合理的に配賦し、国外事業所に係る所得に係る外国法人税を控除して算出することとなります。

　事業税の課税標準の計算では、国外事業所の所得に係る外国法人税は損金算入されるため、原則として、外国法人税控除後の全世界所得から税引後の国外事業所の所得を差し引いて事業税の課税標準を算定します。

　例外として、個別に国外事業所の所得を把握しないで、外国法人税額控

〈所得算定方法〉

原　則	全世界所得※ － 国外事業所に係る所得※ ※税引後所得により計算することとなります。
特　例	所得総額 － 所得総額 × $\dfrac{国外事業所の従業者数}{従業者数の総数}$ ※この場合の所得総額は、繰越欠損金額控除前の金額となり、国外所得以外の所得に対して課された外国法人税額を損金の額に算入しないで計算したものとなります。 ※外国法人税額につき、外国税額控除の適用を受けず、所得計算上損金算入している場合には、損金算入しないで計算したものとします。

除前の所得を人数按分により算出し、これを全世界所得から控除し、そこから国外事業所所得に係る外国法人税以外の法人税を差し引いて事業税の課税標準を算出することも可能となります。

2 留意点

① 内国法人が国外で事業を行っているかどうかの判定は、外国に恒久的施設があるかどうかで判断します。

したがって、外国にその源泉がある所得であっても恒久的施設がない場合には、国外所得にはならないことに留意が必要です。

② 欠損事業年度であっても、外国に恒久的施設がある場合には上記の特例計算を行います。

③ 翌事業年度以降に繰越控除が認められる欠損金額についても、その欠損金額から国外事業所に帰属する欠損金額を控除した金額となります。

④ 上記の特例を採用する場合には、すべての国外所得につき区分計算を行います。一部のみ区分計算する方法は認められません。

⑤ 上記の2つの算出方法は、外国法人税につき、外国税額控除を適用するか、損金算入として処理するかで申告書付表の記載方法が異なることに留意しなければなりません。

X-19　個人に適用される外国税額控除

> **ポイント**
> - 個人が、その年に国外所得について納付する外国所得税があるときは、一定の特別控除項目を加味した後、控除限度額を考慮してその外国所得税を控除することができます。
> - 不動産所得、事業所得、山林所得、一時所得または雑所得については、外国所得税を所得金額計算上の必要経費にすることも選択できます。

1．外国税額控除の概要[1]

　その年において国外所得について納付する外国所得税があるときは、配当控除、住宅ローン控除等行った後の所得税の額から、次の算式により計算された控除限度額を限度として、その外国所得税を控除することができます。

【算式】

$$\text{所得税の額}\ \text{※1} \times \frac{\text{その年分の国外所得総額\ ※2}}{\text{その年分の所得総額\ ※3}}$$

※1　配当控除、住宅借入金等を有する場合の所得税額等の税額控除後の金額となります。

---
[1] 所法95①、所令222、措通41の19の5-2

※2　その年において生じた国内源泉所得以外の所得のみに所得税を課税した場合の課税標準となる総所得金額、分離短期・長期譲渡所得金額、株式等譲渡所得金額、先物取引に係る雑所得金額、退職所得金額及び山林所得金額の合計額をいいます。

※3　純損失の繰越控除、雑損失の繰越控除、居住用財産の買換え等の場合の繰越控除または特定居住用財産の譲渡損失の繰越控除をしないで計算したその年分の総所得金額、分離短期・長期譲渡所得の金額、株式等譲渡所得金額、先物取引に係る雑所得金額、退職所得金額及び山林所得金額の合計額（その年分の国外所得総額に満たない場合には、その年分の国外所得総額とします）をいいます。

2．外国所得税の範囲[2]

外国所得税の範囲は、外国の法令に基づいて外国やその地方公共団体により課される税で、以下のものとなります。

① 個人の所得を課税標準として課される税

② 個人の所得の特定の部分を課税標準として課される税（超過所得税）

③ 個人の所得または特定の部分を課税標準として課される税の附加税

④ 個人の所得を課税標準として課される税と同一の税目に属する税で、特定所得について所得に代えて収入金額等を課税標準として課されるもの

⑤ 個人の特定の所得について、所得を課税標準とする税に代えて、個人の収入金額等を課税標準として課される税

その他、納税者がその納付後に、任意にその金額の全部または一部を還付することができる税や、外国所得税に附加される付帯税等一定の外国所

2　所法95①、所令221、所令222の2

得税については、外国税額控除の適用対象とはならないことに留意が必要です[3]。

3．外国税額控除の適用時期[4]

　外国税額控除は、原則として申告、賦課決定等の手続により外国所得税について、具体的に納付すべき金額が確定した日の属する年分において適用することとなります。

　ただし、納付すべき日が確定した外国所得税につき、実際に納付した日の属する年分において継続して外国税額控除を適用している場合には、その納付した日の属する年分で申告することも容認されています。

　また、予定納税等をした外国所得税についても、原則としては同様の取扱いをすることとなります。

4．控除限度超過額と控除余裕額

　その年分の控除限度超過額や控除余裕額が生じた場合には、法人税の計算と同様に3年間の繰越しが認められています。

　制度の内容は、法人税の控除限度超過額及び控除余裕額と同様に取り扱います。

5．翌年以降に減額がされた場合の取扱い[5]

　外国所得税が減額された場合には、その減額に係る年において納付控除

3　所令221③、所令222の2①、④
4　所基通95-4
5　所法95④、所令226①、平成21年改正所法附則4②

対象外国所得税額から減額控除対象外国所得税額に相当する金額を控除して、その控除後の金額につき外国税額控除の適用をします。

なお、外国税額控除の適用を受けた外国所得税の額が平成21年4月1日以降に減額された場合において、その減額に係る年の控除対象となる外国所得税の額からその減額された外国所得税の額を控除する等の措置の適用については、外国税額控除の適用を受けた年の翌年以後7年内の各年において減額された場合に限ることとされました。

「減額控除対象外国所得税額」とは、減額に係る年において外国所得税の額の減額された金額のうち、次の算式で計算された金額とします。

【算式】

| 減額外国所得税のうち外国税額控除の適用を受けた年において、控除対象外国所得税額とされた金額 | − | 減額後の外国所得税額について外国税額控除の適用を受けた年において、この適用を受けた場合の控除対象外国所得税額とされる金額 |

X-20 間接税額控除の概要 (参考)

ポイント

- 平成21年度税制改正により間接税額控除が廃止されましたが、経過措置により軽課税国にある特定外国子会社等からの配当については、益金算入制度が適用されず、間接税額控除を適用することがあるため注意が必要です。
- 内国法人の平成21年3月31日以前に開始する事業年度における外国子会社からの配当について、その子会社が外国法人税を納付している場合には、従来どおり間接税額控除の規定の適用があります。

1．間接税額控除の廃止と経過措置

　平成21年度税制改正で「外国子会社の配当益金不算入制度」が導入され、間接税額控除は廃止になりました。

　ただ、現行、内国法人が施行日前に開始した事業年度において改正前の外国子会社から受けた旧間接税額控除の規定に該当する配当等の額があれば、その内国法人の施行日前から3年経過日以前に開始する各事業年度において旧間接税額控除の規定に該当する外国所得に対して課税される外国法人税のうち、これらの配当等に係るものについては、継続して税額控除の規定の効力を有することとなります[1]。

1　平成21年改正法法附則12②

2．間接税額控除の制度の内容

　内国法人が、外国子会社及び孫会社から配当等を受けた場合には、その外国子会社の所得に対して課税されている外国法人税の額のうち、配当等に対応するものとして計算した金額は、その内国法人が納付した控除対象外国法人税額とみなして、外国税額控除の規定を適用します。

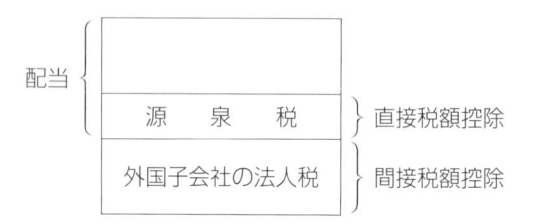

```
配当 ┤ ┌─────────────┐
     │ │   源  泉  税   │ ┤ 直接税額控除
     │ ├─────────────┤
     │ │ 外国子会社の法人税 │ ┤ 間接税額控除
     └ └─────────────┘
```

3．外国子会社の要件

　「外国子会社」とは、その外国法人の発行済株式総数の25％以上、または、発行済株式の議決権総数の25％以上であり、かつ、その状態が内国法人が受ける配当等の支払義務が確定する日以前6か月以上継続している会社のことをいいます。

　なお、持株比率を租税条約で軽減している国もあります。

　具体的には、

　　米国・オーストラリア・ブラジル➡10％

　　フランス➡15％

　です。

4．外国子会社の配当等に係る控除対象外国法人税額

　間接納付外国法人税額は、次の算式①及び②により計算した金額のうち

小さいほうの金額となります。

ただし、この算式は実際納付分のみであり、みなし納付分は含みませんので留意して下さい。

【算式①】

外国子会社の配当等に係る事業年度の外国法人税額 × 内国法人が外国子会社から受けた配当等の額（外国源泉控除前の額） / （外国子会社の配当等に係る事業年度の所得金額 － 外国子会社の配当等に係る事業年度の外国法人税額）

【算式②】

外国子会社から受けた配当等の額 － 左の配当等に係る外国源泉税額（高率負担部分を除く） × 2

5．外国孫会社に係る間接税額控除

1 趣 旨

内国法人のうち、外国子会社を有するものがその子会社を統括会社とし、実際には、さらにその下の子会社（内国法人の孫会社）に業務を行わせる場合があります。

この場合、外国孫会社に上記の間接税額控除を認めなければ、外国子会社のみの組織体系にするよりも課税上不利になります。この課税上の不利を改善するために、間接税額控除の対象範囲を孫会社に広げることとなりました。

具体的には、外国子会社が外国孫会社から配当等を受けた場合には、その外国孫会社の所得に対して課される外国法人税額のうち、その配当等に対応する金額は、その外国子会社の所得に対して課される外国法人税額とみなして、間接税額控除の規定を適用します。

なお、外国孫会社となる要件は、前記**3**の内国法人と外国子会社の関係が、外国子会社と外国孫会社の関係に置き換わったものと同様となります。ただし、租税条約での緩和規定はないことに留意が必要となります。

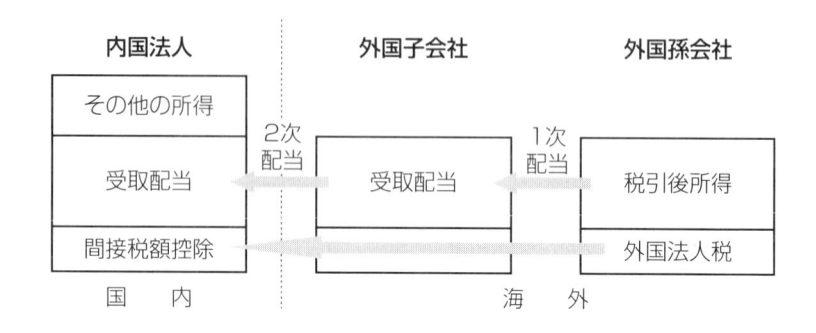

```
内国法人            外国子会社         外国孫会社

その他の所得
              2次                1次
              配当               配当
受取配当    ←――    受取配当   ←――    税引後所得

間接税額控除 ←―――――――――――――    外国法人税

    国   内                海   外
```

2　外国子会社が納付したものとみなされる外国法人税額

内国法人が外国子会社から配当を受ける場合において、その外国子会社が外国孫会社から受ける配当等がある場合には、その外国孫会社の所得に対して課される外国法人税額のうち、その孫会社からの配当等の額に対応するものは次の算式で計算します。

また、その金額については、外国子会社から配当等を受ける日の属する事業年度で間接税額控除の適用を受けることができます。

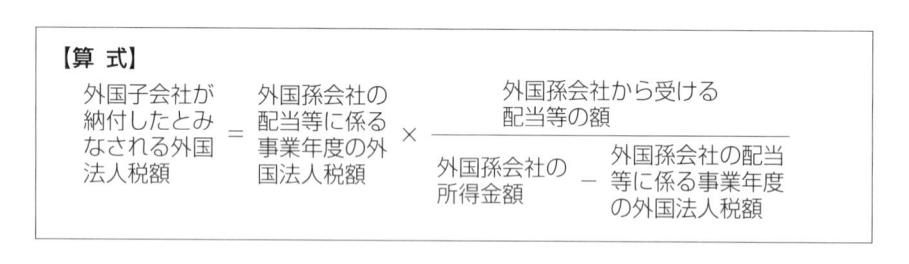

【算　式】

$$\text{外国子会社が納付したとみなされる外国法人税額} = \text{外国孫会社の配当等に係る事業年度の外国法人税額} \times \frac{\text{外国孫会社から受ける配当等の額}}{\text{外国孫会社の所得金額} - \text{外国孫会社の配当等に係る事業年度の外国法人税額}}$$

図解とポイント解説ですっきりわかる
【最新】国際税務 ABC

2009年10月15日　発行

編著者	辻・本郷税理士法人 ©
発行者	小泉　定裕
発行所	株式会社 清文社	東京都千代田区内神田1-6-6（MIF ビル）〒101-0047　電話03(6273)7946　FAX 03(3518)0299 大阪市北区天神橋2丁目北2-6（大和南森町ビル）〒530-0041　電話06(6135)4050　FAX 06(6135)4059 URL http://www.skattsei.co.jp/

印刷：美研プリンティング㈱

■ 著作権法により無断複写複製は禁止されています。落丁本・乱丁本はお取り替えします。
■ 本書の内容に関するお問い合わせは編集部まで FAX（03-3518-8864）でお願いします。

ISBN 978-4-433-32589-3